黑龙江省哲学社会科学研究规划专项项目
（22JID357）

黑龙江省哲学社会科学研究规划青年项目
（21GJC192）

北纬55°

转向东方

【俄】伊戈尔·马卡洛夫 主编

王 欢 译

中央编译出版社
Central Compilation & Translation Press

序　言

　　本书作者团队关于俄罗斯转向东方项目的研究工作始于六年前。我们面临的任务是确定如何利用亚洲国家经济增长带来的机遇促进西伯利亚和远东、乃至整个俄罗斯的发展。俄罗斯非常遗憾地错过了这些机会，而政治和知识精英们对此毫不在乎。他们不相信亚洲国家，同时担心转向东方会使俄罗斯远离欧洲。几乎每一篇文章或演讲都必须强调，经济转向亚洲并不等于俄罗斯文明的转向。俄罗斯属于欧洲文明，这不是要改变俄罗斯的身份基础，而是要从毗邻的世界上最具发展活力的地区合理地获取利益。

　　我们给它起了各种各样的称呼，大多是比喻性的称呼："对接亚洲增长的火车头"，甚至"驯服亚洲火山"。2012 年，另一个比喻"在俄罗斯经济的风帆中乘上中国风"出现在普京的文章中。此后，转向东方成为俄罗斯国家政策的重要组成部分。自本项目启动以来，发生了很多变化。现在我们必须认识到，转变方向不是针对俄罗斯与西方关系危机做出的反应，这一切开始得更早，具有客观性。而当前的政治局势只是加速转向的一个外部因素。

　　在撰写本书内容时，我们坚持了三个主要原则。

　　第一，转向东方既有外部考量，也有内部考量，两者密不可分。俄罗斯融入亚太地区离不开西伯利亚和远东的加速发展。如果不积极地进行国际合作，那么实现这样的发展是不可能的。

第二，要着眼于亚洲国家对俄罗斯的需求，而不是俄罗斯自身的雄心壮志。亚太地区发生的大规模经济转型开辟了许多新的市场空间。其中许多市场至今仍未得到填补。我们的任务是找到这些市场，为俄罗斯挖掘在这些地区的市场潜力，并寻找与其合作过程中存在的问题。

第三，任何学科都是从跨学科的角度来研究的。在亚太地区和俄罗斯东部，经济与政治密切相关，同时还与历史和文化相关。以至于虽然将两者分开研究有助于方法论的纯粹性，但无助于了解实际情况。本书不是单纯的经济或政治研究，它从各种科学的角度提出对形势的看法，因为作者团队汇集了经济学、国际关系、东方学、历史学和地理学等领域的专家学者。

全书由五个部分组成。第一部分重点介绍了亚太地区的内部发展。该地区正在经历大规模、多维度的转型，主要包括中国社会经济发展模式的转变、区域内贸易和投资联系的加强和新分工的形成、经济增长的地理变化、多边互动形式间的竞争加剧、安全问题上质的进步等。了解这些转变是俄罗斯制定亚太地区战略的关键。

第二部分专门分析了俄罗斯与亚太区域个别国家以及该区域现有的多边合作平台在贸易、投资以及安全领域的互动现状和前景。亚洲国家对俄罗斯参与地区事务提出的要求，这恰恰是俄罗斯加快融入地区进程的重要契机。由于中亚的密切合作，这种合作将得到加强。在中亚，一个新的经济增长中心正在我们眼前形成。

第三部分将重点关注西伯利亚和远东地区。人们不再关注关于这些地区的长期误区，而是关注阻碍其发展的现实阻碍。将俄罗斯东部转变为充满活力的发展地区的主要阻碍不是寒冷的气候或低人口密度，而是联邦中央无效的家长式政策。这是基于威胁而不是机会的角度来判断的。其中，后者相当重要，它们与不断增长的亚洲市场附近的自然财富和人力资本相关。近年来，随着全区新发展模式的深入实施，远东发展部的情况逐渐开始好转。但仍有许多工作要做，特别是将该地区变成一个经济自由的土地，一个可以舒适地实现个人倡议的地方。此外，改善交通系统是东部地区发展的一个关键领域。我们已经对它给予了特别关注。

第四部分考虑了利用国际合作促进西伯利亚和远东发展的可能性。而这主要与资源部门有关。但不只在于资源部门。西伯利亚和远东与其说能够提供能源保障，不如说为亚太区域的水和粮食安全提供重要保障，因为它们拥有丰富的水资源和耕地资源。在应对自然灾害领域开展合作极为重要，自然灾害正给俄罗斯东部地区乃至整个亚太地区的持续发展带来日益严峻的挑战。最后，对于西伯利亚和远东的未来至关重要的是与大型运输和物流项目的连接，这些项目目前正在整个亚洲蓬勃开展。一个全新的大陆物流版图正在形成，俄罗斯东部必须在其中找到自己的位置。

本书的第五部分专门介绍了俄罗斯北极地区。这是俄罗斯具有重要战略意义的地区之一，俄罗斯尚未为其选择到最佳发展模式。它可以基于国际合作——在自然资源开采、提供运输潜力、保护环境和科学领域。需要特别关注北方海航道，它不仅是一条跨境航线，还是"俄罗斯通向全球的北方窗口"，是西伯利亚地区发展的一个重要工具。

本书的编排方式使得它几乎可以从任何一章以任何顺序阅读。

本书主编伊·阿·马卡洛夫

代　序
转向亚洲：政治思想史

今天，俄罗斯几乎已经实现了向亚洲的转向，但问题在于这一转变将有多深入和成功，以及它的具体方向和内容是什么、成本和收益是多少。而且，按照俄罗斯政治象征主义传统，这种转向是否会伴随从古罗斯、沙皇俄国、俄罗斯帝国，再到苏联的千年历史中继承下来的欧洲精神和文化方向上的文明背离问题。

这种转向，在最近与西欧关系不断恶化的背景下，有着沉重的思想史根源。20世纪90年代和21世纪初几乎只有俄罗斯东方学家在倡导这种转向。与其他各层级的国际专家相比，在科研经费不足的情况下，他们从过去到现在一直是一股强大的精神力量。但从古至今，在许多方面，东方学家在政治上影响力是很小的。很大程度上他们并非专注于此时此刻需要的政治和经济问题，而是文化、语言和文明问题。此外，资金不足限制了现代西方学家和现代东方学家研究最新动向的能力。但是，经济上转向东方的阻碍主要来自政治方面。在俄罗斯精英和知识分子中，"所有好的东西都是从西方来到俄罗斯的，只有试图加入或是接近西方，俄罗斯的问题才会迎刃而解"这一想法持续占据主导地位。这种思想传统有着强大的根基，因为古罗斯是从当时欧洲的先进地区——

拜占庭获得了它最初的文化和宗教。

彼得大帝、叶卡捷琳娜女皇和后来的现代化建设都大量借鉴了欧洲的经验。毫无疑问，西方派和斯拉夫派都是向往欧洲和欧洲文化的人。西方派试图将欧洲的经验强加给俄罗斯人，斯拉夫派是使其适应俄罗斯人的传统、历史、地理和民族特征。俄罗斯历史上最辉煌的世纪是欧洲化的19世纪，它为俄罗斯和世界带来伟大的文学。而在政治上，在战胜拿破仑的辉煌胜利中，亚历山大一世在维也纳会议上占据了第一把交椅。

俄罗斯知识分子和政治精英在20世纪末忽略了世界发展方向的改变。长期以来，因为无知，亚洲一直被视为是肮脏、贫穷和暴政的象征，从20世纪末到21世纪初，亚洲突飞猛进地发展，亚洲成为世界经济最活跃的地区，亚洲经济发展对世界经济增长的贡献率始终是最高的，这种地位在上个千年的后半期一直保持着。另一方面，欧洲在达到了文明的最高峰，创造了人类最高的政治成就，即建立欧盟后，变得自鸣得意，过度扩张，犯下了一系列错误，产生了多层次的、迄今为止毫无希望的危机，并开始不断退步。看起来，斯宾格勒"欧洲衰落"的预言或将成为现实。

俄罗斯知识分子以欧洲为中心的偏好得到了新资产阶级的有力支持，新知识分子们不喜欢新资产阶级，由于环境的原因，新资产阶级主要是在与西方的经济联系中成长起来的。此外，西方派在经济领域主导着俄罗斯精英群体。而斯拉夫派经济学家，俄罗斯还没有将其培养成熟或不允许他们达到最高梯队。

俄罗斯转向崛起的亚洲——转向新兴快速增长的市场，也受到这样一个事实的阻碍：多年来，俄罗斯"亚洲主义"的支持者们主张转向东方，他们如果不是莫斯科猎品市场的商人的话，就是俄罗斯乡土派作家的继承人。共产党人一如既往地呼吁着"俄罗斯的社会和政治要效仿中国模式"，这当然是不可能实现的。在现代"欧亚人"的神秘且常常令人困惑的著作中可以观察到一个明确的动机,即他们完全拒绝西方、进步、现代化。很明显,今天的"欧亚人",就像今天的西方派一样,在很大程度上不知道现代亚洲或欧洲,也不知道他们的新成就,也不知道他们的新问题。俄罗斯知识分子在政治领域的斗争围绕着——反对或支持——关于他们的非常短浅的想法展开。此外,这是一场争取俄罗斯人自我认同的斗争。脱离了苏联身份,但尚未完全形成新的身份。(我注意到,到目前为止,我们已经倒退回俄罗斯思想的根源——主要的国家思想——不惜一切代价防卫和维护主权。若是中间选项不错,但若是最后选项却很危险。在现代世界中,如果一味地捍卫自己的独特性,你就无法取得成就,也无法获胜。)

现在更接近本书的主题了。

十五年前,在我的倡导和协助下,一群专家和政治家组成的工作组汇聚到外交和防务政策社会委员会周围,希望利用亚洲经济强劲增长的趋势来振兴俄罗斯衰退的经济。也许,首先要找到振兴西伯利亚和远东经济的方法,这些地区在 20 世纪 90 年代的崩溃中受到了特别严重的打击。该工作组由一位西伯利亚人,国家杜马代表雷日科夫和泰梅尔(多尔加诺—涅涅茨)自治区区长赫洛波宁领导。工作组的研究成果是一本名为《俄罗斯战略:西伯利亚和远东的新发展》的著作。这本书在当时是创新的,它专注于探寻西伯利亚地区在新市场环境中的竞争力。书中还引证了"西伯利亚项目"——通过大规模吸引外国投资,不仅是从中国,而且从所有主要的亚洲和欧洲国家吸引投资来发展该地区,通过为当地商业计划提供最大自由来推动地区发展。毕竟,自古以来,对于地方发展的自主性,俄罗斯冒险主义在西伯利亚的发展中发挥了关键作用。但当这种发展被国家霸权所取代时,经济增长就会停滞,比如叶卡捷琳娜大帝后期,在斯大林时代国家则不仅失去了数百万人的生命,而且其经济效率也变得低下。

俄罗斯的一份报告曾指出,在未来几十年里,俄罗斯将没有足够的

转向东方

资源来实现西伯利亚必要的新崛起。该报告以其新奇和新鲜的观点吸引了读者。特别是在同类型发展计划层出不穷的背景下，这一报告即使在苏联时期也是不现实的，它充满了畸形的国家投资。在新的资本主义市场条件下，这样的想法已经近乎荒谬了。该报告实际上也并没有发挥多大作用，国家和精英们并不关心亚洲和西伯利亚的情况，他们在为生存和财产的重新分配而斗争。绝大多数精英认为，只有在与西方国家的最大程度和解中才能得到救赎。因此，现代、理性的关于支持转向新兴市场的声音没有得到亲西方知识分子的回应。

关于转向西方还是东方的斗争仍在继续，即使亚洲市场的前景已成为大家的共识。正如复杂而漫长的欧洲危机一样，与欧盟的关系紧张、长期制裁不仅损害了当前的经济关系，而且使欧洲人成为未来不可靠的合作伙伴。而这种情况不单单针对俄罗斯。

让我们回到这本书的背景上。六年前，当俄罗斯针对亚洲的对外经济战略仍然基于我们愿意为这些市场提供什么，而不是基于他们需要什么，也就是说，基于纯粹的非市场和不可行原则时，我们高等经济大学世界经济和世界政治系启动了一个关于亚洲市场前景的研究项目。在查阅了公开的、可能帮助我们的俄罗斯学术文献后，我们发现几乎没有相关研究内容。因此，一群在欧洲和国际综合研究中心工作的年轻的硕博研究生，被赋予了为俄罗斯在亚洲寻找新定位的任务。这些年轻人得出了一个有趣的结论。事实证明，历史上第一次，西伯利亚和远东可以不仅仅作为与西方对抗的后方或与中国竞争的前线。西伯利亚和远东地区因全球市场的变化而具有强大的竞争优势。首先，我们讨论的是他们生产水密集型产品的能力——为亚洲市场提供粮食、纸浆、化学纤维等。亚洲地区几乎普遍面临工业、农业和个人消费用水短缺的问题。西伯利亚和远东地区的另一个竞争优势是能够生产能源密集型产品。即使以创造性的方式使用冷水也是一种优势。由于低温和相对便宜的能源，在西伯利亚存储信息比亚洲主要数据中心所在的香港周边地区要便宜好几倍，因为后者需要消耗大量的空调能源。据了解，第一个这样的数据中心正在伊尔库茨克地区建设。

一些行业依赖于高科技，并能够拉动技术的发展。许多撰写过关于西伯利亚和远东崛起文章的作者指出，需要在该地区发展创新，并呼吁进行新的工业化。这些简直就是痴心妄想。他们没有考虑到亚洲已经凸显的工业繁荣，那里有更廉价和更多的劳动力。这并不意味着不应该发展新西伯利亚、托木斯克、克拉斯诺亚尔斯克周围的科学和工业集群，问题是如何去做以及针对哪些市场。为了推进该问题，我们已经进行了大量研究、组织了数十种情景分析，撰写了大量笔记、文章和报告。在访问政府部门、国有企业、银行过程中我们几乎没有得到任何反馈。可是，水滴石穿，渐渐地，人们的态度开始改变。政府、企业和媒体中的许多人深化了这一想法，当然，我们的工作只是其中的一小部分。

我们的工作进行得并不容易，它经历了来自传统思维和经济利益集团的强大阻力。本书的作者们是新思想的拥有者，他们可以有理有据地认为自己是理性的进步主义者和现代主义者。但他们被指控"反对欧洲""反对现代化"，甚至"反对民主"。他们不得不克服困难，为自己和社会直截了当地提出问题。例如，一个推测引起了热烈讨论：假如彼得大帝生活在我们的时代，他将不会在涅瓦河口，而是在太平洋沿岸建立一个新首都。起初，这个想法被人们嘲笑。随后，他们做出了一个决定：将一些部门和公司总部迁往远东。俄罗斯精英的思想逐渐转向了21世纪东方的理性。

我们工作组的规模每年都在扩大，我们负责研究亚洲的主要经济现象，并得出了一个极其重要和开创性的结论。事实证明，东亚、东南亚和南亚对世界其他地区的出口有所增加，正在迅速将商品、投资和资金流向亚洲内部市场。从"亚洲为世界"模式向"亚洲为亚洲"模式转变。这种转变具有尚未评估的重要经济和地缘政治影响。但几年前我们就清楚一件事：中国可能转向西方，转向中亚、欧洲，进而转向俄罗斯。这种转变现在已经形成了丝绸之路经济带的概念和规划。

对俄罗斯亚洲方向物流业发展的研究表明，传统的运输干线没有（而且仍然没有）满足新条件下俄罗斯跨区域发展的需求。传统运输干线无法克服西伯利亚中部的"大陆诅咒"——远离市场，该地区是我国工业和人力资本质量最高的地区之一。建立将货物从太平洋运往欧洲再运回的计划说得好听点是过时，说得难听点是没有竞争力。北方海航道未来看起来更有希望，许多著作都专注其经济潜力，其中一些内容在本书中也有论述。我们还发现，外乌拉尔俄罗斯基础设施网络的主要弱点是几乎完全没有连接西伯利亚、远东与中国巨大市场，以及潜在的伊朗、印度、巴基斯坦市场的铁路和高速公路。

通过对物流战略——西伯利亚和远东的"新运输框架"的思考，加上对亚洲地缘经济和地缘政治的其他因素的分析，我们能够得出"打造中央欧亚大陆"——一个新的发展区域的可能性和可行性的结论（这一概念在瓦尔代俱乐部的同名报告中有所概述）。它的基础应该是欧亚经济联盟与中国丝绸之路经济带之间的互动。从这里开始，在与中国和哈萨克斯坦的同事以及来自其他国家专家的共同工作中，证实了将欧亚经济联盟和丝绸之路经济带对接起来的可能性和必要性，以前在流行的政治和经济文献中，这被认为是注定要竞争的。这一科学理念在 2015 年 5 月成为现实，普京和中国国家主席习近平签署了关于将欧亚经济联盟同丝绸之路经济带对接起来的联合声明。

远东发展部的出现本应有助于解决许多问题。在最初的几年里，它几乎没有发挥作用，但现在我们已经可以说它取得了一些成就；尽管存在官僚主义的阻力，但超前发展区的概念已经制定。第一批已经确定。然而，官僚主义的不确定性和地方当局缺乏主动性阻碍了项目的实际运作。西伯利亚和远东之间的行政鸿沟也是一个障碍，这两个地区没有被国家官僚机构作为一个整体来管理。尽管总统声明将该地区的发展作为俄罗斯 21 世纪的主要项目，但有时他们似乎想将这一项目的实施推迟到21世纪下半叶。

在我们的项目中，以及在本书中，对经济现象和计划进行了研究，这与东亚、中亚和南亚宏观区域内发生的战略和外交政策进程密不可分。那里的新形势，以及传统地缘政治的到来，为俄罗斯的建设性和积极参与创造了"需求"，而这种参与直到最近还非常有限。如果中国和美国（主要是后者）决定不把这件事引向激烈的竞争，而是像基辛格所建议的那样，建立一个太平洋合作共同体，那么俄罗斯就必须采取积极的太平洋政策，以协助解决危机，并在相对乐观的选择情况下采取这种政策。无论是竞争占主导地位，还是合作占主导地位，俄罗斯都需要积极参与议程的制定和参与世界新中心结构的工作。俄罗斯的这种积极参与是迫在眉睫的，因为西方显然想通过欧洲新的分裂和俄乌在旧政治市场的对抗阻碍俄罗斯的参与。

通过积累和研究的大量数据我们得出了这样的结论：有必要在欧亚大陆的大部分领土上建设一个新的经济和政治空间，支持开放且面向各方合作——可以称其为大欧亚共同体。如今它正围绕不断扩大和实力不断增强的上海合作组织而建立。

2013—2014年以来，俄罗斯与西方的对抗不断升级，加剧的危机有力地推动了俄罗斯经济转向东方。现在，这不再只是经济政策的有利转变。同时，它兼有地缘政治甚至文明特征。

西方在过去20年里一直试图以"软手套"的方式实施凡尔赛政策，将其影响和控制区推向俄罗斯边界，这让俄罗斯统治精英感到恼火，他们决定表明他们不会容忍被视为战败国。同时，也出现了价值观的分歧。俄罗斯曾向传统的欧洲价值观迈进，而欧洲的精英们却远离它们，把它们抛在后面。结果是，近年来变得更加欧洲化的俄罗斯正在与现代欧洲文化渐行渐远。

从一开始，我们就试图强调，对俄罗斯来说，在欧洲和亚洲之间的选择不仅是不利的，而且存在潜在的危险。毕竟，这个在17—18世纪由于第一批先驱者的大胆探索而成为欧亚大国的国家,是在欧洲文明的框架内发展起来的。

希望我们不会做出对俄罗斯身份危险且对俄罗斯经济无益的选择。俄罗斯作为欧亚大陆——太平洋大国,正朝着新世界中对其有利的自然状态迈进。这种独立自主的状态,不仅吸收了其母体文明——欧洲文明,而且吸收了再次崛起的亚洲文明。大欧亚共同体的概念必然包括欧洲大陆的西欧部分。此外,这样的包容最终对欧洲极为有利,因为欧洲已经面临艰难的危机,并进入适应新现实的时期。

我们团队研究项目的名称为"走向大洋"。这一名称是19世纪末20世纪初建造横贯西伯利亚铁路的企业家、工程师、军人和工人的口号。他们不仅为俄罗斯开辟了新的东方视野,而且把欧洲的文化和技术带到了太平洋。我们希望,转向东方能增加俄罗斯的力量,为俄罗斯的繁荣和欧亚大陆所有国家和人民的福祉服务。俄罗斯未来也能在21世纪作为一个伟大的大西洋—太平洋大国占据应有的位置,在和平和有益的合作中把欧洲和亚洲团结起来。

本书中呈现的内容只是我们项目的一小部分。我相信,未来将与大欧亚大陆的同事们共同撰写其他材料。最重要的是,这些想法、文章、报告和书籍将为许多真正的经济、政治、教育、文化信息项目铺平道路。

大欧亚共同体的建设才刚刚开始。

俄罗斯国立高等经济大学世界政治与经济系主任、
俄罗斯外交和国防政策委员会主席团名誉主席谢·卡拉加诺夫

第一部分　亚洲—政治经济发展新模式

第一章　亚洲部分国家社会经济发展模式的转变 …………… 3
 第一节　亚洲部分国家的经济发展情况 ……………………… 4
 第二节　亚洲部分国家经济部门结构的变化 ………………… 10
 第三节　经济增长从核心向外围的转移 ……………………… 13
 第四节　区域间贸易转向区域内贸易 ………………………… 17

第二章　亚太地区一体化进程的演变 ………………………… 20
 第一节　亚太经合组织论坛：从自由贸易到联系增强 ……… 21
 第二节　跨太平洋伙伴关系：政治优先于经济 ……………… 25
 第三节　区域全面经济伙伴关系：迈向"亚洲人民为亚洲"
    之路 ……………………………………………………… 31

第三章　亚太地区区域安全新格局 …………………………… 35
 第一节　亚太地区安全问题复杂化的因素 …………………… 36
 第二节　区域安全的关键问题及其解决方案的前景 ………… 37

第三节　多边安全合作机制 …………………………………… 40

第二部分　俄罗斯在亚太地区的政策：
新的挑战与应对

第四章　亚太国家对俄罗斯的需求 ……………………………… 45
第一节　亚太地区：对全球发展影响的增强和内部团结的不足 … 46
第二节　俄罗斯在缓和地区安全威胁方面的作用 …………… 49
第三节　亚洲国家加强与俄罗斯经济合作的需求 …………… 52

第五章　俄罗斯与亚太国家双边合作的现状 …………………… 55
第一节　俄罗斯与亚太国家贸易投资合作的现状 …………… 56
第二节　俄罗斯与中国的合作 ………………………………… 58
第三节　俄罗斯与日本的合作 ………………………………… 63
第四节　俄罗斯与韩国的合作 ………………………………… 66
第五节　俄罗斯与朝鲜的合作 ………………………………… 68
第六节　俄罗斯与东南亚国家的合作 ………………………… 70
第七节　俄罗斯与印度的合作 ………………………………… 73
第八节　俄罗斯与美国在亚太地区的合作 …………………… 75

第六章　俄罗斯和亚太地区的多边合作 ………………………… 78
第一节　俄罗斯和亚太经合组织 ……………………………… 79
第二节　俄罗斯—东盟对话伙伴关系 ………………………… 82
第三节　俄罗斯和以东盟为中心的对话形式 ………………… 86
第四节　俄罗斯参与亚太多边合作的优先事项 ……………… 88

第七章　俄罗斯在欧亚中部的合作 ……………………………… 91
第一节　21世纪的欧亚地区 …………………………………… 92

第二节　欧亚未来的发展基础 ·· 95
第三节　上海合作组织在欧亚中部发展中的作用 ······················· 98
第四节　俄罗斯的欧亚战略 ·· 100

第三部分　西伯利亚和远东的崛起——
21 世纪的国之重务

第八章　西伯利亚和远东—俄罗斯政治经济发展的潜在引擎 ········ 107
第一节　俄罗斯以往的东转尝试和国内政策 ······························ 108
第二节　西伯利亚和远东发展的威胁：神话与现实 ····················· 110
第三节　西伯利亚和远东的优势 ··· 115
第四节　西伯利亚和远东发展新战略 ··· 122

第九章　西伯利亚和远东发展的国家政策：最初的错误和成功 ····· 127
第一节　俄罗斯"转向东方"：出师不利 ··································· 128
第二节　"转向东方"再启航：东部地区发展新模式 ··················· 131
第三节　中期结果 ·· 142

第十章　西伯利亚和远东的运输新框架 ·· 144
第一节　西伯利亚和远东运输基础设施状况概述 ······················· 145
第二节　俄罗斯及其东部地区运输系统发展的特点 ···················· 148
第三节　第一运输带：秋明—鄂木斯克—新西伯利亚—克拉斯
　　　　诺亚尔斯克—伊尔库茨克 ·· 150
第四节　第二运输带：伊尔库茨克—赤塔—哈巴罗夫斯克—符
　　　　拉迪沃斯托克 ·· 152
第五节　第三运输带：西西伯利亚北部 ····································· 158
第六节　第四运输带：俄罗斯东北部孤立地区 ··························· 160
第七节　运输基础设施发展机制 ··· 162

第四部分　国际合作中的西伯利亚和远东

第十一章　俄罗斯与亚太地区国家在能源领域的合作 …………… 167
　第一节　亚洲国家的能源需求 ……………………………………… 168
　第二节　俄罗斯与亚洲能源合作现状 ……………………………… 171
　第三节　俄罗斯与亚洲国家能源合作的前景 ……………………… 180

第十二章　俄罗斯西伯利亚和远东地区对亚太地区水资源安全
　　　　　的保障作用 ………………………………………………… 183
　第一节　世界和俄罗斯的水资源 …………………………………… 184
　第二节　俄罗斯西伯利亚和远东地区的水资源与亚太地区的
　　　　　水安全 ………………………………………………………… 186
　第三节　俄罗斯与亚太国家之间虚拟水的贸易现状 ……………… 189
　第四节　俄罗斯与亚太国家和地区水资源合作的前景 …………… 192

第十三章　保障亚太地区粮食安全的合作 ………………………… 194
　第一节　亚太国家和地区粮食安全的威胁 ………………………… 195
　第二节　国外土地租赁是确保粮食安全的途径 …………………… 197
　第三节　俄罗斯西伯利亚和远东地区的农业：潜力和障碍 ……… 198
　第四节　俄罗斯西伯利亚和远东地区粮食生产的国际合作 ……… 202

第十四章　俄罗斯与亚太国家和地区在应对自然灾害方面的
　　　　　合作 …………………………………………………………… 205
　第一节　自然灾害是亚太地区发展的严峻挑战 …………………… 206
　第二节　俄罗斯领土和人口的安全评估 …………………………… 209
　第三节　亚太地区自然灾害防治与应急管理的国际合作现状 …… 211

第四节 俄罗斯与亚太地区国家自然灾害防治与应急管理的
国际合作前景 ················· 213

第十五章 欧亚大陆新基础设施地图上的西伯利亚和远东 ········· 216
第一节 大陆背景 ················· 217
第二节 中国运输倡议 ················· 219
第三节 其他亚太国家和地区的运输倡议及其对西伯利亚和
远东的意义 ················· 222
第四节 西伯利亚和远东地区融入欧亚大陆基础设施项目的
前景 ················· 226

第五部分 俄罗斯北极开发的挑战与机遇

第十六章 北极在俄罗斯和世界中扮演的新角色 ············· 231
第一节 北极地区日益增长的战略意义 ············· 232
第二节 北极的国际制度和区域大国的领土争端 ········· 234
第三节 国际北极治理和北极理事会 ············· 236
第四节 北极——国际合作的平台 ··············· 238
第五节 北极——国际竞争的地区 ··············· 240
第六节 俄罗斯在北极地区的利益和机遇 ··········· 246

第十七章 俄罗斯北极地区环境状况 ················· 249
第一节 北极地区的环境问题 ··············· 250
第二节 北极气候变化及其影响 ··············· 252
第三节 石油和化合物对北极海洋的污染 ··········· 254
第四节 北极地区的国际环保合作 ··············· 258
第五节 俄罗斯在北极的环境政策 ··············· 261

第十八章　俄罗斯北极和北方海航道的新发展 …………………… 264
　第一节　北极地区开发法律和监管框架的发展 ………………… 265
　第二节　俄罗斯北极地区油气资源的开发 ……………………… 269
　第三节　北方海航道的开发 ……………………………………… 275

第十九章　北方海航道贸易路线的替代方案 …………………… 284
　第一节　穿越马六甲海峡的海洋航线 …………………………… 285
　第二节　从亚洲到欧洲的陆路通道 ……………………………… 289
　第三节　穿越西半球的过境运输路线 …………………………… 291

第二十章　北方海航道经济效益评估 …………………………… 295
　第一节　北方海航道对不同类型航运的吸引力 ………………… 296
　第二节　运输成本分析 …………………………………………… 298

第二十一章　与亚太国家合作开发俄罗斯北极地区的前景 …… 306
　第一节　亚洲国家在北极开发方面的利益 ……………………… 307
　第二节　俄罗斯北极开发和北方海航道开发的国际合作阻碍 …… 314

致　谢 …………………………………………………………………… 317

第一部分
亚洲—政治经济发展新模式

第一章　亚洲部分国家社会经济发展模式的转变

伊·阿·马卡洛夫，阿·鲍·利哈乔娃，安·康·索科洛娃，伊·亚·斯捷潘诺夫，亚·谢·别斯季奇

在过去十五年里，以中国为主要代表的亚洲国家一直是全球经济增长的引擎。亚太地区国家最开始是"世界工厂"，为发达经济体提供廉价的消费品，而这些国家现在正逐渐转变为世界上最多元化的、自给自足的国家，以发达的高科技产业集群、金融中心和日益发达的基础设施来补充传统消费品生产的专业化。

目前，亚洲地区正在经历一场以过去几十年经济增长为基础的社会经济模式的转型。出现这种转变的原因，一方面是粗放型经济实践潜力的逐渐下降，另一方面是随着收入的增长，出现了新的需求和机遇。

亚洲国家社会经济模式转变的本质体现在该地区发生的以下变化中：

1. 从以利用廉价劳动力和开发自然资源、发展出口导向型产业为基础的经济增长转变为以增加国内消费为基础的经济增长。

2. 从原始的劳动密集型消费品的专业化生产转向生产相对高质量和

高科技的商品和服务,以满足不断壮大的中产阶级的需求。

3. 从加速发展沿海地区转变为加速发展内陆地区。

4. 从面向发达国家的产品出口("亚洲为世界"模式)转变为在亚洲地区建立价值链("亚洲为亚洲"模式)。

本章将依次讨论这些变化,这些变化促使亚太地区经济关系发生转变,实际上促进新的分工模式的形成。如今亚洲的经济格局与10年前截然不同。而转型仍在继续。

第一节 亚洲部分国家的经济发展情况

一、中国的"新常态"和结构性改革

1997—1998年亚洲金融危机后,亚太国家经济以前所未有的速度发展。在这一突破中,中国是无可争议的领头羊。25年来,中国经济一直以平均每年10%的速率增长且达到世界GDP的15%,目前该国却进入了社会经济模式的结构性转型期,这一时期伴随着经济增长的放缓(图1-1)。2014年,中国的GDP年增长率为7.4%,是1990年以来的最低值。到2015年底,增长率可能会低于7%①。大多数分析家预计,6%—8%的经济增长将成为中国的新现实、"新常态"。

中国的经济放缓有几个基本原因。首先是以使用廉价劳动力、大规模投资基础设施、开发自然资源和破坏环境为基础的粗放式经济增长模式已经难以为继。居民生活水平的提高使得曾是中国经济增长核心的主要省份陷入了"中等收入陷阱"。因此,中国制造商开始在价格上

---

① 此为俄文原版图书出版时的预测数据,根据国家统计局发布的相关数据显示,2015年中国的GDP年增长率为6.7%。

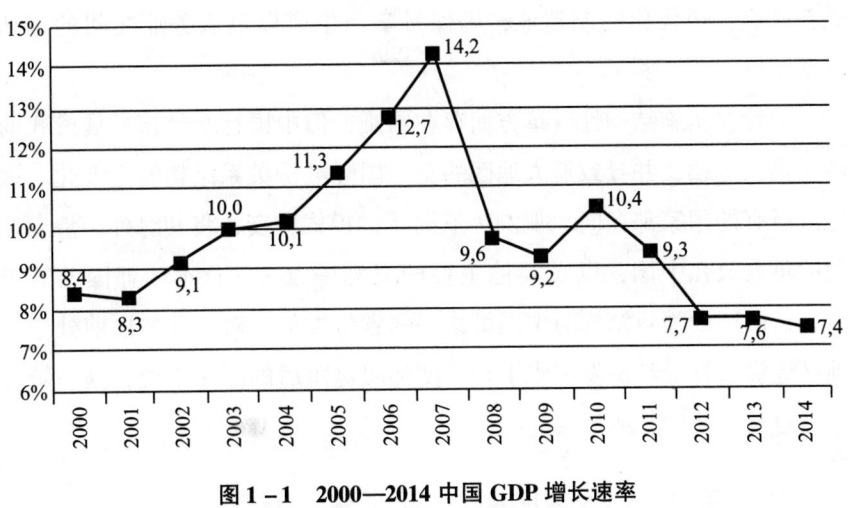

图 1-1　2000—2014 中国 GDP 增长速率

输给区域伙伴，而在产品质量上仍然落后于西方国家。基础设施建设方面的国家投资也不再是经济增长的引擎，这些投资被投放到更低效的项目上，且越来越受政治利益的驱动。可再生自然资源（森林、水、土地）的枯竭和大规模的污染已经成为制约经济增长的又一重要因素。

经济放缓的第二个原因是非包容性经济增长的社会成本不断提高。尽管经济增长极大地提高了全国人民的生活水平，但其分布并不均衡。由此导致了收入分配不平等和地区差异加剧。可以发挥缓解作用的社会保障机制和一般公共服务，在中国仍然有待完善。人们对社会公正的要求也越来越高。

这些矛盾无法在以前的经济增长模式的框架内解决。在很久以前就讨论过转型的必要性，甚至在金融和经济危机之前就讨论过，但 2008 年通过的一揽子支持经济的措施仍然是基于固定资产的公共投资：发展基础设施和住房建设、刺激创新等。这些措施的采取延缓了转型的进程——直到 2012 年 11 月的中共十八大，宣布了结构性改革。他们的想法是改变方针，将扩大国内需求作为经济增长的主要引擎，以及优先发展新产业：现代化的制造业，确保科学与生产以及服务业之间的密切联系。

尽管在实施结构性改革方面存在困难，但中国社会经济发展模式的转型仍在继续，并导致亚太地区的整个国际经济关系结构发生变化。该地区所有的国家都在向"亚洲为亚洲"的模式转变，将其对外经济专业化的重点放在中国，以及其他主要的亚洲国家——日本和韩国的需求上，这两国的消费结构与中国最富裕的省份类似。对于那些以前处于该地区边缘、社会经济发展水平和速度都明显落后的国家来说，这一转变是加速其经济增长的机会。

二、亚洲的经济增长：现状与前景

目前，亚太地区 GDP 占全球的 40% 左右。尽管中国经济发展速度放缓，但亚洲仍然是全球经济的重要增长极。除三个最发达的经济体——日本、韩国和新加坡以外，亚洲国家的 GDP 增长率仍远高于世界平均水平。2013—2014 年，由于泰国发生政治危机和军事政变。泰国也表现出低增长率趋势（表 1-1）。

表 1-1 2004—2014 年亚太地区国家 GDP 增长率（按现价计算，%）

	2004	2005	2006	2007	2008	2009	2010	2011	2012	2013	2014
中国	10.1	11.3	12.7	14.2	9.6	9.2	10.4	9.3	7.7	7.6	7.4
日本	2.4	1.3	1.7	2.2	-1.0	-5.5	4.7	-0.6	1.9	1.8	0.0
印度	8.3	9.3	9.3	9.8	3.9	8.5	10.5	6.3	3.2	4.9	5.6
韩国	4.6	4.0	5.2	5.1	2.3	0.3	6.3	3.7	2.0	2.7	3.3
印度尼西亚	5.0	5.7	5.5	6.3	6.0	4.6	6.2	6.5	6.2	5.7	5.0
泰国	6.3	4.2	4.9	5.4	1.7	-0.9	7.3	0.3	6.4	3.0	0.7
马来西亚	6.8	5.3	5.6	6.3	4.8	-1.5	7.4	5.1	5.6	4.0	6.0
新加坡	9.2	7.4	8.6	9.0	1.7	-0.8	14.8	5.2	1.3	3.0	2.9
菲律宾	6.7	4.8	5.2	6.6	4.2	1.1	7.6	3.6	6.8	7.0	6.1

(续表)

	2004	2005	2006	2007	2008	2009	2010	2011	2012	2013	2014
越南	7.8	12.0	7.0	7.1	5.7	5.4	6.4	6.2	5.2	5.2	6.0
缅甸	13.6	13.6	13.1	12.0	10.3	10.6	10.2	6.0	6.3	5.3	8.5
柬埔寨	10.3	13.2	10.8	10.2	6.7	0.1	6.0	7.1	7.3	6.9	7.2
文莱	0.5	0.4	4.4	0.2	-1.9	-1.8	2.6	3.4	1.9	1.8	5.3
老挝	7.0	6.8	8.6	7.8	7.8	7.5	8.1	8.0	7.9	8.0	7.4
东南亚国家联盟/东盟国家	6.5	5.9	6.0	6.7	4.1	1.6	8.0	4.6	5.4	4.7	4.7
蒙古国	10.6	7.3	8.6	10.2	8.9	-1.3	6.4	17.5	12.4	11.7	9.1

资料来源：欧睿国际

亚洲国家的工业生产增长率（表1-2）也呈现出积极态势。该地区的许多国家由于主要进口国的需求减少，工业生产增长率在金融和经济危机期间急剧下降。

表1-2 2004—2014年亚太国家工业生产增长率（按当前价格，%）

	2004	2005	2006	2007	2008	2009	2010	2011	2012	2013	2014
中国	33.8	24.4	27.3	26.5	19.0	8.0	17.3	17.3	10.5	10.2	8.8
印度	21.6	13.7	21.0	20.9	14.1	14.3	12.1	15.1	11.4	13.3	13.8
日本	4.1	4.2	5.3	5.6	1.3	-23.2	11.1	-0.9	0.0	2.0	4.3
韩国	18.3	9.7	6.8	9.2	20.1	-0.7	18.2	14.3	9.3	11.9	8.1
印度尼西亚	10.0	15.7	22.5	16.0	28.5	7.8	8.5	12.0	6.5	6.4	11.1
越南	26.6	23.7	19.9	20.4	25.0	14.9	20.7	30.2	18.9	12.8	13.8
马来西亚	16.2	7.5	8.5	3.7	7.9	17.1	25.3	13.0	4.1	-6.6	12.1
新加坡	9.7	9.5	9.8	8.5	4.5	-9.2	19.4	8.3	2.4	0.8	6.2
泰国	11.1	8.8	2.6	3.3	1.2	-3.1	9.1	-3.9	6.4	5.9	6.1
菲律宾	19.7	13.2	9.5	-2.3	3.1	5.3	12.8	8.1	9.3	11.9	12.7
东盟国家	13.4	10.5	9.7	6.2	9.6	-3.5	14.9	8.7	6.3	3.5	10.1
蒙古	21.9	11.5	34.1	75.8	26.6	-3.1	27.0	17.5	6.4	32.4	17.7

资料来源：欧睿国际

转向东方

在亚太地区国家中,中国将在未来几年继续展现最好态势。根据国际组织的预测(表1-3),中国和印度的增长率将明显高于世界平均水平:在此期间,中国的 GDP 年均增长率将约为 7.0%—7.5%,而印度则为 5.0%—6.0%,前提是莫迪政府实施所宣布的结构性改革。

表1-3 国际组织预测的亚太国家预期 GDP 增长率%

国家	世界银行	国际货币基金组织	国际货币基金组织	经合组织	经合组织	联合国	亚行	亚行	国家统计数据
	2016	2016	2018	2012—2017	2018—2030	2015	2011—2020	2021—2030	
中国	7.4	7.0	6.9	8.9	5.5	7.1	6.1	5.0	7.0 (2018)
日本	1.5	1.2	1.1	0.9	1.4	0.9			0.7 (2021)
韩国	4.0	3.9	4.0	3.4	2.4	3.6	4.4	3.4	2.9 (2020)
印度	6.6	6.4	6.7	7.2	6.5	5.5	4.7	4.3	8 (2017)
缅甸	7.8	7.0	7.0	6.8	7.0	6.8			6.0—6.8 (2020)
印度尼西亚	5.6	6.0	6.0	5.9	5.1	5.9	4.7	4.1	6.5—6.6 (2025)
新加坡	3.9	3.7	3.9	5.2	3.3	4.2	5.3	3.3	3.7—4.2 (2025)
菲律宾	6.5	5.5	5.5	6.0	5.5	6.1	6.0	5.5	8.0 (2018)
泰国	4.7	4.4	4.6	4.0	3.6	4.0	4.0	3.6	5.0 (2017)
越南	5.5	5.5	5.5	4.9	3.7	5.8	4.9	3.7	6.9 (2020)

资料来源:根据世界银行、国际货币基金组织、经合组织、联合国、亚行、国家统计数据汇编

因为近年来东南亚国家对中国这个主要贸易伙伴的依赖性越来越强，所以，中国经济增长放缓将在一定程度上对东南亚国家的经济产生负面影响。另外，中国经济放缓将与一些产业转移到国外（特别是转移到越南、泰国、柬埔寨、菲律宾、马来西亚等国家），从而给这些国家创造新的就业机会。与中国东部省份不同，这里的人均收入水平仍远低于中等发达国家的平均水平（该地区人口的20%——约8亿人——每天的生活费不足1.25美元），因此可能实现以使用廉价劳动力为基础的大幅经济增长。此前从日本迁往"亚洲四小龙"（韩国、中国香港、新加坡、中国台湾），再迁往中国东部省份的"世界工厂"，将逐步转移到该地区的其他发展中国家。

例如耐克公司：自2010年以来，该公司的大部分产能——37%已转移到越南，只剩下34%在中国。2001年，中国和越南在耐克产品的生产中所占的比例是40%和10%。2011年，阿迪达斯关闭了其在中国苏州唯一的工厂，并将其迁至缅甸。

菲律宾、泰国、印度尼西亚、马来西亚和越南这些东盟大国（通常被称为东盟五国）的发展采取了完全不同的方案。根据经济合作和发展组织的预测，平均增长率约为4.0%—4.5%的泰国和4.5%—5.0%的马来西亚将属于"落后者"。泰国落后的原因是政局长期不稳，而与"东盟五国"的其他国家相比，马来西亚的发展水平相对较高。菲律宾、印度尼西亚和越南的增长率将相对较高，2017年这三个国家预计经济增幅都会在6.0%左右。这一预测是基于这三个国家在国际竞争力上不敌泰国和马来西亚，且更容易出现制度"弊端"，如知识产权保护不力、对小股东的利益支持不力、公司治理薄弱和劳动力市场僵化等。然而，更大的国内市场将使这些国家的增长速率暂时超过其他国家。

在相对落后的背景下，柬埔寨、老挝和缅甸能够拥有6.5%—7.0%的年经济增长率，但是增长质量将不如菲律宾、印度尼西亚和越南，且远不如中国。

最后，除日本外，亚太地区的发达国家从 2015 年起将以每年 3.0% 至 4.5% 的世界平均速度增长。

第二节 亚洲部分国家经济部门结构的变化

直到最近，生活在亚太地区发展中国家的超 35 亿人口在世界经济中发挥了重要作用。首先，其廉价劳动力使亚洲商品在世界市场上具有竞争力。在过去 15 年里，由于经济上的成功和收入的增加，使这些人中的很大一部分（尤其是中国人）变成了"有需求的"城市消费者。同时，他们已经有能力生产出质量更好的商品。

自 2000 年以来，亚太国家①的人均年可支配收入增加了 1950 美元，而城市人口增加了 5.85 亿（表 1-4）。2011 年，中国的城市人口历史上首次超过了农村人口，消费支出也按比例增加。

表 1-4 2000—2014 年亚太地区国家城市人口比例（%）

国家	2000	2005	2010	2014
亚太地区	35	39	42	45
日本	79	86	91	93
韩国	80	81	83	84
中国	35	42	48	54
印度	28	29	31	32

---

① 在本段中，整个亚太地区的主要数据来源是欧睿国际数据库。然而，它的亚太总量包括中国、印度、日本、韩国、斯里兰卡、所有东盟国家，除了柬埔寨和缅甸（没有统计数据）、孟加拉国、蒙古，以及几个通常不包括在亚太地区的国家：阿富汗、巴基斯坦、哈萨克斯坦、吉尔吉斯斯坦、塔吉克斯坦、亚美尼亚、阿塞拜疆和斐济。由于非亚太地区国家的经济和人口规模在该地区较小，这一术语不准确对所引数据的解释没有重大影响。

(续表)

国家	2000	2005	2010	2014
印度尼西亚	42	43	44	46
马来西亚	62	67	71	74
泰国	31	32	34	36
越南	24	27	30	33

数据来源：欧睿国际

2000年，麦肯锡咨询公司预估中国城市人口中只有4%属于中产阶级。2012年，这一比例达到68%，到2020年，将达到76%，即占全国人口的45%。东南亚的发展中国家和印度也将发生类似的进程，只是稍有延迟。这将导致决定中产阶级消费行为的商品需求迅速增加。

例如，该地区已经开始了一场蛋白质革命——动物蛋白消费增加，尤其是加工肉制品的消费，饲料作物的进口增长（特别是在中国），对农产品进口的依赖总体上也有所增加。

对服装、鞋类、电子产品、家具和其他消费品的需求也不断增长。仅在中国，2013年日常消费品的零售额达到6.4万亿美元（按购买力平价计算），比2003年增长3.4倍。对高品质商品和奢侈品的需求增长更快。不过，日本、中国香港、新加坡、韩国、马来西亚也依然是具有吸引力的市场。在中国，已经出现了拍卖的热潮，富人在其中购买艺术品。

对基本公共服务（教育、医疗）、交通、邮政、金融和旅游服务等的需求也在增长。在中国，2005年教育支出占GDP的比重为1.8%，而2014年已经达到3.8%。同期卫生支出占GDP的比重从0.5%增加到1.6%。中产阶级和富裕城市居民的体验市场正在迅速扩大。未来几年，中国迪士尼乐园将进行50亿美元的投资。在冬季运动从未流行过的国家正在兴建滑雪胜地。餐厅、剧院、电影院、画廊也是对体验的新需求中的一部分。市场本身也在生产新商品，刺激对进口产品、含酒精饮料、设备和乐器的消费需求。

消费习惯的变化使得亚洲国家GDP的部门结构发生变化。首先，服务业的GDP贡献正在增加，同时工业生产的作用正在减弱。其次，目前不仅在发达国家，在领先的发展中国家中也都在重新定位高科技生产。最后，满足中产阶级需求的商品正在增量生产。

2000—2014年间，中国、韩国、印度、日本和东盟国家（泰国和马来西亚除外）的农业对GDP的贡献有所下降。根据亚洲开发银行的预测，大多数亚洲国家农业在GDP结构中的比重将持续下降，并逐渐达到发达国家的水平，但农业在就业结构中仍将保持相当高的比重。

2000—2014年亚太国家工业占GDP的比重显著下降。下降幅度从1个百分点（越南）到9个百分点（新加坡）不等。这一趋势的一个例外是韩国，从2004年开始，该国的工业生产份额不再下降，甚至在2014年增加。

与此相反，服务业在GDP中的份额正在增加。最显著的变化发生在中国，2000年服务业部门占GDP的39%，而2014年占到47%。与此同时，韩国和越南服务业份额的增长几乎难以察觉，而在泰国，在政治不稳定的背景下，服务部门的份额有所下降，而这首先影响城市地区的经济活动。

亚太地区工业的主干由五个行业组成，它们合计占工业生产比例的不到一半。其中包括冶金业、化学工业、食品工业、机械设备生产业以及运输机器制造业。所有这些行业都在全球金融和经济危机期间"崩溃"，然后迅速复苏，现在它们已经达到每年6%—10%的稳定增长率。

亚太地区的生产部门结构在很大程度上是由中国的部门结构决定的。亚太地区40%的冶金产品，65%的化工产品，61%的食品和饮料，70%的机械设备及47%的机动车辆由中国生产（按价值计算）。2008—2013年中国工业的生产量年均增长13.9%。同时传统行业，如冶金工业、水泥工业、汽车工业的增长速度远低于电子或设备制造业等高附加值行业。总体而言，2000—2013年期间中国产品在全球设备市场所占的份额显著增加，从5%增加到20%。

中国正在大力投资科学研究和试验设计工作，主要集中在信息和计算机技术、稀土元素的开采和加工、航空航天和纳米技术上。2013年政府研发支出高达1934亿美元（占GDP的2.1%），比2012年高出15.6%。

2014年，大多数大宗商品的价格，尤其是能源价格的下跌，对亚洲国家的经济状况产生了重大影响。而这主要是由亚洲经济增长和工业生产放缓所致。亚太地区的能源进口国将从低价中受益。尤其是对于中国、印度、菲律宾和泰国来说更为明显。印度2014年能源进口额为1840亿美元，是2009年低点的两倍多。前几年的高油价是印度这样一个贫穷国家经济增长严重放缓的原因之一——2012年经济增长下降3.2%，2013年下降4.9%。2014年油价下跌，瞬间让印度减缓了贸易赤字，稳定了本国货币并降低了通货膨胀。因此，2014年该国的GDP增长率为5.6%，并实现了投资者的积极预期。

第三节 经济增长从核心向外围的转移

一、亚太国家跨境经贸合作新模式

过去十年，中国在全球价值链体系中的地位发生了重大变化。由于其国内工资的上涨，跨国公司开始寻找更便宜、更安全的非技术生产的投资地点。与此同时，中国资本面临国内成本提高的情况，许多公司决定进一步向海外拓展。国家路线也促进了这一决定的实现，中国宣布在个别领域实行"走出去"战略。

| 转向东方

2012 年以来，中国已成为世界第三大投资国，逐步赶超美国和日本。2013 年中国投资增长 15%，日本投资增长 10%，美国投资下降 8%。在不久的将来，中国对外投资额将超过外国对华投资额。

例如，自 2010 年以来，中国对东南亚国家的年投资增长率约为 30%。2013 年，这些国家吸引的外国直接投资首次超过了中国本身。这主要是由于中国劳动力成本上升，劳动密集型产业逐步转移。目前，只有马来西亚（1.24 美元/小时）和泰国（1.21 美元/小时）的最低工资水平与中国（1.19 美元/小时）所差无几，而亚太地区的其他发展中国家——菲律宾（0.73 美元/小时），越南（0.64 美元/小时）和印度尼西亚（0.52 美元/小时）的最低工资水平则远远低于中国，更不用说缅甸、老挝和柬埔寨。

推动中国和国际公司将其生产迁出中国的另一个重要原因是较高的社会税费，平均为 35%。在亚太地区的其他国家，这一税率要低得多：越南为 22%，马来西亚为 13.7%，印度尼西亚为 9.2%，菲律宾为 8.8%，泰国为 5.2%，印度为 7.4%。

不仅劳动密集型产业正在向东南亚转移，而且需要大量水资源和能源的产业正在向东南亚转移，因为中国的资源短缺程度逐年加剧，而邻国拥有更多资源。

众多的中国侨民、较低的语言和文化障碍，以及东南亚各国政府对投资的积极支持也起到了重要作用。

纺织业是最能体现产能转移的行业。中国工资上涨导致所有大中型服装制造商开始向越南和孟加拉国迁移。2013 年孟加拉国成为仅次于中国的世界第二大纺织品生产国，这一事实证实了该现象。

2012 年中国与东盟签署的《东盟自由贸易协定》极大地促进了中国与东南亚国家的经贸合作新模式的发展进程，该协定取消了制造商进口用于最终生产商品的部件需要缴纳额外关税的规定。中国自身也在调整方向，通过将劳动密集型生产转移到国外，发展更多高科技产业。

韩国也有类似的趋势，对韩国来说，东盟和中国正成为具有希望的生产基地，并成为大型销售市场。中国与韩国间的自由贸易协定在经过十年谈判后于2015年6月1日签署，这证实了新的分工模式越来越受欢迎。自2012年起，韩国与东盟6国之间的类似协议已全面实施；自2018年起，越南加入协议；从2020年起，柬埔寨、老挝和缅甸加入协议。

未来，韩国将继续在中国开设主要面向中国市场的生产设施：主要是汽车和电气工厂。例如，对于韩国汽车品牌现代来说，中国市场已经成为主要市场：2013年，该公司在中国销售了超过100万辆汽车，这些汽车均是北京附近的工厂所生产。

中国的竞争对手们已经给韩国制造商带来了严重的问题。其中一个最新的例子就是三星智能手机的市场销量急剧下降，这是由于中国小米公司及其经济实惠的智能手机——红米1S（售价100美元）和价格更贵、但更现代化的MI3（其价格仍然是韩国智能手机价格的一半，在功能上仅略逊于它），小米手机仅略逊于三星GalaxyS3。这个案例并不是个例，因为它反映了中国电子制造商主要在深圳进行本地化的新生产模式。

从销售手机、电脑、平板电脑等的通用配件开始，当地制造商开始为这些简单的设备调配适用于本地用户的需求，最终可以提供一种个性化、低成本且拥有一系列流行应用程序的产品。加工规模的显著发展使中国制造商能够在价格上与亚洲乃至全球的其他公司竞争。

尽管中国与韩国本地制造商间的竞争越来越激烈，但韩国经济的缓慢增长（未来5—10年不超过3%—4%）和仍然充满活力的庞大中国市场迫使韩国公司进入中国，并使用当地工人已经掌握的高技能水平——无论是在等离子电视生产（LG在韩国以外的地方——中国开设了第一家装配厂）还是在汽车方面。

二、中国内部工业生产和经济增长格局的变化

限制中国产能向海外转移的主要自然因素是柬埔寨和越南等劳动力成本低的国家基础设施不发达。这意味着不需要复杂物流的生产将率先转移到其他国家。

同时,由于部分生产从出口转向服务国内市场,中国的产能从国外转移到劳动力成本低于"核心"省份且更接近终端市场的省份,往往更有利可图。这种趋势已经影响到中国经济增长的地理环境。经济增长正在从历史上较发达的沿海省份转移到欠发达的内陆省份。虽然2012年中国中部省份的GDP增长率最高,但是2013年增长极(全国平均增长率较低)已经转移到西部。

根据相关数据,我们可以从中国的行政主体中选出中期内GDP增长潜力前十位的领先地区。这些地区是中国的中部和西部地区,相对来说不如东部地区发达,但如今已展现出高增长率(有时是由于低起点效应):中国中部的四川和重庆,西南的贵州和云南,西北的甘肃和青海以及东南的海南。还可以加上安徽、江西、湖北、湖南和陕西等省,以及宁夏回族自治区、新疆维吾尔自治区、广西壮族自治区和西藏自治区,这些地区的增长放缓并不明显。

中国经济增长重心由东向西转移,对整个宏观区域影响深远。中国经济增长重心转移不可避免地需要加强与中国西北邻国(中亚国家)的合作。同时,也出现了在该地区建立全新物流网络的问题。如果说东部省份通过海路与世界相连,那么西部省份的发展需要建设陆路运输通道,以连接中国与原材料供应商和消费中心。这是中国启动丝绸之路经济带项目的原因之一,也是创建新的基础设施融资机制的原因之一(如亚洲基础设施投资银行,甚至部分金砖国家的新发展银行)。

第四节　区域间贸易转向区域内贸易

人们普遍认为,过去几十年的亚洲经济增长一直以出口为导向。对于整个亚太地区来说,这是事实,但不能忽视国家间的差异,这方面非常重要。2009 年金融和经济危机导致主要消费国的需求下降,使亚洲国家的出口量回到了 2006 年左右的水平。随之而来的是出口的增加,这将亚太国家明确地分为两类。第一类包括中国、印度和越南,这些国家已成为出口增长的领头羊。第二类包括在危机衰退后恢复出口但出口量实际上没有增长的国家:该地区最发达的国家,以及尚未成功建立出口导向型经济的印度尼西亚、泰国和菲律宾。在短期内,这些国家的增长可能会受到基础设施公共投资的推动,就像 2013—2014 年菲律宾的情况一样。但未来,为了保持高增长率,这些国家将不得不寻找新的需求来源。这些需求来源中最明显的是对中国的出口需求,自 2006 年以来,中国的进口增长了近两倍。

随着亚洲经济增长的展开,亚太区域内的贸易以及亚太区域与世界其他地区之间的贸易平衡也发生了变化。21 世纪初亚洲最大经济体与邻国的贸易额,除 2009 年危机年外,每年都在增长。中国的区域内贸易额增长了近七倍,东盟国家区域内贸易额增长了三倍。尽管如此,2003 年亚洲国家仍有 51.1% 的出口面向亚太地区,但到 2008 年这一比例已下降到 49.7%,这是由于对西方发达国家的出口增长超过了对亚太地区出口增长的比例。

金融经济危机导致发达国家需求减少。与此同时,亚太地区的区域价值链建设进程开始蓄势待发,中国经济增长方式开始转变。因此,2013 年区域内贸易的占比增加至 53.4%,这是"亚洲为亚洲"模式形成的体现。然而,在亚太地区国家间仍存在着显著差异。

转向东方

根据区域内出口在出口总额中的份额，亚太国家或地区的市场可分为三组：

1. 所占份额越来越高的国家或地区（目前超过60%），包括中国香港、中国台湾、新加坡和马来西亚。中国香港、中国台湾、新加坡是小型发达地区。在过去10年中，亚太地区在马来西亚出口中的份额增加了10个百分点，这反映了该国从出口西方国家需求的原材料转变为出口相对品质不佳的高科技产品，但价格优于发达国家的同类产品，因此在亚洲有需求。

2. 所占份额为40%至60%的国家，其中包括泰国、韩国、日本、印度尼西亚、越南和中国。在所有这些国家中，亚洲在出口中所占份额在2008年之前一直在下降。中国、韩国和日本积极提高了与世界上最发达的国家——美国和欧盟国家的贸易量。然而，在经济金融危机之后，贸易流量开始重新转向亚洲，这得益于欧元区持续存在的经济问题和亚太地区一体化机制的发展。近年来，亚洲在印度尼西亚出口中的份额有所下降（主要是由于对日本的能源供应减少，供应占出口的很大一部分），但仍保持较高的份额（超过所有出口的23/3）。

3. 在过去10年里，印度在亚太国家的出口份额一直在25%的水平上波动。印度由于地理、历史和政治等方面的原因，目前还没有很好地融入区域内经济合作体系，"亚洲为亚洲"模式尚未对其产生实际影响。

亚太地区最大的经济体——中国的国家出口结构中呈现出稳定的多元化趋势。如果说2001年从中国进口产品前十的国家几乎占了中国出口总额的75%，那么2014年它们仅占中国出口总额的59%左右。对美国、欧盟国家、中国香港，特别是日本的出口份额急剧下降。与此同时，对俄罗斯、巴西和阿拉伯联合酋长国等主要发展中国家的出口份额大幅上升。但对于该地区邻国的发展中国家：越南、印度、印度尼西亚、泰国的涨幅程度更大。进口方面的情况则略有不同。在进口方面，对亚洲贸易流的封闭性要弱得多。东南亚国家的区域内进口份额最大，这些国家的进口结构更加原始，并利用东盟的优势更紧密地融入区域内联系。

在亚太地区发达经济体——日本和韩国中，亚洲在进口中的份额是稳定的。而中国的进口份额正在下降，主要是由于从日本进口的减少。

对于中国来说，这是由两个因素造成的。首先，由于高昂的石油价格以及天然气和石油在能源消费结构中的份额不断增加，能源在进口中的份额增加了两倍多（从7%增加到16%—17%）。其次，中国的消费需求（特别是对更高质量和更高热量的食品、家居用品、汽车、奢侈品的需求）的增长速度超过了该地区邻国满足其需求的能力。因此，中国对美国，特别是对中国最大食品供应商之一的巴西的进口有所增加。澳大利亚和沙特阿拉伯作为化石燃料供应商的份额有所增加，以及南非作为黄金供应商的份额也有所增加。

因此，区域内联系的演变可以简要概括为：该区域主要发展中国家的收入增长导致进口增长快于出口增长。其中部分进口由亚洲国家（但仅限于发展中国家）覆盖，但就目前而言，仍由发达国家的贸易流量占主导。随着越来越多的低技术产业从中国转移到其他亚太国家，区域内进口的份额将继续增长。至于出口方面，发达经济体以前需要的部分被压缩，导致区域内出口份额增加。与此同时，中国社会经济模式的转变，也为之前面向西方的贸易流长期转向中国创造了先决条件。

第二章 亚太地区一体化进程的演变

叶夫盖尼·亚历山德洛维奇·卡纳耶夫

近几十年来,亚太地区的一体化进程是以"新区域主义"的精神进行的。亚太地区一体化进程在许多方面与欧洲阶段式一体化模式相反,后者更倾向于逐步迈向更先进的互动形式。而在亚太地区,一体化通常局限于缔结自由贸易协定,各国并没有进入下一阶段整合的雄心。这尤其适用于亚太地区最稳定的区域一体化联盟——东盟。该地区的主要合作形式是双边自由贸易协定,东盟在其中一些协定(如与日本、中国、韩国和印度的协定)中扮演着一方的角色。这些协议网正逐渐覆盖整个地区,使其(个别国家除外)事实上变为一种区域自由贸易区。因此这种区域具有异质性,要知道所有的协议都包含不同的条件,涵盖不同的部门,并设定不同的自由化水平。任何超国家机构的缺失抵消了向超国家层面转移主权的需要。

亚太国家经济发展新模式意味着地区一体化进程的转变。要加强区域互动,强化"亚洲为亚洲"模式,构建区域分工新体系,积极形成区域增值链,则需要在多边形式的议程中打造一个统一的贸易合作环境。

全球经济和政治格局的变化叠加在一体化进程转变的区域内逻辑之上。特别是美国对外贸易专业化的大规模转变（与"页岩革命"和再工业化的尝试有关）、对中国遏制的加强以及国际贸易中的多边主义危机（表现在世贸组织多哈回合）都促使美国转向推动多边贸易协定的战略（主要是跨大西洋贸易与投资伙伴协议和跨太平洋伙伴关系协定）。国际贸易逐渐开始呈现出集团化特征，而亚洲处于这一进程的中心。

同时，亚太国家发展不平衡，以及内部经济社会现代化建设的重点截然相反，都使得现有的双边协定"拼凑"体系趋于一致成为一项极其艰巨的任务。在这方面，各国正试图通过促进相互联系来扩大货物、服务和资本流动的自由化，从而为经济合作的发展奠定更加可持续的基础。以区域全面经济伙伴关系和亚太经合组织论坛形式开展的合作为例，可以看出这方面的先决条件。

本章重点介绍三种区域多边形式——亚太经合组织（APEC）论坛、跨太平洋伙伴关系协议（TPP）和区域全面经济伙伴关系（RCEP）。对以上三种形式的分析使我们能够确定亚太国家在中短期内开展经济合作的可能性。同时，新经济大区的轮廓，将不仅决定区域发展的模式，而且在许多方面将决定全球发展的模式。

第一节　亚太经合组织论坛：
从自由贸易到联系增强

亚太经合组织（APEC）论坛成员包括来自东北亚和东南亚、南太平洋以及北美和南美的21个经济体。该论坛仍然是这一地区最大的对话平台，并且现在乃至未来将继续担任全球经济增长的重要"引擎"。

亚太经合组织会议的议程符合其成员国考虑的优先事项。其中许多成员国现在被迫寻找新的机会来刺激经济增长，并使其经济增长具有包容性，这就意味着要完成一些极其重要的任务。一方面，要发展公私伙伴关系，实现经济联系多样化，扩大获得新技术的机会，提高投资吸引力，实施大型基础设施项目。另一方面，要通过国家和企业部门的努力实施大规模的社会计划，解决粮食安全问题，向"绿色经济"转型。

比如中国与亚太经合组织伙伴在技术交流领域开展积极合作，特别是通过农业技术合作工作组的方式来开展。东南亚国家借鉴经济上比较发达的亚太经合组织伙伴在商业和提高投资吸引力方面使用的"最佳实践方法"，在中小型企业间开展合作，并采取措施使国家标准和合规标准与国际同行接轨。拉丁美洲国家正努力实现其对外经济政策方向的多样化，开拓与东亚伙伴合作的新领域。

在亚太经合组织框架内的活动有助于亚太地区国家在双边和次区域层面的贸易和投资自由化，且有助于逐步协调现有和正在谈判的自由贸易协定。

最后，加入亚太经合组织提供了与主要的区域经济伙伴保持高层次、高水平的定期沟通渠道。这使我们能够迅速解决合作的战术问题及制定其战略方向。得益于关税的降低、贸易商品和服务标准的统一、政府机构和企业代表实行的免签证旅行制度以及人员培训水平的提高，亚太经合组织经济体间的合作使经济体间的贸易额大幅增长。

在当前发展阶段，亚太经合组织被迫应对日益增长的危机趋势。首先是发达经济体与发展中经济体之间矛盾日益加剧：前者力求加快贸易和投资合作条件自由化的步伐以巩固其领导地位，而后者则力图加强技术交流。这种首要目的的分歧导致亚太经合组织成员在实施多边项目方面的协调力不足。

其次，亚太经合组织不具约束力的合作原则日益阻碍区域经济合作和一体化进程。鉴于亚太地区其他经济区域主义平台和倡议间的竞争日益激烈，这一点尤其重要。

然后，迄今为止亚太经合组织内部的法律环境是杂乱无章的，亚太经合组织成员缔结的自由贸易协定的条款存在质的差异。因此，无论是在论坛框架内通过的文件中，还是在现实经济实践中，区域合作的条款都没有正式的规定。

1994年宣布的茂物目标仍然是亚太经合组织活动的主要指导方针。该目标指出，发达的亚太经合组织经济体应该在2010年之前形成自由贸易和投资制度，而发展中经济体应该在2020年之前形成自由贸易和投资制度。上述因素促使APEC成员制定了一个强化的合作议程，以成功实现茂物目标。因此，出现了两个合作方向——组建亚太自由贸易区（FTAAP）和加强互联互通。

亚太自由贸易区的成立旨在将双边和次区域自由贸易协定整合为一个统一的"泛亚太经合组织"自由贸易区。但某些情况阻碍了这一目标的实现。

在不同亚太经合组织经济体之间缔结的自由贸易协定中，合作条款在很多方面存在差异，如贸易制度自由化的时间、产品范围和关税减免所涵盖项目的百分比，以及是否存在关于服务贸易的规定等。由21个经济体组成的泛亚太经合组织自由贸易区的条款要实现统一，似乎是一项极其艰巨的任务。

亚太自由贸易区的创建意味着亚太经合组织工作方式的改变。其要求将决策从建议性转变为强制性。然而，由于在一些合作条款上存在严重矛盾，为此执行必要的程序并不符合论坛许多经济体的利益。加拿大、澳大利亚和新西兰之间的分歧涉及牛肉和奶制品的贸易条款，美国和澳大利亚之间——糖，美国和加拿大以及美国和秘鲁——知识产权保护，美国和马来西亚——乳制品贸易条件、知识产权保护、劳动保护和遵守植物检疫标准。在亚太自由贸易区框架内的统一合作意味着严重让步，这些不是亚太经合经济体所追求的。所有这些让步都破坏了项目实施的可行性。

亚太经合组织框架内的另一个合作方向——加强互联互通，也就是通过形成一个更加发达和多样化的经济合作框架来促进货物、服务和投资的流动，而不是加速贸易和投资制度的自由化。这一想法于2009年在亚太经合中首次被提及，当时通过了《APEC供应链联通性框架行动计划》。然而，该想法在2013年和2014印度尼西亚和中国担任主席期间得到了充分发展。

在印度尼西亚举行的亚太经合组织峰会上通过了两份政策文件：《加强关系框架协议》和《2013—2016年长期基础设施发展和投资计划》。第一份文件确定了合作领域，如物理链接（发展基础设施）、制度连接（创建有利于经济合作的监管框架）和人员接触。

第二份文件明确了基础设施融资的参数和形式，强调了让私营部门参与项目的重要性。会议决定成立试点中心和亚太经合公私伙伴关系咨询专家组，旨在通过建立PPP机制为基础设施建设提供分析支持，并对取得的成果进行评估。

2014年11月在北京举行的亚太经合组织峰会促进了各个领域的发展——既促进了亚太自贸区的形成，也促进了联系的建立。

峰会通过了推进亚太自由贸易区发展的北京路线图。根据这份文件，"到2020年实现茂物目标将仍然是亚太经合组织活动的首要任务，亚太自由贸易区不是茂物目标的替代品，而将成为加速贸易和投资自由化的重要推动力"，亚太自由贸易区将按照世界贸易组织的原则来发展。实际上，这意味着亚太经合经济体已承诺在2020年之前形成亚太自由贸易区。

亚太自由贸易区项目的实施将遵循自愿原则。亚太经合组织将只承诺鼓励单边自由化，为亚太自由贸易区的发展出谋划策，并协调其创建。

关于建设亚太自由贸易区的最终报告和建议书应以协商一致的方式达成，这表明这一进程可能会被大大推迟。另一个潜在的问题是，路线图将跨太平洋伙伴关系协议和区域全面经济伙伴关系视为创建亚太自由贸易区的潜在"桥梁",实际上这两个项目并不是互补的经济项目,而是相互竞争的地缘战略项目。

亚太经合组织在加强互联互通的路线图上更加慎重且注重实际,其主要目标计划到 2025 年实现。许多项目尤其是在跨境基础设施建设方面,将在公私合作的基础上实施。例如,已经通过了《为基础设施项目建立有效的公私合作模式路线图》和《通过公私合作促进基础设施投资议程》,该计划旨在加强基层的人员联系,进而对亚太经合组织经济体之间的合作产生积极影响,特别是在加强服务贸易领域。因此,在亚太经合组织中,对多边贸易和投资自由化的兴趣相对下降的趋势越来越明显,反而愈加强调建立互联互通。一方面原因是成员国对客观存在的"机会上限"和自由交易的必然成本的认识。在"亚洲为亚洲"模式的背景下,建立一个超越东亚和东南亚的自由贸易区并不完全符合东亚论坛的全部利益。另一方面,它更符合亚洲成员国关于扩大区域内互联互通的需求,主要是建设跨境基础设施的需求。

第二节　跨太平洋伙伴关系:政治优先于经济

如果说亚太经合组织(APEC)是一个平台,其存在和发展反映了该地区所有参与者的客观利益,而跨太平洋伙伴关系(TPP)则是一个由美国推动的项目,反映了美国对亚洲一体化进程前景的看法。在克林顿和小布什当政期间,美国发展的 TPP 项目是为应对亚太形势和多边合作倡议实行无效政策的结果,也是亚太地区经济区域主义进程不利于华盛顿发展的后果。

美国试图将亚太经合组织作为主要的多边谈判平台以扩大其在该地区的利益,但在 20 世纪 90 年代末至 21 世纪上半叶,亚太地区多边经济合作的性质和动态出现了美国不愿看到的转变。为应对1997—1998年亚洲金融和经济危机及其后果，东亚国家发起了一种新的对话形式——"东盟+3"（东盟+中国、日本和韩国），并在这一框架下开始实施以实践为导向的项目。东盟和中国制定了扩大贸易和投资合作的雄心勃勃的计划，双方于2002年就建设自由贸易区签署了一项协议。与此同时，亚太经济体对亚太经合组织越来越失望，亚太经合组织既无法落实其1997年的"推进15个经济部门自由化"计划，也无法在金融和经济动荡时期向其成员提供有意义的援助。

1997—1998年亚洲金融危机期间，美国遭受了严重的声誉损害。美国所控制的国际金融机构按照华盛顿共识的原则行事，不仅在许多方面助长了危机的发展，而且未能有效应对危机。许多亚洲国家认为，美国无意向受危机影响的国家提供真正的援助。1999—2001年间，美国试图绕过东盟地区论坛，在亚太经合组织的议程上"超负荷"地讨论安全问题。此后，反美情绪更加强烈。

在小布什政府时期，美国故意地，有时甚至公然地将其行动与区域伙伴的期望相对立，也不开展以军事政治为主的对话。其结果是，中国对该地区经济合作进程的影响越来越大，同时美国的影响越来越小。促使美国采取适当的反制措施，大约从21世纪第一个十年中期开始，美国小布什政府就开始制定多边合作的方案，这些方案可以成为"以中国为中心"的经济区域主义模式的替代方案，并使美国将自己的"游戏规则"扩展到该地区。亚太经合组织论坛的框架内也存在类似的多边主义机制，且自2006年以来，在美国的鼓动下，亚太经合组织成员开始讨论组建亚太自由贸易区的可能性。

然而，考虑到其潜在参与者的数量——亚太自由贸易区的规模巨大，而且最重要的是，它是一个长期项目。美国需要一个跳板来落实该项目。新加坡、文莱、智利和新西兰于2005年缔结的《跨太平洋战略经济伙伴关系协定》就是为此选定的协议。这个项目通常被称为P4

（PACIFIC4 的缩写），出于一些原因，它与该组织的优先事项和计划相一致。

　　一是 P4 倡议涉及的区域范围十分广泛，涵盖了三个次区域——东南亚、拉丁美洲和南太平洋。二是"无所不包且优质"合作的典范。除了相互贸易自由化之外，该倡议还包括协调知识产权保护领域的监管、促进多个部门的技术交流、制定争端解决机制、协定植物检疫和环境标准以及其他一些超出常规自由贸易协定范围的内容。三是《跨太平洋战略经济伙伴关系协定》的文本表明了新成员加入的可能性。这使得亚太经合组织经济体和论坛以外的合作伙伴在未来有望加入 P4。

　　美国于 2008 年春天加入了 P4，此后该模式拥有了现在的名称——跨太平洋伙伴关系。然而，在 2008 年底之前，由于总统选举，美国暂停了跨太平洋伙伴关系方面的项目。该项目是在奥巴马当政时期发展的。

　　《跨太平洋伙伴关系协定》于 2015 年 10 月 5 日签署。12 个国家参加了跨太平洋伙伴关系的谈判：除美国和 P4 国家外，还有澳大利亚、秘鲁、越南、马来西亚、墨西哥、加拿大和日本。谈判议程和正在讨论的协议内容是保密的。然而，2009—2015 年跨太平洋伙伴关系项目的发展明显反映了当代亚太政治的经济和地缘战略重点。

　　奥巴马政府将推动跨太平洋伙伴关系项目视为建立亚太自由贸易区的第一步。跨太平洋伙伴关系旨在为亚太经合组织"注入新的活力"，并将有利于美国的经济合作标准和规则嵌入亚太地区最大的自由贸易的"制度外壳"中。另一方面，在不考虑亚太自由贸易区和亚太经合组织的情况下，跨太平洋伙伴关系项目在美国的"监督下"发展，使其形成了"以美国为中心"的经济区域主义格局。

　　跨太平洋伙伴关系项目的实施，尤其是它的进一步扩大为美国重申其对"智慧力量"战略的承诺提供了良好的机会，该战略强调多方利益相关者和多边合作，且得到了实际行动的支持。

| 转向东方

　　小布什政府因没有充分重视该地区的多边对话进程，且倾向于双边形式而受到批评。作为回应，奥巴马政府加强了美国在亚太地区外交的多边载体。

　　为了实现分析跨太平洋伙伴关系的目标，重要的是在更广泛的背景下看待它。跨太平洋伙伴关系项目不是一个孤立的倡议，而是与美国在其他领域的外交政策密切相关。特别是，它反映了美国对操控国际贸易的多边机制越来越不满。

　　世贸组织框架内发达经济体与发展中经济体之间的矛盾加剧，导致了该组织本身的危机，剥夺了美国有效利用它使其生产者获利的机会。在这种情况下，美国将重点从承认世贸组织在监管国际贸易方面的非替代性作用（美国长期以来一直是该组织的主要倡导者）转向发起两项大型多边协议，即跨大西洋贸易和投资伙伴关系协定、跨太平洋伙伴关系协定。这两项倡议涵盖了约一半世界贸易，形式上与《世贸组织宪章》并不冲突，但实际上它们抵消了其主导意义。

　　跨太平洋伙伴关系谈判的另一个重要特点是没有中国参与（尽管许多中国的贸易伙伴都参与了形成跨太平洋伙伴关系的谈判）。美国的目标之一是通过在中国周围建立不同的外贸和投资规则，并阻碍其公司参与全球和区域价值链，借此来孤立中国。

　　跨太平洋伙伴关系的目的是降低中国在亚太地区的影响力。21世纪美国的政客和专家以毫不掩饰的担忧来看待中国多边经济外交的成功，他们从中看到了东亚经济体对亚太经合组织和世贸组织的兴趣进一步下降的前景。在2008—2009年全球金融和经济危机期间和之后，这种情绪进一步高涨。美国成为该情绪产生的源头，而中国则展示了其应对经济困难的能力，并对周边国家产生了积极影响。美国计划通过跨太平洋伙伴关系将经济区域主义进程从东亚方向转向跨太平洋方向，从而剥夺中国与区域伙伴建立自由贸易体制的主动权。

　　最后，跨太平洋伙伴关系的背后纯粹是商业界的商业利益。美国企业期望扩大其在亚太市场的影响力，主要在创新领域站稳脚跟。以下事实清楚地展现了美国企业对该项目的兴趣程度。如果一位美国国会议员希望在他们进行跨太平洋伙伴关系谈判时熟知谈判文件，那么他必将获得特别许可。

如果把 P4 成员国签署的协议作为组建跨太平洋伙伴关系谈判的起点，那么该谈判本身就持续了 10 年。多种情况造成谈判时间如此之长。

第一是合作条款的不确定性。美国加入 P4 即意味着同意《战略经济伙伴关系协定》文本中的规定。然而，美国坚称跨太平洋伙伴关系实际上应该是其与伙伴国家间的一套双边自由贸易协定。这些合作伙伴将如何调节彼此之间的关系的问题仍然悬而未决。后者则坚持要统一所有跨太平洋伙伴关系成员之间的合作条款，这不符合美国的利益。

对于美国及其合作伙伴在许多原则性问题上的不同立场，并不令人惊讶。其中一个问题与知识产权有关。《与贸易有关的知识产权协议（TRIPS+）》的原则，即对知识产权的保护水平高于 WTO 规定的水平，符合美国的利益。许多美国跨太平洋伙伴关系的合作伙伴中，包括那些与之签订自由贸易协定的合作伙伴，都不认同这一立场。因此难以协调合作条款：例如，如果美国和新加坡之间的自由贸易协定没有包含平行进口的条款，那么美国和澳大利亚之间的类似协议就会禁止它。

关于原产国的标准尚不明确。美国以相当严格的标准来确定产品在哪个国家最后加工而获得其特征属性，而其他成员国则站在更为自由的立场。

在服务贸易领域，美国努力进入合作伙伴的市场，如金融服务和电信部门。这一前景并没有使美国的合作伙伴感到乐观，特别是发展中国家，他们有理由担心自己在面对美国企业时没有竞争力。

伙伴国的公共采购市场准入问题引起了很多争议。美国希望在跨太平洋伙伴关系协议的文本中加入一些规定此类访问可能性的条款,但其合作伙伴力求阻止这种情况的发生。主要矛盾在于,美国坚持要减少对国有企业的支持,包括对创新部门的支持,而许多美国合作伙伴不愿意这样做。

第二,跨太平洋伙伴关系在很大程度上与亚太地区经济合作的实际情况相悖。已有的亚太多边项目以发达的经济联系奠定了坚实的基础。例如,中日韩三国元首和政府首脑参与的首脑级合作的制度化,是在这些国家之间的经济交流积累到"临界质量"之后才实现的。跨太平洋伙伴关系的情况有所不同:许多谈判参与者不是彼此所期望的经济伙伴。所以,在2014年底越南与智利、越南与新西兰之间的贸易额分别只有6.77亿美元和7.61亿美元,而越南与非跨太平洋伙伴关系缔约方的印度尼西亚之间的贸易额为50亿美元。为了将所有人"不分青红皂白"地纳入跨太平洋伙伴关系谈判,美国仅强调了项目的数量方面,而没有对质量方面给予应有的关注。

第三是声誉因素。亚太地区推动多边项目的国家或组织在其对话伙伴眼中应该有稳定正向的声誉。与此同时,地方参与者向美国提出许多批判性问题。在亚洲国家(甚至在美国的传统盟友中),人们完全有理由担心TPP是美国在亚太地区的地缘战略利益的"人质",可以定义为"不惜一切代价的领导"。这对谈判进程产生了负面影响。

不管怎样,跨太平洋伙伴关系协定已经签署。我们有理由期待该地区经济区域主义进程的进一步分化:韩国、泰国和菲律宾等美国盟友将加入跨太平洋伙伴关系,俄罗斯和中国将为此加强相互合作。另一个合理的后果是在实施东盟长期计划(主要是区域全面经济伙伴关系)时有可能出现滑坡和倒退。但最重要的是,跨太平洋伙伴关系鼓励其他对话平台在贸易和投资自由化以及加强区域互联互通方面加强合作。

第三节　区域全面经济伙伴关系：
迈向"亚洲人民为亚洲"之路

区域全面经济伙伴关系（RCEP）目前包括东盟国家、中国、日本、韩国、澳大利亚和新西兰，与跨太平洋伙伴关系不同，这一进程符合该地区经济合作的逻辑。区域全面经济伙伴关系协议的大多数缔约方之间已经实现了大量的贸易额，其中许多缔约方签订了双边自由贸易协定。2013 年，协议缔约方之间的贸易在其出口总额中所占份额达到 42%，且这一数据持续增长。亚太地区走向"亚洲为亚洲"模式的趋势主要是 RCEP 国家之间的贸易和投资合作的发展。

同时，RCEP 倡议也具有明显的地缘战略意义。尽管东盟在运行 RCEP 中获得的经济利益将是所有参与者中最小的（因为东盟已经与所有合作伙伴签订了自由贸易协定，并且 RCEP 生效后的额外自由化也相对小），但东盟才是该项目的主要发起者。

从本质上讲，RCEP 是东盟对经济区域主义进程发展不利的回应。自 2005 年东亚峰会（EAS）启动以来，这个以东盟为中心的论坛议程主要关注安全和发展问题——其参与者关于经济合作的首选形式的矛盾已经加剧。中国和日本的项目，即东亚自由贸易区和东亚全面经济伙伴关系，导致了区域主要参与者间的利益错位，对东盟作为东非共同体活动协调者的地位产生了负面影响。在东非共同体和"东盟+3"议程相互竞争的背景下，东亚共同体这一区域经济合作的最终目标的实现已成问题。

主要是由于东盟无法将中国和日本的提案整合成一个能让大多数东亚共同体参与者满意的项目。澳大利亚提出了一个组建新的多边合作平台——亚太共同体的提案。这对东盟来说是一个令人不快、出乎意料的情况，一方面是因为该提案的出现，另一方面是因为澳大利亚的项目并不打算让东盟扮演多边讨论协调者的角色。

东盟同样关注 TPP 项目的发展。虽然两个缔约国——文莱和新加坡，作为四国集团的成员是这个对话平台的发起者，以及稍晚加入 TPP 的另外两个国家——马来西亚和越南，其他东盟成员没有参与 TPP 谈判。

2008 年 12 月，中日韩三方领导人峰会启动后，东北亚国家间的贸易、投资、技术等领域的合作前景广阔，这可能使东盟在"东盟 + 3"模式中的地位边缘化，因为在该模式中正在实施以功能为导向的经济项目。鉴于东北亚经济体所占比重较大，"东盟 + 3"实际上可能变成"3 + 东盟"。东盟正在建立的东盟地区论坛——"东盟 + 8"国防部长会议——东亚峰会的对话体系需要形成经济基础。这可能成为东亚共同体大多数成员之间的自由贸易协定，并有可能进一步扩大成员国人数。

同时很明显，如果没有外部伙伴的帮助，很难形成一个成熟的东盟共同体，特别是其经济方面。如果不采取高成本的方法来发展基础设施，那么将提高"十国集团"制造品的竞争力作为其融入全球经济进程的关键因素，是不可能实现的。鉴于自身财政资源有限，东盟寄希望于外部伙伴的帮助，主要是那些准备投资东南亚跨境基础设施项目的伙伴。后者的利益来源于扩大区域价值链中中间产品和部件的贸易潜力。这个问题的解决办法是建立一个成熟的区域自由贸易协定。

上述这些因素的结合促使东盟在其东非共同体伙伴的认可下启动了 RCEP。RCEP 以"全方位、高质量"的合作原则为基础。这项协议远远超出了货物贸易的优惠条件，并辅以促进技术交流的机制、争端解决程序，包括与知识产权保护、提高合作竞争力等有关的制度。高度的灵活性允许个性化的合作参与者加入。只要其他合作伙伴参与东盟的自由贸易协定,该协议将对他们敞开怀抱。东盟作为 RCEP 项目和整个区域经济合作的驱动力的地位得到确认。

很难准确评估 RCEP 项目的现状。一方面,统一合作条款是一项极其艰巨的任务。现有的双边协定在货物贸易自由化的范围和时间上,及对非关税限制的处理方法等也各不相同。东盟与其伙伴之间的一些协定规定了服务贸易的自由化,而另一些协定中则没有。这些国家的社会经济发展仍有很大差异,并且有相当多的部门容易受到自由化的影响。政治因素也发挥了作用,在客观上阻碍了国家间的经济联系,中国、日本和韩国之间的矛盾就是例证。TPP 的签署也延缓了 RCEP 的形成进程。

另一方面,我们有理由认为,RCEP 项目是亚太地区最有前景的多边合作形式,因为它对"亚洲为亚洲"合作模式的形成贡献最大。同样重要的是,它与亚太地区经济地区主义的关键主旨——加强互联互通相一致。

在专家和政策层面,有人提出了一个想法,即整合东盟总体规划中关于加强 RCEP 参与者之间的互联互通和合作的主要条款,将总体规划的主要条款普及到整个 RCEP 层面。这个想法的实施具有前提条件,因为东盟及其对话伙伴都对这种合作感兴趣。

2014 年成立的亚洲基础设施投资银行将为东亚和南亚的项目提供融资。中国的目标是发展海上丝绸之路,计划将其打造为以基础设施项目网为基础的大型经济增长区。这将加强 RCEP 内部国家间的互联互通。

以包括 RCEP 在内的现有多边对话平台为基础建立亚太自由贸易区的规划,将其与亚太经合组织关于加强互联互通的讨论联系起来,在 RCEP 谈判议程中推进这一方向。此外,东盟和亚太经合组织正在协调前瞻性计划,其主要侧重于加强互联互通的措施。

最后,在形成 RCEP 的过程中,贸易和投资合作条款的谈判不可避免地陷入了僵局，这促使其参与者扩大经济合作的基础并使之多样化。在此意义上，RCEP与亚太经合组织相似，后者则试图通过建设互联互通的主题来促进货物、服务和资本的流动，从而解决这样的问题。

第三章 亚太地区区域安全新格局

叶夫盖尼·亚历山德罗维奇·卡纳耶夫，阿纳斯塔西娅·谢尔盖耶芙娜·皮亚塔奇科娃

　　国际冲突的加剧不可避免地影响到亚太地区，而该地区近年来一直是世界上发展最活跃的地区之一。随着中美之间更多矛盾的产生，亚太地区对世界经济进程的影响力进一步增强。即使扩大区域经济合作和发展其多边形式，这种趋势也很难缓解。

　　一些关键的亚太安全问题长期存在，而其他问题则相对较新。本章探讨了该地区最紧迫的安全问题：朝鲜核问题和海盗问题。

　　这些问题并没有随着解决机制的充分发展而解决。现有的亚太地区多边安全合作机构尚不能对其活动进行"重置"。因此，这些机构内部的深层矛盾逐渐加剧。在这种情况下，亚太国家很可能会在双边或以狭隘的合作形式来减少安全威胁。这增加了该地区在全球对抗挑战面前的脆弱性，并且这种全球对抗逐渐投射到亚太地区。

|转向东方

第一节　亚太地区安全问题复杂化的因素

尽管签署了跨太平洋伙伴关系协定，但 2011 年美国"重返亚洲"战略并不像华盛顿最初预期的那样成功。主要原因是美国目前无法在一系列安全问题日益紧张的背景下向其盟友提供一个凝聚力强的合作议程，特别是在海上领土争端方面。因此，许多国家对美国是否有能力继续成为亚太地区安全的保障者产生了怀疑。

中俄合作得到了空前加强。现在的状态是，在特定情况下有可能修改伙伴关系条约的合同法律基础，赋予它们全新的性质。特别是在 2001 年中俄签署的《战略协作伙伴关系条约》第 9 条中，就已经出现了加强磋商的前提条件，该条约规定在一方面临威胁时进行磋商。鉴于两国军事演习已经成为常态，以及俄罗斯和中国对于区域世界秩序的期望模式的看法一致，这种前景是可以预料的。俄罗斯正在发展"不可分割的安全性"理念，而中国则发展了共同、全面、可持续的安全理念。

多边合作框架和倡议正在加强，这些框架和倡议没有美国的参与。2014 年 10 月中国发起了关于建立亚洲基础设施投资银行的谅解备忘录，有 57 个国家为"潜在创始成员国"（截至 2015 年 7 月）。该银行并非世界银行或亚洲开发银行的替代品。然而，该银行的建立是中国对这些机构缺乏改革的回应，这反映了它在世界经济中的作用日益重要。金砖国家内部正在建立不受美国影响的平行稳定机制，例如新开发银行和金砖国家外汇储备库。最后，关于建立上海合作组织银行的讨论也在持续进行中。2015 年 4 月在雅加达举行的亚非国家会议上各国决定发展亚非新型战略伙伴关系，这进一步加强了"集体远离西方"的立场，特别是在亚非国家金融实力不断增强的背景之下。

就亚太地区而言，这些趋势表明美国政策的"机会之窗"正在逐渐关闭。但是，鉴于美国在地区经济、政治和安全方面继续发挥着巨大的作用，这一进程的进一步发展对该地区来说不会一帆风顺。

亚太国家外交政策的再国家化进程正在加快。一些亚太地区国家在现代化的现阶段所面临的社会经济和内政问题，导致精英阶层寄希望于利用邻国公开或虚构的侵犯国家利益的主题，从而将社会不满导向外部。这导致了海洋领土争端的升级，同时也引发了新一轮的地区军备竞赛。经济合作将成为政治矛盾的可靠减震器并能防止政治矛盾升级，正如之前预料的那样，即使加强经济合作也无法减缓这一趋势。

第二节 区域安全的关键问题及其解决方案的前景

一、朝核问题

事实上，朝鲜是一个处于国际核不扩散制度之外的核大国。在2013年2月进行第三次核试验后，朝鲜领导层对朝鲜宪法进行了修订，将该国的核地位法律化。同时，还宣布了经济与核潜力并行发展的政策路线。考虑到朝鲜钚和铀计划的平行发展，该国在朝鲜半岛北部的大量铀储量，以及可能存在的用于提取核级钚和浓缩铀的"双重"核基础设施，朝鲜的核潜力可以说相当高。

对于朝鲜来说，核武器是防止外部干涉其内部事务的保证。在美国、日本和韩国的政治、军事和专家圈子中，普遍认为解决朝鲜核问题的最佳方式是政权更迭。2011年12月金正日逝世后，这种情绪愈演愈烈。在这种情况下，关键任务是确保对朝鲜局势进行多方面的监控，控制其核设施，并在必要时引入外国特遣队。为了防止类似情况的发生，朝鲜加强了军事核计划，向反对派发出明确的信号，表明颠覆朝鲜政权是不现实的，并且可能要付出昂贵的代价。

朝鲜领导层发展该国核武器的需求与美国政策直接相关，美国的这些政策导致了一些国家内部政治局势的不稳定。朝鲜强调，利比亚拒绝制造核武器以换取美国的保证，这是西方随后武装干预的主要原因。

发展核武器是金正恩提升国内权威的重要因素。这位年轻的领导人需要向精英和社会展示他自己的"成功故事"。这一点尤为重要，因为在金正日去世前后，朝鲜领导层内部的派系斗争加剧，且涉及党派和军事官僚权力的重新分配。

朝鲜需要核武器来巩固朝鲜社会各阶层的利益。这个国家正与经济上的困难作斗争，物质匮乏在加剧，以前不可动摇的意识形态信条也在贬值。从韩国走私的媒体产品对朝鲜人民的示范效应加剧了上述这些情况。在这种情况下，为了巩固社会稳定，精英们必须提出一个新的民族理念：一个强大而繁荣的国家，其在高科技经济领域的发展成就和抵制外部压力的准备是毋庸置疑的。

从朝鲜的经济优先事项的角度来看，核武器发挥着重要作用。核武器的存在使得财政资源可以从常规武器的开发转向经济发展需求，从而提高解决众多经济问题的能力。这一方针在朝鲜领导层已经得到反映，即同时加强经济和核潜力。

关于朝鲜核问题的多边讨论于 2003 年至 2009 年在六方会谈的框架内进行，参加会谈的有中国、美国、俄罗斯、日本和韩国。目前，该会谈已经暂停，却没有定论：朝鲜不仅没有放弃其核计划，而且将其发展推向了一个新高度。

事实上，会谈的成功与否取决于美朝双方是否愿意制定出双方都能接受的解决方案。然而，双方从一开始就不信任对方。美国认为，尽管朝鲜声称正在拆除其铈核计划，但同时还在开发铀计划。朝鲜方面认为，美国及其伙伴故意拖延履行其在1994年框架协议下的义务，即在朝鲜建设两座轻水反应堆以应对朝鲜放弃发展核电的问题。

美国和韩国每年的联合演习都带有明显的反朝鲜倾向，特别是两国在六方会谈期间和之后举行的军演，并没有增加朝鲜对自身安全的信心。

六方会谈中的朝鲜反对者在相关问题上无法形成协调一致，有时甚至不寻求这种协调。这涉及许多问题，包括朝鲜发展和平核计划的可能性。

恢复六方会谈似乎希望渺茫，不仅因为举行会谈无法阻止朝鲜核计划的实施。主要原因是这些谈判缺乏最新的议程，因为在目前的情况下，无论局势发展如何，朝鲜都不会放弃核武器。

二、海盗问题

海盗问题是亚太地区安全的主要非传统威胁之一。到目前为止，在打击海盗方面的成功是零散的。2010—2014年在马六甲海峡和中国南海，海盗袭击船只的次数有所减少，而在新加坡海峡则相反。2013—2014年，印度尼西亚的海盗行为呈上升趋势，在其海岸附近记录了约200起袭击事件。印度尼西亚群岛的众多岛屿为海盗基地的形成提供了理想的条件，通过马六甲海峡的货物运输量巨大，这吸引了来自世界各地的冒险家，而沿海村庄的居民经常给予他们支持并分享掠夺物。然而，与索马里不同，印度尼西亚沿海地区的海盗行为通常由专业人士进行。

表3-1　2010—2014年亚太地区海盗袭击船舶数量

	2010	2011	2012	2013	2014
印度尼西亚	40	46	81	106	100
马六甲海峡	2	1	2	1	1
马来西亚	18	16	12	9	24
缅甸		1			
菲律宾	5	5	3	3	6
新加坡海峡	3		6	9	8
泰国	2				2
中国	1	2	1		
南海	31	13	2	4	1
越南	12	8	4	9	7
孟加拉国	23	10	16	12	21
印度	5	6	8	14	13

数据来源：国际刑事法院促进人权倡议书

尽管亚太海域对世界贸易的重要性不断增加，但反海盗的多边活动仍然在"局部"层面上进行。印度尼西亚、马来西亚、新加坡和泰国的海军和空军在马六甲海峡进行协同巡逻。

第三节　多边安全合作机制

亚太多边安全合作机制——东盟地区论坛、"东盟+8"国防部长会议（CMO）和东亚峰会——尚未能够降低地区问题的严重性。从现实的角度来看，其结果并不令人信服：会议没有对地区安全的主要威胁产生影响。没有充分的理由断言这些谈判有助于协调亚太地区主要大国，特别是中国、美国和日本之间的关系。

"东盟+8"国防部长会议和东盟地区论坛会议的议程有重叠之处。

美国和日本的目标是以"东盟+1"的形式举行高级军官会议（东盟10国和参加"东盟+8"国防部长会议的每个国家单独举行），这对国防部长会议产生了分裂影响。

（EAC）是一个旨在对亚太地区战略形势发展作出决策的平台，在共同体会议上，美国显然不愿意就当前地区安全面临的紧迫挑战和中国展开对话。美国正在寻找以与太平洋盟友建立军事政治联盟的形式来解决问题的方法，而中国则在寻找双边形式的解决方案。东非共同体参与者在讨论与东亚和南亚无关的问题上精力分散，而对亚洲东北部问题的关注度不足。

有关区域安全体系所面临的主要挑战来自于其内部的不平衡。东非共同体和"东盟+8"的大多数成员国都是美国的盟友或正在积极发展与他们的军事合作。东盟地区论坛的参与者众多，其中许多国家与东北亚、东南亚和大洋洲的安全关系较远，使得实践活动的开展变得困难。

东盟建立多边区域安全体系的同时，并没有充分发展其经济基础。在东非共同体框架下启动的RCEP项目包括18个东亚峰会参与国中的16个，但不包括美国和俄罗斯。

所有这些情况都导致人们对当前的对话形式越来越失望。对作为其推动力量的东盟的批评越来越多。印度对非约束性合作并不完全满意，特别是在加强海上边界安全领域。对于印度来说，南海是其与东北亚和东南亚国家进行贸易的重要通道。美日赞成在东盟区域论坛、"东盟+8"理事会和东非共同体框架内加强务实合作。美国一再批评东盟，敦促其采取措施以实现具体成果。日本对东亚峰会议程中实际上排除了东北亚的情况表示不满，而该地区是日本主要的地缘战略利益所在。

面对日益提高的批评声音，东盟采取一些措施来加强其在东盟区域论坛、"东盟+8"理事会和东非共同体中的作用。然而，目前还没有对这些机构的运作原则进行根本性改变。相反，东盟的目标是让合作伙伴确认他们作为谈判背后推动力量的地位。但要做到这一点，东盟必须向

❙转向东方

合作伙伴提出一个能够协调他们利益的一体化议程。目前，这一目标尚未实现。地区安全面临的主要威胁只会加剧，而将 RCEP 项目视为整合谈判的经济平台的期望还没有实现。RCEP 不仅不能减少地区两极分化，甚至可以通过加强跨太平洋和东亚轨道上的合作分离来增加两极分化风险。

第二部分
俄罗斯在亚太地区的政策:
　　新的挑战与应对

第四章　亚太国家对俄罗斯的需求

叶夫盖尼·亚历山德罗维奇·卡纳耶夫，阿纳斯塔西娅·谢尔盖耶芙娜·皮亚塔奇科娃

长期以来，俄罗斯精英们认为，与俄罗斯外交政策的传统欧洲方向相比，俄罗斯和亚洲国家的关系是次要的。亚洲国家则认为俄罗斯是一个区域性的边缘国家，只能扮演自然资源供应国的角色。现在情况发生了根本性的变化：俄罗斯和亚太地区国家之间出现前所未有的亲近。

在俄罗斯，专家们普遍认为，俄罗斯在经济动机和与西方对抗的驱使下转向东方。这固然是事实，但亚洲国家也在转向俄罗斯，期待其在地区事务中发挥更积极的作用，这也是事实。

亚太地区正逐渐成为世界经济和国际关系的新极点，但其发展也带来不少矛盾。俄罗斯积极参与亚太地区的经济和政治进程之所以受欢迎，是因为它可以帮助解决其中一些矛盾。俄罗斯凭借其经济、资源、过境潜力、独立的外交政策和维护和平、稳定与互利合作的兴趣，能够防止区域安全被削弱，推动经济合作进程，并有助于提高亚太国家和整个地区的区域竞争力。

亚太国家的"对俄需求"是由三个特点决定的。第一点是全球机

遇，这使得亚太地区能够应对全球化带来的挑战。第二点是经济潜力，能够为区域经济发展提供强劲推动力。第三点是独立的外交政策，作为保证地区地缘战略平衡的因素，通过亚太地区国家的努力，亚太地区成为多中心世界的中心之一的进程不会受到影响。

第一节　亚太地区：对全球发展影响的增强和内部团结的不足

一、亚太地区在当今世界的作用

在过去十年中，全球经济活动的中心一直在向亚太地区转移。该地区的国家拥有世界上最高的经济增长率和消费增长率。其中一些国家（尤其是日本和中国）是全球领先的投资国家。区域一体化进程正在积极推进。在扩大公司内部、部门内部和部门间联系的基础上，形成区域价值链，从而发展区域内的生产、投资和技术合作。各经济体的创新潜力不断增长。根据汤森路透"2014年全球百强创新机构"排行榜，前100名中有46家公司分布在亚太地区。尽管目前中国经济增长放缓，以及亚洲金融市场的资本外流，但亚太地区仍然是并将继续成为未来全球经济增长的引擎之一。

亚太地区逐渐成为一个关键地区，不仅是经济发展方面，而且是在安全问题方面。

亚太国家的经济发展在很大程度上决定了全球环境和资源问题的动态变化。中国逐渐成为世界上主要的能源和粮食消费国。据预计，印度也将出现类似的发展轨迹，尽管有些滞后。

亚太地区越来越具有地缘战略意义。区域多边外交结构的议程，特别是东亚峰会，越来越注重全球发展问题。上海合作组织通过加强其活动的组织和制度框架并接纳新的参与者，逐渐将其议程扩展到整个欧亚地区。俄罗斯和中国之间前所未有的和睦关系，不仅导致亚太经合组织对全球政治进程的影响扩大，而且还形成了一个团结的大欧亚大陆，该大陆的金融和基础设施能力也在不断增强。

二、亚太地区面临的挑战

由于缺乏建设性互动的区域机制，亚太国家充分发挥其潜力的能力下降了。

亚太地区的贸易和投资合作机制的特点是以"拼凑"的合作形式为主，因其缺乏协调性而阻碍了多边经济区域主义项目的实施。亚太地区国家的经济和基础设施发展水平间的差距越来越大，而合作机构尚且无法弥补这一差距。

在双边层面上，亚太地区的参与者也无法建立冲突解决机制，以便在可持续和长期的基础上发挥作用。日本和韩国也推迟了签署自由贸易协定，尽管两国和美国都对此感兴趣。

美国认为，在冷战期间和之后，美国联盟都保障了该地区的国际稳定。美国打算在未来保持这一手段。另一方面，中国认为，美国联盟是冷战时期的遗留物。该联盟具有破坏性，使一些顽固性问题保持其当前状态，尤其是中国台湾问题，并且该联盟按照"敌友"原则来划分亚太地区。此联盟并不打算在其成员和其他地区参与者之间建立沟通系统，其最初的目的是加强美国及其盟友的军事力量，而损害其他太平洋国家的利益。

中国呼吁修改现有的亚太地区安全保障模式，以凝聚该地区各国的努力，这应以"亚洲国家命运共同体"精神为指导。中国认为美国联盟不是维护而是破坏地区稳定的因素，阻碍了符合所有参与者（而不仅是"美国俱乐部"的成员）利益的安全体系的形成。

在这方面，亚太地区越来越需要一个能够满足许多地区参与者利益的巩固合作议程。

三、亚太地区的应对：平衡和巩固的方针及其效果

亚太地区的主要参与者认为应对现有挑战的办法是加强其他地区政策的平衡。因此，美国正在寻求重塑与盟友的关系，一方面，这可以推动其盟友在创造符合美国利益的地区环境方面有更大的自主权；另一方面，向盟友提供令人信服的论据，表明美国将继续成为地区稳定的保障者。与此同时，美国正与中国建立一种"新型关系"。2014年和2015年签署的《中美关于海空相遇安全行为准则谅解备忘录》和《中美陆军交流与合作对话机制框架文件》表明，美国注重加强和丰富制度框架，以缓解与中国的政治和军事的紧张关系。

中国政策中的平衡因素体现在其外交政策战略的多样化。中国正着手实施"一带一路"倡议，旨在建立陆上和海上的跨区域交通走廊以及沿线的经济增长区。同时，中国也在巩固其在区域性的和亚太地区框架之外的多边组织中的地位。区域性的多边组织包括东盟地区论坛、"东盟+8"国防部长会议、东非共同体、"东盟+3"、区域全面伙伴关系协定及亚太经合组织。亚太地区框架外的多边组织包括亚洲基础设施投资银行和金砖国家新开发银行，中国试图让它们为发展中国家的基础设施项目融资。根据其多部门政策，中国正在增加与所有愿意的区域伙伴的多边接触。

日本和韩国正在努力平衡其亲美和亲亚的外交政策。一方面，这两个国家正在加强本国与美国的合作。自签署《防卫合作新指针》以来，日本和美国的联系大大加强，韩国正在考虑在朝鲜半岛南部部署移动式地基导弹防御系统，用于高空拦截中程导弹。另一方面，在加深与美国的关系并使之多样化的过程中，这两国都试图与中国建立合作，以争取中国对其自身前瞻性计划的支持。这一点尤其体现在韩国与中国就实施"欧亚倡议"而开展的对话中，目的是在对韩国自身有利的条件下加快

解决朝韩关系的进程。

东盟政策平衡的因素体现在加强其在多边政治和安全合作领域的"驱动力"地位，例如发展 RCEP 项目。东盟还寻求与那些不由自己制定议程的经济区域主义形式积极开展对话，例如与亚太经合组织的对话，其实际方向集中在加强互联互通的主题。

新领导层下的印度将尽可能地使其外交政策多样化。印度试图将本国与东盟国家、日本发展关系的"东方行动"政策和加强与其他主要国家的接触联系起来。通过同意与中国合作实现海上丝绸之路，表达了其巩固印太地区的意愿。同时，印度还加强了与美国盟友的合作，这并不妨碍其与俄罗斯开展对话，甚至对反俄罗斯制裁持消极态度。

第二节　俄罗斯在缓和地区安全威胁方面的作用

亚太地区国家正在努力达成合作，以解决其积累的问题并巩固其全球地位。俄罗斯可以在其中发挥重要作用。俄罗斯亚洲方向政策的首要任务是合作。俄罗斯在亚太多边对话平台会议上提出的"不可分割的安全"概念意味着放弃"零和博弈"，转而支持务实互利的合作。俄罗斯政治家表示，不会与各国在双边关系中划清界限。

俄罗斯在推行东转政策的同时，无意扩大势力范围，更无意打造军事集团。俄罗斯的长期优先目标在别处——维持一个和平、可预测的地区环境，这作为促进地区经济联系和促进西伯利亚和远东发展的关键外部因素，在与亚太邻国的合作中发挥重要作用。

俄罗斯在关键的区域安全问题上采取平衡和一致的立场。关于朝鲜核问题，俄罗斯必须优先考虑兵器对抗性的陈词滥调，建立平等考虑到各方利益的、和平的、安全的机制。

亚洲国家清楚地意识到，如果没有俄罗斯的参与，以平等、尊重、互利合作原则为基础的地区秩序就无法正式形成。

俄罗斯可以在缓解亚太地区的关键安全问题方面发挥重要作用。如果不加强东北亚的整体安全体系，就无法解决朝鲜的核问题。朝鲜的进一步核试验可能会迫使日本和韩国制造自己的核武器。与此同时，朝鲜领导层的立场坚定，需要与他们建立长期对话。

需要俄罗斯缓解朝鲜核问题的原因是俄罗斯拥有其他地区参与者所不具备的能力。俄罗斯2007年在六方会谈框架内成立的工作组担任主席，该工作组被命名为东北亚和平与安全机制工作组。这一平台可以成为确保次区域安全的常设论坛，其目的并不是解决北朝鲜核武器的问题，而是在五个谈判国（美国、中国、日本、韩国和俄罗斯）之间就如何解决该问题制定一个共同方法，并将其置于加强东北亚安全的背景下。

作为一个负责任的核大国，俄罗斯可以充当朝鲜和国际防扩散机构之间的"桥梁"。在发展自己的核计划的同时，朝鲜仍然处于专门的国际组织的监督之外。在当前的俄朝友好关系下，俄罗斯可以根据国际原子能机构与巴基斯坦合作的先例，促进朝鲜与国际原子能机构之间的对话。

俄罗斯的机遇还与拟议在朝鲜半岛实施的三边项目有关——连接西伯利亚大铁路和跨朝铁路、建造天然气管道以及从俄罗斯穿过朝鲜领土到韩国的输电线路。通过让朝鲜参与多边经济合作，加强了国际社会对朝鲜政策的影响，包括与发展其核计划有关的政策。

至关重要的是，韩国认为俄罗斯是解决朝鲜问题的关键角色。然而，由于美俄关系的恶化，美国与俄罗斯就安全问题进行对话的意愿大大降低了。同时，美国在该地区的政策也促使该问题升级。美韩和美日军事合作的加强使朝鲜更加认为，对其安全的最佳保障是提高本国的国防能力和核能力。例如，朝鲜国际部部长李洙墉在2015年3月日内瓦举行的裁军谈判会议上说,"朝鲜必须保持核能力,以应对来自美国不断增长的核威胁。"美韩在黄海的军事演习经常成为韩国和朝鲜之间关系紧张的原因,并多次迫使朝鲜采取挑衅行动。最近一次关系紧张加剧是在 2015 年 8 月海军演习前夕,当时韩国 11 年来首次恢复了对朝鲜的宣传广播,双方还进行了炮击。

这加强了朝鲜领导层的决心,即把国家变成一个"坚不可摧的城堡"必须用包括核在内的一切手段来保卫本国。这些因素都要求俄罗斯对与朝鲜发展核计划有关的一系列问题有特别的外交技巧和专业知识。

各方意识到需要找到新的方法来解决非对抗性的问题。俄罗斯可以通过保障亚太地区的水、粮食和能源安全,以减少对水域资源的商业开发有争议的各方间分歧的尖锐程度。俄罗斯可以通过开发自己的运输走廊——北方海航道以及丝绸之路经济带框架内的过境走廊来化解这些分歧。这些线路无法显著降低通过东南亚海峡的货物运输强度,但它们至少将允许区域参与者实现货物运输方向的多样化,而这一点目前几乎是不存在的。

亚太国家可持续发展所面临的挑战之一是粮食安全威胁。在许多亚太国家和次区域,人口增长率高于粮食生产增长率。这是由于新土地使用有限、气候变化、土壤退化和水资源短缺等原因所导致。

亚太地区主要是海洋区域,其很大一部分人口以海产品为主要食物。中国南海占世界鱼类捕捞总量的 10%。这就更需要不受阻碍地捕捞鱼类和海产品。然而,这种渔业活动受到尚未解决的海洋边界和领土争端的阻碍,这些争端的尖锐性不可能得到缓解。

粮食安全领域的这种情况要求亚太国家加强多边合作,东盟、东盟＋3 和亚太经合组织成员已采取具体措施,旨在建立紧急粮食储备,协调粮食和农业生产领域的国家政策,加强技术交流。

在加强粮食安全方面,亚太地区对俄罗斯的需求是毋庸置疑的。俄罗斯拥有广阔的可耕地和巨大的淡水储备,可以为亚太国家建立区域农产品储备提供现实的帮助。在亚洲伙伴的资本、技术和劳动力的帮助下,在俄罗斯境内发展水密集型产品的联合生产也是可能的。

能源安全是亚太地区国家优先考虑的问题之一。他们对能源的需求不断增长,可以预见在长期内亚太地区的能源消耗趋势将持续下去。这将伴随着能源结构的改变,即从煤炭向石油和天然气的转变。由于自身能源储备不足,后者的进口量将会增加。

俄罗斯的资源和开发经验使其能够与亚太伙伴在多个领域开展合作:向该地区供应碳氢化合物原料和建设大型能源基础设施;共同开发西伯利亚和远东地区的资源;扩大能源密集型产品的生产,以进一步出口到中国和其他亚太国家。

第三节　亚洲国家加强与俄罗斯经济合作的需求

在经济合作领域,亚洲国家对俄罗斯的需求基于两个主要因素。第一是俄罗斯有能力为该地区提供自然资源和资源密集型产品。第二是俄罗斯愿意通过加强互联互通来发展合作。

一方面,在缺乏区域自由贸易区的情况下,"亚洲为亚洲"模式的形成和区域增值链的快速发展,巩固了参与者加强比贸易和投资自由化措施更基本的经济合作框架。这体现在东盟和亚太经合组织的"建设互联互通"的发展主题中。

另一方面,亚太国家的国家发展优先事项客观上推动了他们"输出"加强互联互通的主题,而且不是在跨太平洋地区,而是在欧亚大陆方向上。

韩国还努力寻求加强欧亚大陆的连接。2013年,韩国提出了所谓的"欧亚倡议",设想与欧亚国家发展一个统一的交通、能源、技术、人力资源和文化交流网络。韩国计划的范围令人印象深刻——根据其观点，"欧亚大陆覆盖的经济区块是西部的欧盟和俄罗斯，东部的东北亚，包括东方的中国，这些地区涵盖了北方经济的一体化，其中不包括美国。欧亚联盟可以与南方的东盟合并，这将是南方和北方经济体的整合。"韩国认为有可能通过重大基础设施项目，特别是能源和运输方面的项目，将这些倡议付诸实践。

俄罗斯为发展和促进建立互联互通的主题做出了重要贡献。在筹备符拉迪沃斯托克亚太经合组织峰会期间，以及在评估其结果时，俄罗斯专家界提出了欧亚—太平洋互联互通倡议，该倡议设想整合现有项目——西伯利亚大铁路、东西伯利亚—太平洋石油管道、萨哈林—哈巴罗夫斯克—符拉迪沃斯托克天然气运输系统，整合为一个单一的跨大陆的能源、运输和信息供应系统。它可以与跨朝运输和能源项目以及其他旨在缓解亚太国家之间跨境共同困难的倡议联系起来，为该地区和作为其组成部分的俄罗斯远东地区的发展提供切实的推动力。

俄罗斯在2012年担任亚太经合组织主席期间的议程反映了许多互联互通的主题，回应了论坛各经济体的优先发展事项，其中主要是通过优化参与区域价值链来提高竞争力。

俄罗斯致力于与所有有意愿合作的国家发展合作关系，并在东亚峰会向伙伴国家明确了其发展联系的立场。俄罗斯外交部长拉夫罗夫在2013年东非共同体部长会议后的会见上指出，这种合作的实际领域可能包括多式联运、在运输物流链中采用现代化技术解决方案、消除边境行政壁垒。俄罗斯表示愿意参与公路、铁路、航空和海运的基础设施发展，并向其伙伴国家提出了传统运输物流路线的多样化建议，包括利用西伯利亚大铁路、贝加尔—阿穆尔铁路干线和俄罗斯太平洋港口，以及发展北方海航道。

因此，俄罗斯准备与亚洲和太平洋地区的伙伴在该地区的重点领域发展合作。亚太地区国家理解俄罗斯的意图,并且其与他们自身的发展目标密切相关。在俄罗斯与该地区的对话中,发展合作关系的议题很可能得到进一步发展,而且该倡议是由该地区主动提出的。

第五章　俄罗斯与亚太国家双边合作的现状

伊·阿·马卡洛夫，叶·亚·卡纳耶夫，阿·谢·皮亚塔奇科娃，亚·谢·别斯季奇

俄罗斯外交政策中的转向东方最初是源于经济。这个想法是为了利用亚洲经济增长给俄罗斯经济带来的机遇。在当前俄罗斯与西方关系的危机中，除了经济因素外，还增加了政治因素。但这不能改变这样一个事实，即只有俄罗斯在经济上融入该地区，找到对合作伙伴有吸引力的领域，并融入以"亚洲为亚洲"为特征的新区域发展模式，转向东方才会成功。

俄罗斯与东亚以及南亚国家建立合作关系符合国家、地区和全球的利益。

国家层面具有战略和战术两个方面。战略方面是利用与这些国家的合作，加速西伯利亚和远东地区的发展，将其打造为俄罗斯经济增长的引擎，并通过从这些地区开始构建新的经济发展模式，以取代21世纪初以来不再有效的模式。战术方面更加务实，即通过与亚洲国家的合作来减轻西方国家对俄罗斯经济的制裁效应。

区域层面是将自己打造成东亚和南亚地区有影响力的经济、政治和安全主体。最后,俄罗斯全球方面利益在于通过加强与亚太地区合作伙伴的务实和互利的互动,来平衡其外交政策,该政策直到最近一直集中在与西方国家的关系上。同时,俄罗斯还应促进建立一个新的全球秩序,使非西方集体扮演更重要的角色。

俄罗斯将加强与东亚和南亚国家的互动合作,这些国家设定了不同的目标并受到不同的动机驱使。其中一些国家愿意合作,其他国家对合作感兴趣,但对符合俄罗斯利益的条件不完全认同。还有一些国家持观望态度。而另一些国家甚至支持实施反俄制裁。

俄罗斯在与东亚和南亚国家的合作方面应采取平衡政策,加强开放机会并减少合作限制。最重要的是,俄罗斯应邀请所有愿意进行互利和长期合作的地区合作伙伴参与,包括美国在内。历史表明,缓和紧张局势的第一步是在全球既定参与者优先考虑的地区进行合作。冷战期间,欧洲就是这样一个地区,而现在东亚和东南亚可能扮演这样的角色。

第一节 俄罗斯与亚太国家贸易投资合作的现状

俄罗斯以现有的形式转向东方始于 2002 年。在符拉迪沃斯托克举行的亚太经合组织峰会上,俄罗斯国家的高层领导表示有必要与亚洲国家开展合作。目前,由于与西方的对抗愈演愈烈,亚洲方向在俄罗斯的对外政策中变得更加重要。

同时,2014 年和 2015 年初的经济动态并没有表明俄罗斯和中国之间有任何重大缓和,更不用说整个亚太地区了。俄罗斯经济的转向东方仍处于起步阶段。

自 2003 年以来,俄罗斯和亚太国家之间的贸易额大幅增加:出口增加了四倍以上，进口增加了九倍。然而，近几年来，贸易合作的速度有所放缓：2013 年，贸易额只增长了 3%，而 2014 年则没有发生任何变化。

与此同时，2003 年至 2005 年，俄罗斯与亚洲国家是贸易顺差，此后一直是逆差。最大的进出口差距是在 2008 年，然后趋于平衡。2014 年，俄罗斯对亚洲的出口十年来首次超过进口。

亚太地区国家在俄罗斯对外贸易中的份额仍然不符合它们在世界经济中的地位，仅占俄罗斯出口的 19%，俄罗斯进口的 29%。在过去的 12 年里，这一数字大幅增加（从 2003 年出口的 12.2% 和进口的 11.0%）。然而，进口份额的主要增长发生在 21 世纪的第一个十年，而近几年来，它几乎没有变化。另一方面，亚洲占俄罗斯的出口份额在金融和经济危机后开始增长，特别是在 2014 年增长了 3 个百分点。这主要是由于俄罗斯对中国和韩国的出口增长。因此，俄罗斯出口在地理上向亚洲的转移仍在发生，尽管速度比预期的要慢。

2015 年，亚太地区国家在俄罗斯对外贸易中的份额继续增加，但绝对增长率并未上升。例如，在 2015 年的头四个月，俄罗斯与亚洲的贸易与 2014 年同期相比下降了 26% 以上。尽管如此，这仍远低于欧洲贸易的下降率（已达到 37.5%）。这一情况可能会在一年内好转，但俄罗斯目前并没有"从欧洲转向亚洲"，而是在两个地区都有所减少，但在亚洲减少速度有所放缓。

亚太国家在总直接投资中所占份额的增长速度远远快于亚太国家在贸易中的份额。但这主要是由于低起点效应。根据中央银行的官方数据，即使是现在，这一比例也不会超过 2%，尽管实际投资流的统计计算难度稍高。无论如何，俄罗斯和亚太国家之间的投资合作与经济规模完全不相称，相互间资金注入的增加很容易被解释为一个自然过程，而不是政策向东方倾斜的结果。

第二节　俄罗斯与中国的合作

当前乃至不远的未来，加强与中国的合作是俄罗斯转向东方的关键组成部分。中国是俄罗斯的主要贸易伙伴和亚洲国家中最大的投资者。重要的是，中国在大多数关键国际事务上与俄罗斯保持一致立场，与中国的伙伴关系是对抗西方国家制裁的主要缓冲器。

俄罗斯与亚洲国家的贸易中有一半与中国有关。2009年，中国超过德国成为俄罗斯的主要贸易伙伴。如今，中国在俄罗斯对外贸易中所占的份额约为11%：出口占8%，进口占18%。在金融和经济危机之后，中俄贸易以惊人的速度增长。2010年和2011年每年的贸易额增长率都达到了43%。两国领导人的目标是到2015年达到1000亿美元，到2020年达到2000亿美元①。

现在看来，这是一项不可能完成的任务：2012年就在俄罗斯高层谈论转向东方的时候，贸易额下降到11%，2013年下降到1%。2014年，中俄贸易增长了7%。俄罗斯对中国出口在2013年甚至下降了10%，而2014年也未能恢复到2012年的水平，尽管2014年俄罗斯对中国的出口明显高于2013年。俄罗斯大幅增加了对中国的石油供应，增幅达36%。在经历了两年（2011—2012年）出口高于进口之后，俄罗斯又回到了与中国的贸易逆差。

2015年上半年出现了更令人担忧的趋势。在1月份，俄罗斯和中国之间的贸易与2014年1月相比下降了36%（俄罗斯出口下降25%，进口下降44%）。在2月，出口和进口也都下降了21%。3月，出口下降了35.5%，进口下降了22%；4月，出口和进口分别下降了28%

---

① 实际数据显示，2015年中俄双边进出口贸易额为635.52亿美元，2020年中俄贸易额为1077.65亿美元。

和34.5%。

俄罗斯从中国进口下降的原因与俄罗斯国内消费减少和卢布贬值有关。与此同时，俄罗斯对中国进口下降幅度小于对欧洲进口。俄罗斯出口的萎缩主要受到油价下跌的影响：矿物燃料占出口的绝大部分。中国经济增长放缓也起到了一定作用——需求不再像2010、2011年那样迅速增长。中国转向新的发展模式也很重要，而俄罗斯的出口仍然以粗放型增长为导向，不再适合中国的需要，这也是重要原因。

俄罗斯的出口以原材料产品为主，尤其是矿物燃料，其次是木材、矿石和鱼类。石油价格的下跌导致燃料原料在总体价值上的份额减少——从2014年的74%降至2015年1—4月的69%。然而，这只是一种短期效应，与可能的出口专业化调整无关。尤其是机械制造产品在俄罗斯出口中的份额从3.3%减少到2.5%。

俄罗斯从中国进口的结构恰恰相反，电子产品和机械产品占主导地位。由于卢布贬值、俄罗斯居民购买力下降以及2014年12月因预期来年价格上涨而出现电子产品销售高峰，2015年电子产品的份额有所下降。

总的来说，俄罗斯和中国的贸易结构完全是典型的发展中国家和发达国家贸易结构的翻版，是"原材料换成品"模式的典型代表。在未来几年，俄罗斯与中国建立关系的主要目标是寻找向中国出口具有高附加值的俄罗斯产品（即使这些产品基于自然资源的利用）。

俄罗斯和中国之间友好关系的关键领域之一应该是投资合作。长期以来，俄罗斯对吸引中国投资进入俄罗斯战略性产业存在非正式的禁止。对于涉及东部地区的原材料和基础设施项目（包括准备在亚太经合组织峰会期间在符拉迪沃斯托克进行的项目），这种禁止是出于对中国人在远东地区的人口扩张的担忧；而对于欧洲地区的工业，这种禁止则源于对依赖中国技术和标准以及吸引中国承包商竞争的恐惧；在涉及高技术生产的情况下，这种禁止则源于对技术转让的担忧。

2012年，中国投资的非正式壁垒被解除。此外，俄罗斯开始进行有针对性地吸引中国投资的工作。结果，在2013年至2014年期间，中国对俄罗斯的投资流入达到了近20亿美元，这超过了整个中俄关系历史上积累的总和。至于俄罗斯对中国的投资，其数量可以忽略不计。俄罗斯公司仍未能进入中国市场，而在中国境内唯一重要的合作项目是在天津建设的炼油厂，这得益于高层之间长时间的谈判。

根据俄罗斯中央银行的数据，截至2013年，中国最大的投资项目是中石油以8.1亿美元从诺瓦泰克公司购买亚马尔液化天然气项目20%股份；中国投资有限责任公司（CIC）以20亿美元购买乌拉尔碱公司12.5%的股份；中国国际有色冶金工程建设公司（XPC）在布里亚特共和国与东西伯利亚金属公司合作项目中投资（估计为7.5亿美元）；中国国家电网公司在与俄罗斯SINTEZ集团合作项目的投资（估计为11亿美元）；中国投资有限责任公司收购莫斯科交易所5.4%的股份（估计为1亿美元）；中国建设银行收购俄罗斯外贸银行（VTB）2%的股份（估计为1亿美元）。

2014年5月和11月，俄中签署了一系列文件，其中许多文件是针对两国投资合作的发展。其中包括：

· 中石油收购万科尔石油股份有限公司10%股份的协议；

· 俄罗斯EN+集团和中国神华集团关于联合开发外贝加尔地区扎舒兰煤矿项目的备忘录（投资估计为300亿卢布）；

· 苏玛集团与吉林省达成意向性协议，即在滨海边疆区启动扎鲁比诺人港项目，并在2017年前通过扎鲁比诺将货物从中国东北省份转运至南方省份；

· 俄罗斯技术国家集团与中国港口建设公司就在滨海边疆区建设"希望港口"煤炭码头达成合作备忘录；

· 俄罗斯直接投资基金、中国投资公司和远东发展基金之间就建造一座横跨阿穆尔河的铁路桥达成协议。该4亿美元项目的80%将由中国几家银行提供，其余 20% 由中俄投资基金、远东和贝加尔地区发展基金提供；

·俄罗斯东方能源股份公司与中国东方电气公司关于在俄罗斯远东地区合作实施联合项目的协议。东方电气集团公司准备投资 780 亿卢布重建现有的发电设施和电网综合体，对符拉迪沃斯托克热电厂-2 进行现代化改造，并在雅库特地区开发太阳能；

·俄罗斯电网公司和中国国家电网公司之间的战略合作协议。该协议设想联合建设一条高压输电线路，以增加俄罗斯对中国的电力出口，每年 2—5 吉瓦；

·长城汽车与图拉州政府、图拉州公私合营发展集团关于在图拉境内合作建设汽车制造厂签署三方协议，包括冲压、焊接、喷漆、装配、零备件的生产；

·俄罗斯西布尔公司与中石化就建立生产丁腈橡胶的合资企业达成协议，该橡胶是一种天然橡胶。

·欧洲水泥厂集团股份公司与中工国际工程股份有限公司签订了三份合同，为在"奥斯科尔水泥""别尔哥罗德水泥"和"高加索水泥"等工厂的新干法水泥厂建设提供设备等。

最后，2014 年 5 月，俄罗斯天然气工业股份公司与中国石油天然气集团公司签订了一份为期 30 年的世纪合同，通过"西伯利亚力量"管道每年向中国输送 380 亿立方米天然气。这条价值 250 亿美元的天然气管道本身应该由中国预付款项来建造。中国方面的天然气管道建设已经开始，但预付款被冻结。

俄罗斯与中国的合作并没有就此止步。2015 年 5 月俄中又签署了 32 份文件。其中最重要的是：

·埃列格斯特—克孜勒—库拉吉诺铁路线和远东港口建设项目的谅解与合作备忘录；

·极地黄金有限公司和中国黄金集团公司之间的合作协议；

·中国国家开发银行和俄罗斯储蓄银行之间签订 60 亿元人民币的贷款协议；

·俄罗斯和中国关于先进重型直升机项目合作框架协议；

·俄罗斯天然气工业股份公司和中石化就俄罗斯通过"西线"向中国供应天然气的主要条件达成协议；

·俄罗斯联邦交通部、中华人民共和国国家发展和改革委员会与俄罗斯铁路公司关于合作形式、莫斯科—喀山高速铁路融资模式、莫斯科—北京欧亚高速运输走廊优先项目等的备忘录。

此外，中俄还发表了两项重要的联合声明。第一个是关于深化全面战略协作伙伴关系，推动互利合作的声明。第二个是关于丝绸之路经济带和欧亚经济联盟的合作项目对接的声明。这意味着中俄关系中的一个主要问题，即双方在欧亚大陆中部的竞争问题得到了成功解决，中国试图将该地区纳入其"亚洲为亚洲"模式，而俄罗斯则将其视为地缘政治空间的一部分。

2015 年 9 月 3 日，普京访问中国期间，签署了关于建设第三条（继西伯利亚力量和阿尔泰之后）从俄罗斯向中国供应天然气的天然气管道的谅解备忘录。就俄罗斯石油公司购买中国化工集团有限公司 30% 的股份，以及中国石油化工集团有限公司进入西布尔公司股份和可能购买俄罗斯石油公司 YURUBCHENO-TOKHOMSKOYE 油田最多 49% 的股份达成了协议。最后，诺瓦泰克已将亚马尔液化天然气项目的 9.9% 股份转让给丝绸之路基金。

在 2015 年 9 月 3 日至 5 日的东方经济论坛上，还签署了一些其他协议。这些协议涉及吸引中国对俄罗斯远东超前发展区的投资，特别是在纳杰日金斯卡娅超前发展区（建立一个多式联运和物流综合体，可通往西伯利亚大铁路和"符拉迪沃斯托克—哈巴罗夫斯克"联邦高速公路），米哈伊洛夫斯卡亚超前发展区（发展一个农业集群），"共青城"经济特区（生产 MA–60、MA–70 和 MA–700 系列飞机）。

总的来说，中俄投资合作正处于蓬勃发展时期。中国公司在基础设施建设、能源、汽车制造、建筑材料等领域的发展中获得了关键地位。

当然，不应高估两国之间经济和睦的结果。此外，不应该将这些结果外推至政治领域。中国与美国建立"新型关系"，并专注于加强与欧盟的合作，不会参与到不利于自身的地缘战略游戏中。中国不会加入任何地缘战略联盟，尤其是那些具有反西方倾向的联盟。中国不接受与主要经济伙伴的关系降温。

在一定程度上，美国在太平洋地区对中国的遏制政策推动了中国和俄罗斯的合作。美国与其东亚和东南亚盟友的军事联盟，以及作为将中国公司排除在区域价值链之外的工具——跨太平洋伙伴关系，迫使中国深入到欧亚大陆，而俄罗斯在那里扮演着关键角色。但是，即使有这些战略动机，俄罗斯首先是中国的贸易伙伴，目前已经为中国提供了从和解中获益的机会。中国正在抓住这些机会。

第三节　俄罗斯与日本的合作

尽管东京加入了反俄制裁，俄日贸易额从 2013 年的 332 亿美元下降到 2014 年的 307 亿美元。但是与俄罗斯的合作仍然是日本的长期优先事项。这种合作的主要目标是加强能源安全。

福岛第一核电站事故发生后，日本重新考虑了其能源优先事项。该国计划到 2030 年将核电在该国能源供应中的份额从 28% 减少到 20%—22%。日本自身的能源储备只允许日本满足 9% 的初级能源需求，从这个角度来看，由于地理接近性、从其他国家运输碳氢化合物的航线上的海盗风险、中东不稳定局势的持续升级以及俄日关系中存在的能源合作利基，日本对与俄罗斯的合作兴趣将保持较高水平。日本是俄罗斯远东地区天然气工业的最大投资者，而俄罗斯能源公司则将日本视为潜在石油和液化天然气销售市场。

与日本的贸易，就像与中国的贸易一样，在2015年1月至4月与2014年同期相比有所下降，但没有那么戏剧性，下降了21%。虽然在此期间对日本的出口下降了13%，但进口暴跌了34.5%。造成这种下降的最大因素是俄罗斯的汽车销售量大幅下降，而汽车是俄罗斯从日本进口的主要商品。

对日本的出口明显反映了俄罗斯在原材料方面的专业性：86%是矿物燃料。相比之下，进口产品则以高附加值产品为主。对于俄罗斯东部地区来说，日本是高科技产品的主要供应商。

日本对俄罗斯的投资规模较小。俄罗斯人在日本投资接近于零。然而，日本公司在俄罗斯经济的一些关键部门发挥了重要作用。例如，2013年，日本在俄罗斯农业、能源开采和汽车生产方面的累计外国投资排名第二（表5-1）。

表5-1 日本在俄罗斯的主要投资方向

合作领域	最大投资者	日本投资排名	日本所占份额
农业，畜牧业，林业	塞浦路斯	NO.2	7.5%
石油开采	塞浦路斯	NO.3	10.2%
能源与燃料	塞浦路斯	NO.2	13.4%
设备与交通运输	德国	NO.2	16.1%

来源：俄罗斯经济开发部

日本在俄罗斯的投资项目中最主要的是萨哈林一号和萨哈林二号石油大然气项目。萨哈林一号中30%被日本萨哈林石油和天然气开发公司收购。萨哈林二号中，日本三井物产公司持股12.5%，三菱商事公司持股10%。日本是俄罗斯液化天然气的最大进口国，在2013年占俄罗斯液化天然气出口的76%。

日本自然资源和能源署以及日本远东天然气公司财团是俄罗斯天然气工业股份公司实现"符拉迪沃斯托克液化天然气"项目的主要合作伙

伴。该项目对日本很重要。2014 年 10 月，自然资源和能源署已经宣布，国际环境不会成为实现这一目标的障碍。

日本在俄罗斯的另一个重要的感兴趣领域是汽车工业。从 2007 年到 2014 年，丰田公司在圣彼得堡建立了汽车工厂，三菱在卡卢加州，科扎伊在雅罗斯拉夫尔州建立了挖掘机生产厂，以及乌里扬诺夫斯克汽车厂已经开始组装卡车。与此同时，日本企业还在俄投资开设了许多生产汽车零部件的企业，如座椅、轮胎、玻璃、轴承等。

2014 年，索勒斯汽车制造公司在符拉迪沃斯托克建立了一个新的工业经济区。主要投资者是俄罗斯—日本合资公司马自达俄罗斯索勒斯制造商，一些来自日本和韩国的汽车部件制造商也参与了这个项目。此外，9 月，有报道称，马自达俄罗斯索勒斯制造商将于 2015 年在符拉迪沃斯托克的经济特区基地启动出口到日本和中国的汽车发动机生产。

日本投资者参与了化工项目的实施。2011 年，门捷列夫斯克（鞑靼斯坦共和国）开始建设一个综合氨、甲醇和颗粒状碳化物铵的生产综合体"碳酸铵"。该设施将于 2015 年投入使用。在 2014 年，俄罗斯石油公司邀请日本投资者参与纳霍德卡东部石油化工综合体的建设。

日本是俄罗斯农业的主要外国投资者之一。北海道银行和阿穆尔地区政府之间建立了密切的合作关系。

日本企业应该成为远东超前发展区的关键驻扎企业之一。但由于国际局势的恶化和乌克兰危机的升级，两国之间的合作变得脆弱。

近年来，日本的外交政策中的亲美倾向呈增强趋势。日本宪法第 9 条修订，允许在日本领土之外使用自卫队，接受日美军事合作的新指导原则，日本与美国在海洋问题上加强互动的前景，以及太平洋导弹防御系统要素的发展，都迫使日本支持几乎所有美国的倡议，甚至是那些与日本在其他领域的利益相矛盾的倡议。这尤其导致日本加入对俄罗斯的制裁，并缩小了俄日合作的范围。一年前，在普京与安倍的一次会议上宣布了"希基瓦基原则"（没有赢家也没有输家），在此原则下谈判解决千岛群岛问题，使达成和平协议的可能性变得极大。但在新的政治条件下，这些谈判已经暂停。在时任俄罗斯总理梅德韦杰夫访问千岛群岛并在日本引起巨大反响后，在不久的将来，这些问题几乎不太可能恢复。

日本加入对俄罗斯的制裁对日本企业本身的影响不大。在与俄罗斯的关系中，日本政府奉行"经济独立、政治独立"的原则，这也是日本大企业的指导原则，因为日本大企业传统上与国家有着密切的联系。但日本公司和银行对美国的制裁保持警惕，这些制裁可能会紧接着在俄罗斯战略项目中实施，特别是在基础设施和石油天然气开采方面的项目。然而，日本公司参与远东地区超前发展区建设的可能性仍然很大。

第四节 俄罗斯与韩国的合作

对于韩国来说，在中长期内与俄罗斯的合作比对日本合作更为重要。韩国意识到，如果没有与俄罗斯的友好关系，时任韩国总统朴槿惠政府的主要外交政策项目——欧亚倡议就无法实现。俄罗斯和韩国有意加强朝韩对话的互动，这在很大程度上决定了东北亚国际局势的发展。俄罗斯和韩朝之间的三角项目增加了朝鲜政策的可预测性，从而有助于缓解朝鲜核问题。

目前，俄韩关系的结果还没有达到预期。尽管两国经济结构相互补充，但2013年和2014年的相互贸易额分别只有251亿美元和266亿美元。

俄罗斯对韩国的出口结构是典型的俄亚关系模式：其绝大部分（约80%）依赖于矿物燃料。2014年，俄罗斯对韩国出口大幅增长。这与石油供应的增加有关。俄罗斯从韩国进口的产品主要是交通工具、机械制造产品和电子产品。在对俄罗斯经济的投资方面，韩国已经超过了中国和日本，但与这些国家不同的是，近几年没有出现大幅上升的趋势。

韩国公司在俄罗斯的主要投资项目如下：

· 在列宁格勒地区建造耗资约 5 亿美元的新现代汽车工厂；

· 莫斯科地区的 LG 公司和卡卢加地区的三星集团，总投资为 3 亿美元。

· 卡卢加地区奥布宁斯克的乐天糖果工厂，投资额 1 亿美元；

· 一个拥有 304 间客房的莫斯科乐天多功能酒店和购物中心综合体，投资额为 3.5 亿美元。此外，韩国公司还计划在圣彼得堡、符拉迪沃斯托克和叶卡捷琳堡建造酒店；

· 克麦罗夫斯克地区的努德哈伊汽车厂是韩国公司和库兹巴斯的合资企业；

· 位于梁赞的朵什拉克—梁赞食品加工公司，由韩国的养乐多乳品有限公司创立；

· 位于卡卢加地区的 KT&G 烟草厂；

· 位于鞑靼斯坦共和国阿拉布加经济特区的 KR 聚对苯二甲酸乙二醇酯和对苯二甲酸化工厂；

· 韩国的现代重工业公司收购了俄罗斯霍洛利粮食公司（滨海边疆区）67.6% 的股份，主要经营玉米和大豆生产。

2015 年 9 月，在东方经济论坛期间，俄罗斯水电公司与韩国企业（韩国电力公司）签署了合作协议，意在共同开发远东地区的能源供应系统，包括建设滨海核电站和普里莫尔斯克水电站。除了水力发电，韩国合作伙伴特别感兴趣的领域是远东的基础设施项目，并将其视为欧亚倡议的一部分。韩国公司愿意参与滨海边疆区的铁路项目，也对发展跨朝鲜的基础设施感兴趣。

尽管韩国公司对俄罗斯投资项目表现出极大兴趣，但两国 2014 年的投资合作几乎停滞不前。韩国对俄罗斯在乌克兰的行动表示谴责，并对加速发展远东的参与持观望态度。在大型基础设施项目方面，这是由于担心美国可能对韩国公司或贷款银行实施制裁。至于其他领域，俄罗斯的经济困难，投资环境不佳，对投资的法律保护不足，各方对商业惯例的认识不足以及俄罗斯地区和地方当局缺乏建设性对话，是影响投资进程的关键所在。

尽管存在许多困难，但目前是重启两国深入合作的最佳时机。韩国不可能长期宣称其进军欧亚大陆的计划而不与俄罗斯修好。尽管与美国的合作对韩国来说很有价值，但它不能跟随美国的外交政策。与日本不同的是，韩国没有加入对俄罗斯的制裁，并且在2015年采取了一些与日本立场相反的步骤：加入亚洲基础设施投资银行，并与中国签署了自由贸易协定。目前，韩国精英们正在讨论是否需要让韩国公司重新积极参与远东的发展，复兴跨韩项目，加强与中亚国家的合作，包括通过欧亚经济联盟，甚至可能通过上海合作组织活跃与中亚国家的合作。如果支持韩国的投资和倡议，俄罗斯可能会在未来几年让韩国重新成为其在该地区的主要战略伙伴。

第五节　俄罗斯与朝鲜的合作

朝鲜对与俄罗斯的合作感兴趣，是因为朝鲜希望实现其对外经济关系的多样化，减少对中国的依赖。对于金正恩政权来说，俄罗斯是主要的合作伙伴之一，因为与许多其他国家不同，俄罗斯不会把经济合作置于政治改革的条件之下。

俄罗斯是在强化自身亚太政策的总体背景下发展与朝鲜的关系。俄罗斯和朝鲜计划到2020年将相互贸易总额提高到10亿美元（在过去的几年里每年保持在8000万到1.2亿美元，尽管2013年到2014年，从112.70万美元下降到90.50万美元），两国计划合作实现朝鲜采矿业和能源工业设施的现代化。

俄罗斯经常为朝韩两国的经济合作进行调解。自21世纪初以来，这三个国家一直在讨论在朝鲜半岛的三个主要项目。

第一，修建跨朝鲜铁路及其与西伯利亚铁路的连接，以及同时对朝鲜罗津港进行现代化改造。

第二，通过朝鲜领土向韩国修建天然气管道仍然是一个有前途的项目。2011年8月至9月，俄罗斯和朝鲜领导人就这个问题达成了政治协议，俄罗斯天然气工业股份公司和韩国天然气公司（KOGAS）甚至批准了这一项目路线图。然而，它的实施还没有进入实际阶段。首先是由于朝鲜的导弹和核试验后朝鲜半岛局势的升级，然后是由于全球天然气市场的转变，伴随着液化天然气市场的供过于求，以及韩国关于购买俄罗斯管道的矛盾信号。

第三，有计划通过朝鲜领土铺设从俄罗斯到韩国的输电线路。俄罗斯和朝鲜专家进行了一系列磋商，讨论了未来项目的财政、技术和行政问题，但由于2000年下半年和2010年初朝鲜半岛局势恶化，该项目的实施被推迟。目前，来自俄罗斯和韩国的专家正在考虑不通过陆路，而是铺设一条从符拉迪沃斯托克（海参崴）到首尔的海底电缆。

可能影响这个三边项目实施的主要因素是朝鲜缺乏先进的制度和立法保障。朝鲜既没有解决商业纠纷的机制，也没有制定关于许多实际合作方面的管理决策方案。例如，建立三边财团是国际惯例中常见的现象，但由于朝鲜除了国家所有权外没有其他形式的所有权，所以很难建立。朝鲜仍未为大规模经济项目做好准备。现有的先例，如开城工业园区或罗津—松本经济特区，不过是飞地合作，目的不是让朝鲜融入区域经济，而是为了创造外汇。

总的来说，俄罗斯与朝鲜的合作机会受到以下因素的限制：朝鲜公司的偿付能力低下、必要基础设施缺乏，企业级的连接性不发达，以及最重要的是，作为吸引外国企业（包括俄罗斯企业）的主要条件，朝鲜领导层不愿意着手进行深远的经济改革。

第六节　俄罗斯与东南亚国家的合作

俄罗斯与东南亚国家关系的特点是，在缺乏加强贸易和投资合作的基础下，双方对彼此的兴趣日益增长。一方面，许多东南亚国家欢迎俄罗斯在亚洲方向的积极作为，并认为这为他们解决自身问题提供了更多机会。另一方面，尽管俄罗斯与东盟 10 国的合作逐渐扩大，但与俄罗斯的合作规模远远不及他们与该地区其他国家的合作。2013 年，东盟国家与俄罗斯的贸易额为 199 亿美元，而与中国、日本、美国和韩国的贸易额分别为 3500 亿美元、2410 亿美元、2070 亿美元和 1350 亿美元。

俄罗斯对东盟国家的出口结构与对该地区其他国家的出口结构相似：以矿物燃料为主。进口则更加多样化，既有高附加值产品，也有低技术含量产品。

与中日韩的互动不同，在与东盟的投资合作中，俄罗斯是资本净输出国，尽管双边投资额度很小。最大的投资伙伴是新加坡，许多俄罗斯公司（包括俄罗斯天然气工业股份公司）在新加坡设有子公司，此外，俄罗斯与越南的合作也非常活跃，合作关系甚至可以追溯到苏联时代。

俄罗斯的转向东方，使增加与东亚国家的贸易和互惠投资成为国家政策的优先事项之一。目前，贸易和投资合作的机会没有得到充分利用。

能源是可能合作的关键领域之一。目前正在讨论通过俄罗斯石油公司的努力在东盟国家为东西伯利亚—太平洋石油管道建设炼油厂的可能性。此外，修建横贯东盟的天然气管道也是一个有前景的想法。另一个良好的机会是建设核能设施，特别是建设宁顺一号核电站。如果该项目成功实施，它可以成为与该地区其他国家展开类似合作的典范。

除能源外，俄罗斯还可以为该地区的粮食安全做出贡献，由于人口增长和消费量增加，以及缺乏可以大幅提高粮食产量的耕地和水资源，该地区的粮食安全面临威胁。

东南亚是一个地理上"碎片化"的次区域，其大陆地势险要，群岛部分由众多岛屿组成。因此，需要发展运输基础设施。该地区各国的计划包括发展海上运输、形成具有成本效益且可靠的运输和物流链、增加多式联运以及采用新的运输方式。因此，他们对民用飞机、船舶、机车车辆感兴趣。所有这些都可以由俄罗斯提供。

在医药和制药领域有合作的潜力。大流感（如禽流感或非典）是对东南亚可持续发展的主要威胁之一。该地区各国也意识到应对这些疾病的重要性，正在加强与区域外伙伴在疫苗生产方面的合作。俄罗斯医科学生人数每年都在增加，主要是来自越南、马来西亚和缅甸的学生。他们了解如何使用俄罗斯的设备和俄罗斯的技术。进一步培训这方面的专家可扩大向本地区供应俄罗斯医疗设备的前景。

东南亚国家，如印度尼西亚、马来西亚和越南，对为和平目的探索和利用外太空以及获取相关技术感兴趣。这对于预测自然灾害尤为重要，自然灾害是该地区的主要安全挑战之一。计划的项目包括开发电信卫星和将其送入轨道、开发遥感地球卫星、发展航空材料科学、建设太空中心，以及就马来西亚来说，将宇航员送入外太空。东南亚国家意识到自身能力的局限性，也有兴趣与外部参与者合作，其中俄罗斯的地位相当强。

由于一些国家领土争端的升级和分离主义情绪的增长，东盟国家必须对日益严重的地区分化做出反应。他们对扩大自己的军事能力越来越感兴趣，包括与外国伙伴合作。在外国伙伴中俄罗斯占据了重要地位，因为俄罗斯拥有有竞争力的产品但不把军事技术合作与政治问题挂钩。

俄罗斯在东南亚的主要合作伙伴是越南。俄罗斯有意加强与这个充满活力的国家的联系，该国正在采用最好的区域和全球商业惯例，并在区域多边合作中发挥突出作用。尽管相互贸易略有下降，从2013年的

39 亿美元降至 2014 年的 37 亿美元，但政治接触的势头表明俄越关系进一步加强。

2015 年 5 月，越南与欧亚经济联盟签署了一项自由贸易协定。它可以作为形成欧亚经济联盟—东盟自由贸易协定的"跳板"，为俄罗斯消除正式加入 RCEP 的障碍。可能建立的欧亚经济联盟—东盟自由贸易协定将有助于俄罗斯外交政策的亚太和欧亚方向一体化。

尽管与东盟国家加强合作的机会很多，但也有一些因素可能会阻碍合作。例如，在东南亚没有可识别的俄罗斯产品的品牌。高科技产品（电子、汽车工业）领域的市场主要由美国、日本、韩国和欧洲的跨国公司控制，而中国则出口大众化的产品。

由于俄罗斯运输基础设施和物流不发达，俄罗斯与东南亚国家之间的贸易变得复杂。俄罗斯远东港口接受大吨位集装箱的能力有限，西伯利亚大铁路的运力不足，以及缺乏对整个路线上货物的监控系统，这些都阻碍了合作的加强。俄罗斯许多主要城市与东南亚国家之间没有直飞航班。

合作的一个重要障碍是俄罗斯和东南亚的商业界对合作机会缺乏了解，有时甚至是误解。俄罗斯公司并不总是认为有必要开展宣传活动，让潜在客户了解所提供的产品和服务。俄罗斯大型公司的高管们也对东盟国家商业立法的具体内容和实际经营条件知之甚少。

经济项目的财政支持系统仍处于初始状态。在实践中，这种支持是自发的。在东南亚开展业务时，俄罗斯企业要么求助于这些国家的银行，要么求助于国内的银行。前者缺乏公司信息，后者对该地区经营的具体情况了解不足。信息不足需要调动额外资源。在决定是否支持特定项目的过程中，往往会出现延迟。

解决方案是促进银行间的合作。但到目前为止，唯一成功的例子是与越南的关系。2015 年 4 月梅德韦杰夫总理访越期间，俄罗斯外贸银行和越南投资开发银行签署了一份谅解备忘录，以加强俄罗斯外贸银行在越南的附属银行——越南—俄罗斯联合银行的作用和能力，并增加提供的服务数量。这涉及开发一个支持进出口交易的支付系统，并建立本国货币的结算机制。

第七节　俄罗斯与印度的合作

目前，印度不是俄罗斯的主要贸易伙伴。2014年，两国实现的贸易额仅94亿美元，近年来还一直在下降。

与此同时，印度是唯一一个俄罗斯向其出口实现多样化的主要亚太国家且其中相当多高科技产品。主要产品类别是机械工程、电子、光学和摄影设备。医药产品在俄罗斯进口中占主导地位。

俄印投资伙伴关系历史悠久。然而，近年来，在俄罗斯没有涉及印度公司的重大项目。印度最大的投资仍然是在生产共享协议的基础上，印度石油天然气公司购买的萨哈林一号项目的20%的股份。2015年9月，俄罗斯石油公司与印度石油天然气公司达成协议购买万科尔油田15%的股份。印度资本也出现在俄罗斯的制药、农业和化学工业中。

俄罗斯在印度最大的投资项目是合资企业Sister Shyam Teleservices（SSTL），这是一家印度移动运营商，其中56.68%由俄罗斯SISTEMA集团拥有，另外17.4%由俄联邦国有资产管理局拥有。2008年，该公司被授予在印度各地提供移动电话服务的权利，但在2012年，一桩反腐丑闻导致其22个许可证中的21个被撤销。尽管连俄罗斯的高级官员都参与了解决这一丑闻，但被撤销的许可证没有被归还。然而，该公司并没有退出市场，而是在拍卖中获得了新的许可证，并继续运营。

俄罗斯公司在印度的其他投资项目包括生产卡玛斯卡车（同名公司在合资企业中占51%）和西布尔公司参股的丁基橡胶生产企业。

印度在俄罗斯对外经济政策中的重要性不是用贸易额和相互投资来

衡量的。印度是俄罗斯在一些高科技领域的战略伙伴。

首先我们讨论的是核电。2014年12月，双方签署了一份备忘录，其规定俄罗斯国家原子能公司应在20年内至少建造12个发电机组，还签署了一份为库丹库拉姆核电站的两个机组提供设备的合同。在其他能源领域也有大规模的合作计划。特别是，印度将成为俄罗斯亚马尔液化天然气项目的天然气买家之一。

印度是世界上唯一一个与俄罗斯合作实施2011—2020年长期军备合作计划的国家。2010—2014年，俄罗斯约占印度武器和军事装备进口的70%。俄印军事技术合作的威胁在于，印度不再专注于购买现成的产品，而是希望获得技术并建立武器和军事装备的联合生产。印方对俄军工产品质量和售后服务的要求越来越高。俄罗斯宣布准备向巴基斯坦提供批量MI-35直升机，这对俄印关系产生了一定影响。俄罗斯过去曾向巴基斯坦出售军用运输直升机，但现在正在讨论供应作战装备的可能性。然而，目前没有充分理由认为此举将导致俄印关系急剧恶化。

俄印两国合作中一个重要步骤是计划成立一个俄罗斯—印度投资基金，资本为10亿—20亿美元，为联合高科技项目提供资金。印度和欧亚经济联盟之间的全面经济合作协议的前景为扩大贸易合作提供了机会。它为俄印经济关系提供了广泛而有意义的多样化合作方案，重点是能源创新部门，包括电力设备、航空设备、采矿设备、农业机械、药品、运输和物流，以及扩大商业、专业和技术服务的供应。

印度新领导层注重发展运输基础设施，特别是高速公路、空港和海港，以及南亚和东南亚的跨国运输项目，这与俄罗斯加强区域连通性的优先事项是一致的。

印度是俄罗斯在大欧亚地区发展合作的重要伙伴。从2015年起，在俄罗斯的不懈支持下，印度成为上海合作组织的成员，印度将在该组织内对中国的利益起到平衡作用。南北运输走廊的发展应加强俄罗斯—印度—伊朗三角关系框架内的合作。

第八节　俄罗斯与美国在亚太地区的合作

在美国对亚太方向的外交政策"再平衡"发展的背景下，俄罗斯建立起与东亚和南亚国家之间的关系。当然，对俄罗斯来说，特别迫切的任务是澄清俄罗斯和美国在地区发展问题上的关系性质。同样重要的是，要确定俄罗斯如何应对美国的亚太政策。

随着俄美对抗的加剧，俄罗斯和美国在东亚和南亚合作的可能性微乎其微。俄罗斯和美国几乎停止关于朝鲜核问题的对话，主要维持在专家层面。俄罗斯和美国推动不同的经济区域主义议程——美国寻求通过形成跨太平洋伙伴关系来建设规范该地区国际贸易的新规则，而俄罗斯则专注于加强互联互通的措施。

客观上，时间对俄罗斯有利，而不是对美国有利。原因与其说是东亚和南亚国家日益增长的"对俄需求"，不如说是俄罗斯对加强区域安全与合作的贡献潜力巨大。美国现任政府令人生疑的亚太政策发挥了关键作用。

2009年至2014年，美国加强与盟国联盟的方针不仅未能减少对地区安全的主要威胁，而且进一步"震撼"了这些威胁。例如，美韩演习加强了朝鲜发展核计划的决心。美国—菲律宾军事关系的加强，最终在2014年4月签署了《强化防务合作协议》，导致中国南海局势的急剧升级。2015年4月，日本和华盛顿签署了一项新的日美防卫合作指针，将双方的合作定义为"不可分割"。这一措辞在逻辑上表明，日本将更多地参与美国海军的海上活动，包括日本自卫队将参与美国在中国南海专属经济区的情报搜集活动。

从长期来看，美俄对抗的加剧不太可能对俄罗斯与其东亚和南亚伙伴的关系产生不利影响，但俄日关系可能会出现滑坡和倒退，但从战略角度来看，日本对俄罗斯能源资源的兴趣在未来仍将很高。正如韩国希望与俄罗斯开展建设性的对话一样，欧亚倡议也依赖于与俄罗斯的关系。美国的愿望对中国和印度的外交政策的影响微乎其微。至于东南亚国家，它们的优先事项将由东盟的未来计划决定，东盟历来寻求与区域外大国之间的对抗保持距离。2015年4月梅德韦杰夫访问泰国期间，泰国表示愿意发展与俄罗斯的合作，以及越南与欧亚经济联盟签署自由贸易协定就证明了这一点。

美国在亚太地区的主要经济区域主义项目——跨太平洋伙伴关系谈判的艰难推进使合作伙伴认为，区域多边合作中的集团贸易和投资自由化议程已经枯竭，需要将重点转移到加强互联互通的活动上。

美国在亚太地区的主要经济区域主义项目——跨太平洋伙伴关系不会快速而顺利地推进。许多跨太平洋伙伴关系成员国对国家市场开放的不满情绪可能升级。为了缓解这一情绪，精英们将更加积极地开展一些不引起选民们怀疑的必要活动。首先就是加强在区域互联互通议程框架内的跨境基础设施合作。

因此，尽管从绝对意义上讲，无论是军事关系还是经济合作，俄罗斯在东亚和南亚的地位都弱于美国，但俄美的地区潜力持平。这使俄罗斯有机会在其与美国的关系危机迟早会结束的基础上，在其地区政策的美国方向上采取一些务实的步骤，合作在客观上是必要的。俄罗斯转向东方已不可逆转，美国对东亚和南亚经济、政治和安全的影响仍将居高不下。因此，俄罗斯必须尽早建立起与美国互动的基础。

俄罗斯需要把美国问题列入与其地区伙伴——特别是中国、越南和印度的对话议程。客观上，如果不考虑美国因素，就不可能与这些国家发展长期关系。在当代条件下形成俄中美或俄印美的三角关系是没有意义的。但是，在欧洲—大西洋方向危机的背景下，向美国发出"解冻"信号，准备与其他地区国家在太平洋地区进行合作，在战略和声誉上都是双赢的。

在东亚和南亚，俄罗斯和美国仍然有很多有意义的对话话题。首先，也是最重要的，是协调处理国际监督之外的朝鲜核问题的方法。朝鲜进一步发展核武器的前景要求俄罗斯和美国作为负责任的核大国采取协调行动，必要时要采取联合行动。

鉴于东亚和南亚对世界发展的影响越来越大，邀请美国在区域对话平台的框架内就全球问题进行对话将是合乎逻辑的步骤。美俄关系的恶化并没有使诸如相互核威慑、全球导弹防御系统、气候变化等问题从对话议程中消失，即使美俄在这些问题上的合作目前已经暂停。俄罗斯提议在东亚共同体或"东盟+8"峰会期间与美国讨论这些议题，将有机地补充俄罗斯的"不可分割的安全"理念。

俄罗斯在推行其东亚和南亚政策时，必须避免采取任何可能导致与美国地缘战略对抗加深的行动。值得强调的是，俄罗斯主张在该地区不设分界障碍，并愿意考虑包括美国在内的各方的利益。

当俄美关系危机结束时，需要一些想法为俄美关系的下一次"重启"奠定基础。这些想法不会在一夜之间出现，发展这些想法需要大量的时间和努力。这项工作需要提前做好。

俄罗斯和美国之间的关系现状无法让人期待他们与亚太地区国家的合作取得戏剧性的突破。然而，现在有必要为未来的对话奠定积极的基础。俄罗斯将主动采取从"领导者"而非"跟随者"的立场出发。

第六章 俄罗斯和亚太地区的多边合作

叶夫盖尼·亚历山德罗维奇·卡纳耶夫

参与多边合作模式是俄罗斯融入地区进程最有效的途径之一。亚太经合组织在符拉迪沃斯托克峰会的筹备工作标志着俄罗斯转向东方的开始。加强亚太多边主义政策是俄罗斯参与国际条约、俄罗斯外交政策概念和总统讲话中规定的一项必要条件。

俄罗斯在亚太地区多边经济合作中的地位并不高,但它正逐步提高。尽管俄罗斯在该地区的经济存在微乎其微,但它还是设法确定了其合作伙伴持续关注的领域,并表示其重点是寻找双方都能接受的、折衷的区域发展方向。现在的问题是要扩大合作的规模和多样化的渠道。

在关于安全问题的多边对话中,俄罗斯主要持观望态度,不愿卷入最紧迫的地区内部矛盾问题。俄罗斯的关键王牌主要是其帮助解决非传统的安全问题——能源、水、食品的能力,这一点却始终没有得到充分利用。

在经济合作方面,俄罗斯参加了亚太经合组织论坛会议,在安全领域参加了东盟地区论坛、"东盟+8"国防部长会议和东亚峰会。俄罗斯与东盟的关系正以对话伙伴关系的形式发展。本章依次研究了俄罗斯在上述领域与亚太地区国家的交往。

第一节 俄罗斯和亚太经合组织

亚太经合组织论坛是唯一有俄罗斯参与的亚太地区经济问题多边合作的平台。俄罗斯于1998年加入亚太经合组织，起初俄罗斯并不清楚这将带来什么样的战略收益。无论是贸易和投资自由化、优化商业条件，还是技术交流，俄罗斯都还没有做好充分准备参与论坛推动的经济项目。俄罗斯加入亚太经合组织两年后才通过了《俄罗斯参与亚太经合组织的概念》，其中大部分是一般性条款，这就说明了俄罗斯还没有做好准备。

俄罗斯逐渐开始与论坛伙伴建立联系。因此，在2003年曼谷亚太经合组织商业峰会上，普京总统宣布俄罗斯计划主要在运输和能源领域发展合作。首先是利用西伯利亚大铁路的潜力将货物从亚洲运往欧洲，第二个是在俄罗斯资源的基础上建立一个可持续的亚太地区能源安全体系。

这些领域的实际发展情况好坏参半。西伯利亚大铁路从未被改造成一条有吸引力的过境路线。能源领域的进展较为明显：建成了东西伯利亚—太平洋输油管道和萨哈林—哈巴罗夫斯克—符拉迪沃斯托克天然气运输系统，作为萨哈林2号项目的一部分的液化天然气生产厂投产，东方能源公司开始向中国供电。所有这一切都让俄罗斯的亚太经合组织伙伴们相信，在俄罗斯的宣言背后，至少在能源合作领域有实际行动。

俄罗斯非常重视其2012年亚太经合组织主席国的身份，因为它标志着俄罗斯外交政策向东方的转变。在担任主席国期间，俄罗斯证明了自己是一个成熟的区域经济行为体，可以而且应该与之发展合作。在符拉迪沃斯托克（海参崴）举行的峰会的筹备工作一度成为俄罗斯主要的大型项目。不仅是俄罗斯的中心，也可能是潜在的区域层面的中心的符拉迪沃斯托克，已经对其基础设施进行现代化改造。人们认为该峰会将刺激整个俄罗斯远东地区的经济发展。

在加速俄罗斯西伯利亚和远东地区的社会经济发展方面，已经开展了广泛的专家工作。专家们就其倡议的性质制定战略举措，并将其纳入亚太经济进程。之所以优先选择俄罗斯轮值主席国，主要考虑到亚太地区区域主义的发展趋势和亚太经合组织成员国的需要。俄罗斯意识到对亚太经合组织经济体之间贸易和投资合作自由化的兴趣正在减弱，便将重点放在了其他方面，如加强粮食安全、建立运输和物流链，鼓励技术和产品创新交流。

这些领域的发展预示着俄罗斯总统任期的成功。《亚太经合组织粮食安全喀山宣言》获得通过并受到亚太经合组织合作伙伴的欢迎。APEC 工业科技工作组转变为科技创新政治伙伴关系，印证了俄罗斯对"创新合作"概念的解读，不仅包括高科技领域的合作，还包括发展教育和专业交流。这与将注重发展人力资本作为提高竞争力的手段相呼应。

此外，峰会商定了一份 54 种环境产品的清单，这些商品的关税将在 2015 年之前降至 5% 或更低，以满足亚太经合组织经济体减轻环境负担的需要。

符拉迪沃斯托克的亚太经合组织峰会的成果与俄罗斯的利益相一致，这 成功可以用三个标准来界定：(1) 2013 2014 年俄罗斯主席国的优先事项有哪些变化；(2) 2013—2014 年俄罗斯如何积极参加 APEC 活动；(3) 远东发展部如何协调自己预期计划与 APEC 活动。

2013 年和 2014 年，俄罗斯担任亚太经合组织主席国的议程发展情况喜忧参半。一方面，其主要议题得以延续，将建立可靠的运输和物流网络作为加强互联互通的组成部分提上了印度尼西亚和中国轮值主席国的议程。粮食安全主题得到发展，最典型的例子是 2014 年 9 月通过的《亚太经合组织粮食安全北京宣言》，其中包含对该领域挑战的定期评估，并明确了降低该问题严重性的合作领域。

同时，俄罗斯自身在这些领域的工作开展得不够连贯。运输项目发展相对活跃。与此同时，贸易和投资自由化、确保创新增长和加强粮食安全的密集互动在国内尚未得到妥善发展。俄罗斯尚未做好加强与 APEC 伙伴建立自由贸易和投资机制的准备。在成功实施合作项目的例子中，只有 2015 年 5 月就欧洲经济联盟与越南之间建立自由贸易区达成协议。目前正在研究与印度缔结相应协议的可能性。就创新领域的互动而言，俄罗斯主要关注双边合作的形式，而不是利用 APEC 机制。特别是 2014—2015 年中俄两国领导人互访期间签署的一揽子协议中有很多创新内容，但作为多边对话形式的 APEC 论坛并未参与其中。

到目前为止，俄罗斯在加强亚太地区粮食安全方面的作用还不够具体。在亚太经合组织国家的市场上，利基农产品被美国、加拿大、澳大利亚、阿根廷、巴西、新西兰等生产商所占据。国家对西伯利亚和远东农业部门的公共支持仍然很低。以上因素与东部地区不发达的运输基础设施一样，阻碍了俄罗斯完全融入该地区的农业增值链。

2013 年至 2014 年，俄罗斯对亚太经合组织活动的参与度有所下降。许多负责筹备俄罗斯主席职位的关键官员被调往其他岗位。俄罗斯代表——政治家、商人和专家出席亚太经合组织工作会议，在大多数情况下都是正式的。许多国家机构和企业代表将亚太经合组织峰会视为一次性活动，且该活动已完成筹备、顺利举行和结束。

远东发展部的远景计划与俄罗斯参与亚太经合组织的问题的整合并非建立在长期和系统性的基础上。亚太经合组织的机制没有被用于吸引俄罗斯的亚太伙伴参与到远东地区超前发展区的开发合作中，尽管超前发展区的法律草案中的一些关键条款，如建设基础设施、创建创新集群、招聘外国工人等，与亚太经合组织旨在加强互联互通的活动相呼应。利用亚太经合组织作为多边对话平台的潜力，与亚太地区的合作伙伴建立务实互利的合作关系，不仅可以为新兴的超前发展区吸引投资，还可以利用亚太经济体在社会经济现代化方面积累的经验，使之适应俄罗斯的现实。

第二节　俄罗斯—东盟对话伙伴关系

虽然东盟在地理位置上与俄罗斯相距甚远，但它是俄罗斯最重要的地区合作伙伴之一。出于多种原因，俄罗斯对与东盟开展积极合作十分感兴趣。

东盟具有维持该地区力量平衡及防止其两极分化的能力，这完全符合俄罗斯的利益。关于安全问题的亚太地区多边对话体系将继续以同样的方式运作，其议程由东盟决定。

假设这一体系在亚太国家优先事项中被边缘化，将导致美国联盟成为开展多边安全合作的唯一制度形式。这种情况可能会对地区稳定造成不可避免的破坏性后果，甚至使其崩溃。以东盟为中心的多边机构工作的有效性是防止这种情况发生的保障。

俄罗斯发现，美国联盟的成员，如支持反俄制裁的日本或澳大利亚，并不能完全自由地制定和推行独立的外交政策。韩国也处于同样的情况，只是程度上较轻。俄罗斯和东盟的关系不受破坏性因素的影响，正以友好的方式发展。双方在许多地区和全球政治问题上有共同的看法，也对建立一个多中心世界很有兴趣，并愿意为协调应对安全问题做出努力。

在可预见的未来，中国仍将是俄罗斯在该地区的主要合作伙伴。尽管与中国的关系至关重要，但俄罗斯也必须灵活地与其他的地区参与者相互协作。加强与东盟的关系有助于俄罗斯在亚太地区的政治和经济关系的多样化。东南亚地区是经济增长的大区之一。2015年底，东盟计划完成其主要的前瞻性项目，即组建东盟共同体，其中经济共同体将是关键组成部分。提高东南亚作为单一实体在全球经济进程中的竞争力是该项目的主要目标之一。目前正在实施一系列旨在创造新的"增长点"、提高自身投资吸引力、利用世界上最好的商业实践引进先进技术、找到优化与合作伙伴在多边经济和倡议中合作的方法。俄罗斯对于西伯利亚和远东地区的发展计划想要取得类似的成果，可以也应该借鉴这一经验。

俄罗斯对东盟政策成功的关键因素将是加强经济合作。当前阶段，经济合作的强度远低于东盟与许多其他伙伴的关系强度。这种情况使俄罗斯的区域安全倡议失去了可信度，该倡议被东盟理解为倡议的提出方应该对创造经济增长条件、积极参与贸易和投资交流做出真正贡献。这开始对东盟与俄罗斯对话的政治层面产生了负面影响。

改善这一局面意味着需要俄罗斯在实质性和制度性两个方面加强努力。

就实质内容而言，俄罗斯对东盟的政策框架尽可能有效回应与东盟相关的要求，并将其与自己的前瞻性计划相结合。

应在连接《东盟互联互通总体规划（2010年）》和《东盟—俄罗斯贸易和经济合作路线图（2012年）》所述活动的框架内采取实际行动，并发展这些文件中未涉及的但有助于加强对话的领域。

《东盟互联互通总体规划》强调了三个优先事项——实体互联、制度互联和人际互联。通过对总体规划和路线图条款的分析，我们可以确定以下"交叉点"。

就物理上的相互联系而言，将以下领域联系起来是可能的也是可取的：

·建立东盟高速公路网络和昆明—新加坡铁路（总体规划），支持俄罗斯和东盟各部门机构之间的对话，相互利用交通最佳做法（路线图）；

·建立综合、高效、有竞争力的海运系统（总体规划），并示范以多式联运路线将集装箱货物运往俄罗斯远东港口，进一步运往欧洲和中亚（路线图）；

·建立综合、"无缝的"多式联运系统，旨在将东盟转变为东亚的运输枢纽（总体规划），并探索基于最新导航系统的新运输导航技术的可能性，以及探索实施联合运输基础设施项目（路线图）的前景；

·加强每个东盟国家的信息和通信技术、服务基础设施建设（总体规划），并探索通信合作的可能性（路线图）；

·在东盟能源基础设施项目（总体规划）中启动机构问题解决进程，支持俄罗斯和东盟各部门机构之间的对话，相互利用最佳能源实践（路线图）；

·东盟在能源领域基础设施项目制度问题的解决进程（总体规划），支持俄罗斯和东盟组织部门之间的对话，分享能源部门的最佳实践方法（路线图）。

在制度连接链领域的交叉点如下：

·发展单一航空服务市场（总体规划），探究讨论俄罗斯和东盟之间签署航空运输协议的可能性，已发展航空服务（路线图）；

·加强有效的和有竞争力的物流部门的发展，特别是运输局、电信和其他旨在加强区域互联互通的服务（总体计划），并在东盟和俄罗斯之间建立有利可图的、安全可靠的物流链（路线图）；

·根据公平竞争规则，为东盟各成员国实现更大的开放创造机会，以吸引来自东南亚及该地区以外的国家的投资（总体规划），并就俄罗斯和东盟之间的贸易和投资合作的发展问题保持信息交流。通过旨在促进贸易合作的活动，确定俄罗斯和东盟企业间开展投资合作的潜力。

在人的相互关系中，其前景是将探究为东盟国家的外国游客提供便利签证制度的可能性（总体规划）与发展俄罗斯—东盟的旅游合作（路线图）联系起来（路线图）。

除了协调总体规划和路线图的条款外，加强与东盟在能源领域合作也符合俄罗斯的利益。《2010—2015 年东盟能源合作计划》和 2016—2020 年的类似计划的条款中包括建设东盟统一能源系统和跨东盟天然气管道，向清洁煤炭技术和可再生能源过度，提高企业能源效率以及和平发展核能。

在运输和物流合作的背景下，全面启动北方海航道作为国际航运的替代路线变得越来越重要。另一个有前景的合作领域可能是粮食领域。

在制度方向上，优化现有俄罗斯—东盟对话伙伴关系结构，以及着眼于长期战略影响开发全区域形式的新机制，被认为是必不可少的步骤。

解决第一项任务需要外交部、经济发展部和财政部之间进行更好的协调，通过对话伙伴关系财政基金资助的项目筹资。自 1998 年以来，俄罗斯—东盟事务委员会一直在工商会内运作，确保协调这一国际合作领域内的企业和政府的利益。最好是通过建立一个技术转让中心来加强委员会的工作，以及与事务委员会就俄罗斯与个别东盟国家关系的活动进行协调。必须明确成立于 2010 年的俄罗斯与东盟经济合作联合专家组的地位。

第二项任务的解决方案——开发新的合作机制——涉及俄罗斯加入东盟与东亚经济研究所（ERIA）的区域研究网络，该网络将东亚峰会参与国的 16 个研究机构（每个国家一个，美国和俄罗斯除外）联合起来，并与东盟秘书处保持密切联系。ERIA 的研究主要侧重于亚太地区的经济合作问题，主要是东非共体成员之间的合作问题，并力求为加强合作提供切实可行的建议。鉴于《东盟与俄罗斯 2005—2015 年发展合作综合行动计划》即将完成，这一点尤为重要。

第三节 俄罗斯和以东盟为中心的对话形式

与东盟地区论坛、"东盟+8"及东非共同体建立长期合作关系，符合俄罗斯的直接利益。首先，这些对话平台致力于维护和平稳定的地区环境，这是俄罗斯继续融入亚太地区经济一体化的必要条件。

其次，这些对话平台保障了俄罗斯及其亚太伙伴在高层和高层之间的持续沟通。在当前俄罗斯与西方危机的条件下，这种对话的可能性变得尤为重要。

然后，参与这些多边形式使俄罗斯获得了良好的声誉。由于实行转向东方战略，俄罗斯需向其伙伴表明，在全球和地区局势两极分化的背景下，无论当前政治局势如何，俄罗斯都支持加强合作。

最后，鉴于亚太进程不仅具有区域性，而且具有全球性，东盟地区论坛、"东盟+8"和东非共同体为俄罗斯提供了巩固其全球大国地位的机会。

俄罗斯采取多种方式发展以东盟为中心的多边合作平台的政策。俄罗斯（与中国和文莱联合）向东非共同体伙伴提出了"不可分割"的安全概念。这回应了俄罗斯的亚太合作伙伴的要求，尤其是东盟国家，他们试图在中美矛盾的背景下防止该地区的紧张局势升级。东非共同体参与者进一步发展这一主题将加强亚太地区合作的趋势，为俄罗斯带来切实的声誉红利。

俄罗斯加强"不可分割安全"的目标可以从其与"东盟+8"伙伴合作的方式中看出。在2013年8月举行的第二次会议上，俄罗斯国防部副部长安东诺夫表示，俄罗斯愿意在迫切需要的相关领域开展合作，如加强海上安全，协调军事医疗部门的行动等。

第二届"东盟+8"会议结束后,俄罗斯与泰国共同协调军医专家工作组。在东盟区域论坛内,俄罗斯发起了应对自然和人为紧急情况、多边大流行病威胁监测和控制以及在该地区建立灾害管理中心的活动。

俄罗斯支持东盟作为东盟区域论坛、东非共同体和"东盟+8"会议的协调者所发挥的核心作用,认识到正是通过东盟的努力,这些对话平台才维持了其中立谈判机制的声誉。在这些机制中,任何参与者都不能将自己的意见强加于人。

俄罗斯通过全球进程的棱镜观察这些平台及俄罗斯在其中的活动。正如外交部长拉夫罗夫所指出的,东非共同体成员之间的合作领域与20国集团内的合作领域非常相似。合作的"交叉点"包括确保可持续发展、实体经济的可持续性和生产性投资、创造新的就业机会、保障粮食安全、消除紧急情况的后果和其他一些领域。进一步加强俄罗斯在东盟区域论坛、"东盟+8"和东非共同体会议上关于这些议题的对话将对全球安全产生积极影响。

然而,俄罗斯在一些领域的合作仍然薄弱,这些领域对以东盟中心的对话形式的参与者至关重要。俄罗斯在海上安全问题上的"不可分割的安全"概念似乎没有得到实际行动的支持。俄罗斯加入《亚洲打击海盗和武装抢劫船只区域合作协定》(ReCAAP)符合俄罗斯的利益。此举将使俄罗斯在为所有参与者的利益进行合作的呼吁中表现出一致性,并在太平洋舰队和参与具体行动的伙伴国家机构之间建立起有效的沟通渠道。

由于俄罗斯缺乏积极参与这些对话平台中关键问题讨论的意愿,以及与东盟的合作次数不多(而安全对于东盟来说具有很强的经济性),在东盟看来,俄罗斯还不能扮演一个能够为加强地区安全做出有意义贡献的角色。

由于俄罗斯总统和总理连续三次缺席东非共同体会议(2011年、2012年和2013年),俄罗斯的声誉受到严重损失。自2010年以来,俄罗斯外交部门一直努力使俄罗斯成为这一对话平台的参与者，而俄罗斯对东非共同体的参与度的下降，被其合作伙伴，特别是东亚地区的合作伙伴视为对峰会不够重视。而在 2014 年，俄罗斯已经有了总理级别的代表。然而，在北京亚太经合组织峰会之后，当其他国家领导人前往缅甸参加峰会时，普京出席了在符拉迪沃斯托克举行的曲棍球比赛。这从某种程度上看起来是俄罗斯外交政策不一致的表现。

第四节　俄罗斯参与亚太多边合作的优先事项

根据对俄罗斯利益的重要性，可以对所考虑的区域范围内的多边合作平台进行排序。同样重要的是，在美俄对抗加深的背景下，确定在这些对话形式中，哪些可能会加剧俄罗斯与美国及其盟友之间的矛盾。

从政治和经济的角度来看，东亚峰会和亚太经合组织论坛可以正确地被视为一级对话平台之一。

东亚峰会是具有最高地位的谈判论坛，因为它汇集了该地区最有影响力国家的国家元首和政府首脑。俄罗斯积极参加东亚峰会的会议并推动"不可分割的安全"倡议等提案，使俄罗斯在该地区的地位得到加强。

从这个角度看，俄罗斯提出加入《区域全面经济伙伴关系协定》（在与东盟达成自由贸易协定之后）被视为有希望的一步，这可以减少俄罗斯在与亚太地区国家合作的政治方向远高于经济方向方面所受的批评。但还需要研究和利用 RCEP 的潜力，使俄罗斯西伯利亚和远东更广泛地参与有关区域经贸、投资和基础设施项目。

就亚太经合组织而言，支持建设互联互通主题的发展符合俄罗斯的利益。其中的一些内容已经反映在俄罗斯担任亚太经合组织主席国的议程中。加强互联互通，意味着主要通过实施大型基础设施项目而有目的地、全面地将俄罗斯纳入亚太地区的生产结构，对俄罗斯来说，这比贸易和投资合作自由化更为必要。在印度尼西亚和中国担任亚太经合组织主席的几年里，这一主题的进一步发展有助于加强俄罗斯—印度尼西亚和俄罗斯—中国关系的向心趋势，以及扩大外国经济伙伴的数量。然而，在菲律宾和秘鲁担任主席期间（2015年和2016年），进一步发展加强互联互通的概念将更难推动。

在东非共同体和亚太经合组织形式下，俄罗斯与美国及其盟国之间紧张局势升级的前景不大。在东亚共同体内部建立其政策时，俄罗斯小心翼翼地避免对抗性问题。俄罗斯关于"不可分割的安全"的倡议可以被看作是对中美在东非共同体会议上关于中国南海航行自由的争端的回应。就《区域全面经济伙伴关系协定》而言，俄罗斯和美国目前都不是它的缔约方。首先，因为两国没有与东盟签订自由贸易协定。其次，对美国来说，发展跨太平洋伙伴关系比迈向美国—东盟自贸区要重要得多。在欧亚经济联盟—越南自由贸易区协议达成后，俄罗斯（作为欧亚经济联盟的成员）和东盟之间的自由贸易区的前景变得更加现实。然而，这个方案还没有得到充分的阐述，甚至在专家层面也是如此，在最乐观的情况下，最早也要在中期才能实施。

俄罗斯和美国在亚太经合组织中没有直接利益冲突，尽管相反的合作方向符合双方的利益。美方正在发展TPP项目，而俄罗斯的重点是确保区域粮食安全、建立运输和物流链以及鼓励技术和创新产品的交流。展现利益分歧的一个例子是2011—2012年美国和俄罗斯担任APEC主席期间，APEC的议程之间几乎完全没有连续性。

对俄罗斯利益具有重要意义的第二层次是东盟地区论坛和"东盟+8"成员国经济部长会议。这些都是俄罗斯参与多边活动以应对非传统安全威胁的平台，也是俄罗斯阐述其地区优先目标的附加平台。

在这些平台，俄美利益冲突的可能性要大得多，人们可以合理预期

| 转向东方

目前俄美关系的恶化会投射到亚太地区的政治和安全领域。这种事态发展的催化剂可能是俄罗斯打算讨论与美国在太平洋发展导弹防御系统有关的一系列问题。这是在2013年的"东盟+8"峰会上宣布的,也有可能在未来的会议上得到发展。

第七章 俄罗斯在欧亚中部的合作

季莫菲·维亚切斯拉沃维奇·勃尔达切夫

15年前,俄罗斯及其邻国融入西方体制、文明和经济领域,几乎被视为成功发展的唯一选择。在以西方为中心的国际政治和经济模式之外形成一个独立的增长中心的尝试,被认为是注定要失败的。

如今,在欧亚大陆中部建立独立的增长极是21世纪上半叶最重要的地缘经济和地缘战略进程之一。在过去的几个世纪里,这一地区只不过是欧洲和亚洲之间的桥梁,也是外部参与者利益实现的中介,如今开始在全球经济和政治中发挥独立的作用。无论是世界区域化的客观进程,还是俄罗斯、中国甚至印度等重要参与者对欧亚大陆注意力的转移,都促进了这一点。在更广泛的背景下,包含走向大欧亚共同体的运动,不仅包括欧亚经济联盟和中国,还包括其他地区参与者:印度、伊朗、巴基斯坦等。

这一进程是建立在俄罗斯和中国已经形成的建设性互动的趋势上。两国政治领导人和他们的合作伙伴都形成了一个基本共识,即在欧亚大陆实施任何大规模的经济、运输和物流项目只有在广泛的多边合作框架内才能实现。

俄罗斯与中国领导人在 2015 年 5 月签署的《关于丝绸之路经济带建设与欧亚经济联盟建设对接合作的联合声明》中表示，愿意在这种形式下进行合作，并以上海合作组织和欧亚经济联盟为主导。而按计划应在 2015—2016 年起草的《中国与欧亚经济联盟经贸合作协定》①，将是继中国与欧盟贸易与合作协定之后签订的第二个全面协议，而且是第一个不仅可以包括贸易和经济，还可以包括一般政治方面的互动协议。

一个重要的优先事项是将俄罗斯的新欧亚战略与它已经在进行的转向亚洲战略，以及在西方至少保持最低限度的合作关系的需要相结合，主要是与欧盟国家的关系，在可预见的未来，与欧盟国家的战略伙伴关系似乎不会恢复。这些关系，以及俄罗斯与伊朗、印度、巴基斯坦、阿富汗、土耳其、蒙古国、韩国以及在一定程度上与日本和东盟等重要欧亚角色的国家间互动，将构成大欧亚大陆的外围环。

第一节　21 世纪的欧亚地区

2014 年是俄罗斯转向东方的一个标志性年份。俄罗斯和中国之间建立了真正的战略伙伴关系，同时与西方的关系出现了危机。这些历史性转变恰逢欧亚一体化进程进入新阶段，以及中国领导层在对西方政策中提出一系列战略倡议，特别是丝绸之路经济带倡议。这一倡议旨在在中欧之间建立一个独立的陆路运输和物流走廊，它对中国不仅具有经济意义，还具有战略意义。这在一定程度上保护其不受经济环境变化的影响，并使其成为该地区长期发展的结构性支柱之一。现在我们可以谈论"欧亚时刻"的出现，即国际政治和经济环境的独特融合，使该宏观区域各国合作和共同发展的潜力得到充分发挥。

---

① 《中华人民共和国与欧亚经济联盟经贸合作协定》于 2018 年 5 月 17 日签署。

从苏美尔文明开始，欧亚大陆是许多伟大民族和文明的摇篮，它是几大伟大帝国的诞生地和胜利地——中国、蒙古、帕木尔帝国和俄罗斯帝国。然而，尽管有着独特的历史，21世纪的欧亚大陆并不是一个完整的政治经济实体，而是在欧洲和亚洲之间被"撕裂"，没有自己的"面孔"和超国家的身份，从外部被认为是古老术语里的"中心地带"，特别是美国地缘战略的传统特征，且它是该地区主要大国——中国和俄罗斯间的竞争空间。直到最近，后一种评估才主导了俄罗斯对两国关系问题的研究。

目前，没有任何理由可以说，在俄罗斯和中国的共同邻国会出现局势不稳定，也没有理由说其他中欧国家必须在所谓的互相排斥的选择之间作出抉择。在政治和学术界讨论的该地区主要国家之间的矛盾都不是客观存在的。中欧大陆处于独特的地位，既可以开发连接生产和消费中心——欧洲和亚洲——安全的和潜在的有效运输路线，又可以创建共同发展和繁荣的跨境项目。

区域多边合作的战略任务是将欧亚中部变成一个共同发展的区域，其紧张程度不亚于欧盟内部的欧洲国家之间的关系。欧亚大陆在世界事务中的主体地位可以建立在大型经济项目的基础上，这些项目将该大陆联系在一起，使其从一个边缘地区变成全球发展的中心之一。

该地区的潜力是实实在在的，并已经反映在经济指标的动态中。就GDP增长速度而言，哈萨克斯坦和中亚国家都是欧亚大陆的领头羊，2008—2009年危机后的年均经济增长率超过7%。人均GDP的增长率也不遑多让，尽管其绝对值变化很大——如哈萨克斯坦通过这一指标成为了后苏联地区的领导者之一，土库曼斯坦成为中等收入国家之一，另外三个国家的人均GDP仍然保持在2500至5700美元的水平。

在过去的几年里，哈萨克斯坦经济增长趋势略有放缓，而乌兹别克斯坦和塔吉克斯坦则以每年7%—8%的水平增长，而土库曼斯坦的年增长超过10%。只有吉尔吉斯斯坦在危机后失败了，但它的经济正在复苏。

转向东方

可以把中亚国家的成功归功于低起点效应。但这在21世纪初是正确的，现在已经不完全适用了。例如，许多亚太地区国家开始的收入水平相近，目前被认为是充满活力的发展中国家——老挝、柬埔寨、缅甸——无法吹嘘这种成功。后苏联时代中亚的快速发展与其说是为了弥补过去的失败，不如说是为了利用新的合作机会：首先，通过与欧亚一体化伙伴，特别是与中国，建立贸易往来，将"亚洲为亚洲"模式引入轨道。

近年来的趋势是该地区的外国直接投资增加，特别是在哈萨克斯坦和土库曼斯坦。因此，近年来，哈萨克斯坦和中亚这个宏观区域的人均外国直接投资甚至超过了东亚和东南亚。

近几十年来，该地区的发展问题之一是组成国之间被认为是相互独立的，这使得它们的竞争优势显得微不足道。然而，如果把它们作为一个整体来看待，假设合作将使该地区的资源得到充分利用，那么其潜力将比想象的大得多。

该地区拥有广泛的资源基础，包括所有类型的能源（石油、天然气、煤炭、水力、铀矿石）以及铁、有色金属（丰富的铜、锡矿藏）、稀土和黄金。哈萨克斯坦和西西伯利亚南部拥有巨大的农业潜力，包括苏联解体后荒废的大片土地和牧场。

欧亚大陆中心是一个拥有大量劳动力的地区。哈萨克斯坦和中亚目前有6500万人口，到2050年将达到9500万人口。如果再加上中国新疆维吾尔自治区（2200万人口）和西伯利亚南部（约100万人口）的人口，该地区已经拥有约1亿人口，其中很大一部分人已经准备在有快速学习机会的大规模产业中工作。

该地区的人力资源质量参差不齐。西西伯利亚南部的人力资源质量最高，该地区在其他方面具有巨大的科学潜力。哈萨克斯坦的人力资源发展水平很高，在过去十年中，哈萨克斯坦越来越多注重大学教育，苏联储备仍然相当强大。中国新疆维吾尔自治区的人力资源质量正在迅速提高。中亚地区的人力资源质量则较低。但是，由于卢布贬值和更严格的移民法，移民工人可能从俄罗斯大规模返回该地区，这可能是一个积极的因素。其中大约有50万人——年轻、活跃、准备工作。

首先是在东部地区，随后在中国其他地区的工资上涨的背景下，中亚提供了一个现成的平台，可以将劳动密集型和资源密集型（鉴于该国丰富的自然资源储备）产业外包给中国和俄罗斯市场。最后，欧亚大陆拥有巨大的过境潜力，这种潜力将随着"丝绸之路"经济带项目的实施而成倍增加。

长久以来，欧亚中部在地理上远离全球政治的核心问题，因此保持了相对的政治稳定（尽管现在可能成为全球动荡和中东混乱的受害者）。正是因此，该地区是建设运输和物流基础设施以及快速建立跨境区的最佳场所。

在参与区域合作的国家（主要是俄罗斯、中国和哈萨克斯坦）看来，欧亚大陆中部是一个合作与和谐的地区，而不是发展模式和经济趋向的冲突地区。为了给本国的经济增长和繁荣创造条件，各方表示愿意寻求相互接受的折衷方法，并在所有的合作领域考虑到彼此的利益。这种契约精神是该地区国际和政治稳定的重要保障，是国家间长期合作的基础。这尤其适用于欧亚大陆的两大巨头：俄罗斯和中国，两国的综合潜力不相上下使他们不认为对方是威胁的来源，甚至在安全领域进行合作。这是该地区建立和平、长期的伙伴关系的保证。

鉴于这些优势，欧亚大陆有可能成为新的资本和投资中心，在地缘政治和地缘经济方面成为大欧亚大陆的关键因素，其中包括欧盟、欧亚大陆中心本身（哈萨克斯坦和中亚、西伯利亚、中国西部）、东亚和东南亚、南亚以及波斯湾地区。

第二节 欧亚未来的发展基础

促使欧亚大陆转变为共同发展的宏观区域的主要驱动力应该是有前

景的、互补的跨国和跨境合作项目：欧亚经济一体化和2013年中国提出的丝绸之路经济带框架内的大规模伙伴关系，以及实现该地区独特的运输和物流潜力。

欧亚一体化及其体制框架——欧亚经济联盟于2015年1月1日开始运作，目前包括五个国家（俄罗斯、白俄罗斯、哈萨克斯坦、亚美尼亚和吉尔吉斯斯坦），将有助于形成共同推进的法律框架，成为预防和解决国家间争端的有效工具。此外，哈萨克斯坦和吉尔吉斯斯坦加入欧亚经济联盟，为中国和欧盟市场只被两条海关边界（中国和欧亚经济联盟之间以及欧亚经济联盟和欧盟之间）分开创造了条件。单一海关和关税空间的运作，以及有望建立单一标准和非关税监管的空间，将为所有成员国的增长提供额外的动力，且为欧亚共同发展项目提供了不可否认的优势。

尽管欧亚经济联盟将为建立运输和物流基础设施和共同发展创造法律环境，但丝绸之路经济带将为其带来贸易和投资的动力。中国在国内建立一个充满活力的经济增长区方面经验丰富，能够将制定商业法律和制度框架与行政和财政支持巧妙结合。这些经验将有助于建立新的国际和跨洲的运输和经济走廊，在资源、生产和市场之间建立联系。

鉴于这两个项目的特殊作用，俄罗斯和中国在促进欧亚中心经济崛起中的协同作用是成功的关键因素。

俄罗斯的利益已经进入了与美国和欧盟关系恶化的时期，这一时期具有长期性，俄方应确保本国发展对西方最小的依赖性。俄罗斯需要进一步巩固欧业一体化项目并吸纳新成员国，建立补充现有国际金融经济机构的区域发展机构，确保其东南边界地区特别是哈萨克斯坦和中亚地区不受军事挑战和威胁。最重要的国家任务是稳定西伯利亚和远东地区的发展势头，并为与中国的战略伙伴关系创造不可逆转的条件。

中国的利益在于逐步构建欧亚地区的国际贸易、经济和政治互动体系，使其在较独立于传统海上航线的条件下，通过中欧物流走廊连接中国和欧洲市场,并为在哈萨克斯坦、中亚、西伯利亚和远东地区实施投资项目创造良好的政治条件。

到目前为止,外部因素更多的是促进而不是阻碍大型欧亚共同发展项目的建立。西方对俄罗斯的压力和东方对中国的压力(美国在太平洋地区奉行遏制政策)使两国之间的合作成为最合理的战略。中亚地区主要国家之间的矛盾并不具有根本性,可以在国际合作的框架内解决。与人们的看法相反,丝绸之路经济带和欧洲经济联盟并不矛盾。它们性质不同,却又和谐地相辅相成。欧亚大陆中部国家——哈萨克斯坦、乌兹别克斯坦、吉尔吉斯斯坦、塔吉克斯坦、土库曼斯坦、蒙古,以及部分阿塞拜疆、阿富汗、印度、伊朗和巴基斯坦——只有通过参与大型跨境项目才能确保其国际政治身份和社会经济稳定。

2015年5月8日,俄中签署了《关于丝绸之路经济带建设与欧亚经济联盟建设对接合作的联合声明》。在该地区主要的合作领域包括:

· 扩大贸易和投资协作;

· 促进相互投资和发展产业合作,实现重大联合投资项目,共同建立工业园区和跨境经济合作区;

· 加强物流、运输基础设施和多式联运的相互联系,实现基础设施共同开发项目;

· 制定联合步骤,以协调和确保监管规则和规范的相互兼容性;考虑实现欧亚经济联盟和中国之间的自由贸易区的长期目标;

· 促进提高本国货币结算、监理货币互换、深化出口信贷、保险、项目和贸易融资及银行卡等合作;

· 加强各金融机构之间的合作,包括丝绸之路基金会、亚洲基础设施投资银行和上海合作组织银行间的合作。

该联合声明是俄罗斯和中国在欧亚大陆建立全面合作的重要一步。然而,现在还有大量的项目工作要做,以充实共存的概念。这是俄罗斯外交政策和专家界在未来一年最重要的任务之一,将在很大程度上决定俄罗斯能否从中国的中亚倡议中获益。

第三节 上海合作组织在欧亚中部发展中的作用

俄罗斯的外交政策正进入新的欧亚发展时期。要想在这一时期取得成功,就必须有效地利用该地区现有的国际合作形式。重要的是评估他们的潜力,确定改进他们工作的方式,以及他们未来将给俄罗斯及其伙伴带来什么好处。上海合作组织可能是新大欧亚大陆的一个关键机构,因为它已经证明了自己有能力成为一个重要的合作平台及化解主要参与国之间潜在矛盾的工具。

上海合作组织成立于2001年,由六个成员国组成——哈萨克斯坦、中国、吉尔吉斯斯坦、俄罗斯、塔吉克斯坦和乌兹别克斯坦①。上海合作组织在其存在的这些年里已经走过了漫长的道路。最初,许多人认为上海合作组织是协调俄罗斯和中国的"共同邻国"利益的机制。该组织一直活跃在三个领域:区域安全、经济和文化方面的合作。然而,总的来说,只有在区域安全领域取得了重大进展:举行联合训练演习,协调打击国际恐怖主义、毒品走私及非法移民。在文化合作领域的一个突破是建立上海合作组织网络大学。然而,在经济合作方面仍然进展甚微。

2015年可能是上海合作组织历史上最重要的一年。首先,印度和巴基斯坦成为该组织的新成员。上海合作组织正在逐步吸收欧亚大陆所有主要的非西方国家。

上合组织能否成功跨越这个过渡阶段,即从一个狭窄的区域合作平台转变为一个处理全球问题的组织,这将决定它是停滞不前乃至缓慢衰

---

① 上海合作组织目前已有9个成员国。

退,还是获得新的性质和地位,成为欧亚地区的主要国际政治平台。

威胁是相当严重的。最近决定建立欧亚经济联盟和中国之间的直接联系,这可能使上合组织失去其尚未能够发展起来的经济功能。印度和巴基斯坦的加入可能降低该组织的政治一致性。

必须避免上海合作组织的缓慢消退。这符合俄罗斯、中国和中亚国家的利益,这些国家都意识到了政治孤立的风险,尤其是在国际局势恶化的背景下。然而,如果上合组织要成为区域合作和发展的引擎,就需要赋予其战略性的任务。

这主要涉及不同的单边和双边倡议的政治对接。仅仅是欧亚联盟—中国的协定不足以在欧亚大陆形成一个增长极的工作系统。其他参与者——蒙古、中国、印度、阿富汗、巴基斯坦甚至是韩国,都需要与这种形式联系起来。

欧亚统一必须建立在所有人都承认的多样性之上。文化、价值观、政治和经济体系的多样性,是几个世纪以来欧洲秩序的基础。而现代西方试图把自己和所有人都赶到普洛克路斯忒斯之床式的"共同价值观"上。欧亚地区的国家需要达成的一致,不是就其关系的具体内容达成一致,关系可以而且应该随着时间的推移而调整。现在需要解决的是国际互动的程序和规则问题。而开展这项工作的论坛自然是上海合作组织。将来,在接纳新成员并可能与欧盟建立对话之后,它可以成为一个欧亚合作、发展和安全的广泛论坛。

印度和巴基斯坦的加入将不可避免地使上海合作组织存在的理由之一变为通过艰苦和长期的努力,在这些国家之间至少建立一个基本的信任氛围。毕竟,人们不可能永远只通过对方的眼睛来看待对方。印度和巴基斯坦的官员和外交官在上海合作组织的工作将使他们不可避免地就合作问题而不是冲突问题进行交流。同时,需减少印度和中国之间的猜疑,他们之间也存在许多矛盾。

上海合作组织国家的共同任务是阻止宗教激进主义在欧亚世界西部

边界的流行。防止其渗透到中亚、中国西部、俄罗斯高加索地区和伏尔加地区。对所有人来说,阿富汗仍然是一个特殊的问题,该国还没有走上真正的民族和解的道路。

上述这些任务和许多其他任务可能看起来过于宏大,甚至乌托邦式的。在某种程度上,它们确实如此。然而,俄罗斯和中国能够达成关于欧亚一体化和丝绸之路经济带对接的协议的可能性,在2015年初同样被许多专家视为不切实际的。

对俄罗斯来说,在上海合作组织的保护下形成一个新的国际联盟将意味着该国目前最需要的东西——摆脱在东方和西方之间做出选择的世纪诅咒。而且,重要的是,这将是在不自我孤立的情况下实现的。毕竟,在过去几年里,孤立主义情绪在俄罗斯社会中日益强烈,这已成为俄罗斯的一种令人担忧的趋势。相反,通过与在价值观上相近且快速发展的区域伙伴进行合作,俄罗斯将能够在世界和区域中重新定位自己,这是一个随着苏联的消亡而丧失的机会。在新兴的世界区域集团中,俄罗斯可以在平等合作的框架内获得自己的身份认同,而不是在对抗和孤立的基础上。

要做到这一点,我们就需要重新审视一些外交政策中惯用的陈词滥调。首先,要摒弃对大多数欧亚伙伴的傲慢态度。为了让欧亚大陆和亚洲不再将俄罗斯视为文明上异化的欧洲殖民者,俄罗斯自己也必须抛弃这样的看法。

第四节　俄罗斯的欧亚战略

对俄罗斯来说,新项目——欧亚大陆中部的经济发展的重要性是显而易见的,它不仅包含国家、企业和整个国家的直接利益,也包含间接利益。一方面,它将把国家和私营企业的利益统一到俄罗斯地区的发展上，另一方面，它将为众多有兴趣的公司的经营提供一个长期的基础设施。

  初级投资（亚洲基础设施投资银行、丝绸之路发展基金等国家和专门的金融机构等）的主要目标将是物流和资源开采。在第二阶段，它们将在加工工业和其他生产领域得到补充，直到包括高科技。在这一阶段，预计私人投资将大幅增加，这些投资能够迅速从该地区的高潜力和低竞争中获得经济效益。

  一个经济上强大且具有投资吸引力的欧亚大陆，也是西伯利亚南部俄罗斯地区发展的最有效途径。对于拥有独特人力和资源潜力的俄罗斯西伯利亚地区来说，丝绸之路不仅是也不只是一条过境走廊，而是将地区经济融入开放的国际体系的机会。

  西伯利亚大城市，如克拉斯诺亚尔斯克和新西伯利亚，拥有成为运输和物流中心以及区域发展项目中心的一切条件，包括科学、技术、工业和教育部分。西伯利亚水资源及其农业用地的经济潜力也很大，可以对解决中亚地区的水资源问题产生积极影响。俄罗斯的新欧亚战略不仅旨在利用该地区的过境潜力，而且首先是为了整个中欧亚大陆的稳定和长期发展，作为关键部分之一，应包括西伯利亚的国际战略定位及其在一系列跨境项目中的领先地位。

  从国际政治的角度来看，欧亚大陆是俄罗斯在世界政治中的重要支柱，是其形成和加强国际权力中心的一个因素，俄罗斯也希望与旨在稳定而不是破坏该地区的主要参与者合作。对俄罗斯而言，加强围绕欧亚大陆中部的国际合作完全符合将欧亚经济联盟建立为一个成熟的国家间联盟的目标。

  在中亚经济发展的背景下，俄罗斯的政治增强将能够吸引其他许多寻找自己在世界上定位的国家或对自己现状不满的国家加入这一大型欧亚项目。对于俄罗斯而言，这在东欧国家、高加索国家以及其他一些合作伙伴（如土耳其、蒙古和可能的韩国）的例子中具有重要意义，俄罗斯可以在一个大型经济项目中向他们提供有利的合作机会。

为了抓住"欧亚时刻",俄罗斯必须与其主要区域伙伴(尤其是中国)讨论共同发展欧亚大陆的新战略。这一战略可以包括以下几个方面的国际合作:

·制定长期的"欧亚大陆运输和物流地图",总结运输和基础设施发展方面现有的和计划的合作和投资项目;

·起草"欧亚能源带"联合战略文件,确定国际能源贸易合作的长期优先事项,同时考虑到全球能源市场的客观变化;

·旨在加强南北半球的贸易和经济联系的"欧亚垂直"国际共同发展项目;

·"大欧亚对话"计划,即在超国家层面(欧亚经济委员会)和国家间层面(欧亚最高委员会)的欧亚一体化机构和机关与区域合作伙伴(中国和其他尚未加入欧亚经济联盟的国家)之间建立系统性对话的形式;

·加强其他国际合作机构的长期计划,如上海合作组织和集体安全条约组织。

同样重要的是,在整个中欧地区建立一个统一、透明和现代化的法律框架。换句话说,中国在丝绸之路经济带框架内提出的投资将在一个保护它们的单一制度和法律空间中有效运作。欧亚经济联盟成员国有责任创建一个这样的空间。因此,为了使俄罗斯在欧亚大陆的政策获得成功,有必要在专家、信息和政治层面上,尽一切努力加强欧亚一体化制度及获得新的权力。

俄方还需要在亚洲基础设施投资银行框架内建立重点合作体系。重要的是要对上合组织开发银行保持一致的立场,关于创建该银行(以及开发该组织金融架构的其他形式)的讨论仍在继续。有必要了解这些金融机构将如何与俄罗斯参与的其他机构(例如金砖国家新开发银行和欧亚开发银行)互动和分担责任。尽管中国在积极推动上合组织银行的想法的同时，强调该想法与其他合作形式并不矛盾，但许多机制与反复出现的关键参与者之间的关系缺乏明确性，即使不会使相互猜疑增加，也可能造成混乱。

俄罗斯更加积极地参与欧亚中部地区的经济合作，也是为了有效对抗近期在俄罗斯媒体和专家圈内盛行的俄罗斯对华"小伙伴关系"的看法。很明显，反对将欧亚大陆建成具有自身主体性的独立力量极和增长极的人，其主要攻击方向正是呼吁限制发展与中国的伙伴关系。因此，有必要注重俄罗斯作为一个具有"大国际政治"经验的全球参与者的优势。

对于实现俄罗斯在欧亚大陆政策的战略目标来说，同样重要的是研究和促进共同的宏观区域认同、团结欧亚大陆人民的价值和道德法律体系、传统和政治道德态度（尊重外国文化，不试图创造某种形式的"熔炉"或鲁莽推动"多元文化主义"；保持强势地位的传统价值观；"威斯特伐利亚"对主权的理解）。在传统的亚洲社会，以及俄罗斯、中亚国家和伊斯兰国家都明显表达了对国家的家长式态度，他们需要在日益混乱的全球和地区环境中努力捍卫国家的主导地位。这些领域的互动可以成为上海合作组织活动的一个关键领域——文化合作的真正内容，并有助于加强大欧亚共同体内的相互协作，帮助化解领土争端、信息战等带来的紧张局势。欧亚地区传统上固有的高度的宗教宽容将促使文化的交流融合。

第三部分
西伯利亚和远东的崛起——
21 世纪的国之重务

第八章 西伯利亚和远东——
俄罗斯政治经济发展的潜在引擎

伊戈尔·阿列克谢耶维奇·马卡洛夫

俄罗斯的对外政策和对内政策均向东方转向。为了实现亚太地区的一体化，俄罗斯应改变其边缘地位：必须加快西伯利亚和远东地区的开发，并与这些地区直接相邻的亚洲国家合作。

俄罗斯外乌拉尔地区的开发进程呈现出波浪式。在俄罗斯帝国、苏联和后苏联时期的历史中，当权者们曾多次尝试发展东部地区。西伯利亚大铁路和贝加尔—阿穆尔铁路干线、西伯利亚大河上的水电站、西西伯利亚南部的学术和大学中心，以及西伯利亚北部的石油和天然气田——这些都是俄罗斯的祖祖辈辈们在征服和开发这片广阔地域时留下的宝贵财富。

然而，尽管取得了以上这些和其他的重要成果，仍不能说西伯利亚和远东曾是俄国真正的经济或政治中心。相反，它们的开发，就像西方殖民地的发展一样，要服务于整个国家的发展，主要是服务于国家欧洲部分的发展。

亚洲的经济增长可能会开启西伯利亚和远东的历史新篇章。俄罗斯应该抓住机会,将东部地区打造成俄罗斯经济增长的引擎之一,特别是在俄罗斯当前经济发展模式陷入僵局的情况下。但要发挥现有潜能,就必须为西伯利亚和远东地区制定一个新的发展战略,这个战略应以对现实的威胁和机遇的理解为基础,因此不同于以往的所有战略。本章将介绍这一战略的总体情况。

第一节 俄罗斯以往的东转尝试和国内政策

俄罗斯对西伯利亚的开发始于 16 世纪末。在接下来的 250 年中,该地区稳步发展,毛皮是其主要的利润来源。从 19 世纪中期开始,西伯利亚的国家政策就开始受到战争的影响:英国人频繁在阿穆尔活动,俄国面临着失去对东部领土控制权的威胁。克里米亚战争期间,远东海岸成为了战场。

俄罗斯第二轮激活东方政策的实施与 1890 年西伯利亚大铁路的建设有关,同时,由于 1894—1895 年的中日甲午战争,沙俄政府获得了瓜分中国的机会。俄罗斯开始积极参与建设满洲里铁路,并租借中国旅顺港和大连港。但是,俄日战争的失败迫使俄罗斯改变了战略:不再进行领土扩张,而是通过土地改革的重新安置措施和加强铁路建设,将俄罗斯人安置在外乌拉尔地区。

20 世纪 30 年代是俄罗斯东部发展的又一个阶段。1930 年西伯利亚发展的总体规划概述了一些措施,如为其他地区供应粮食和木材,以及生产粮食、木材、石油和用于出口的毛皮。西伯利亚应成为国家的能源中心,即煤炭开采和水力发电的主要地区。俄罗斯外乌拉尔地区的新兴城市——新库兹涅茨克和阿穆尔河畔共青城,成为了苏联战前工业化的标志之一。大型工业项目的劳动力由国家招工制度、共青团的号召和使用营地劳工来保障。

西伯利亚在20世纪30年代的发展为其现代工业的发展奠定了基础。伟大卫国战争期间，许多企业从俄罗斯欧洲部分撤离到西伯利亚，促使西伯利亚的现代工业进一步发展。

战后，西伯利亚的工业化发展势头良好。西西伯利亚的碳氢化合物资源和雅库特的钻石被发现，人们开始在东西伯利亚大规模建设水力发电站，并在其周围发展能源密集型工业。苏联为发展西伯利亚的人力资源投入了大量的精力，并为此建立了新西伯利亚学院城。最后，在中俄关系恶化的背景下，苏联政府重拾战前的战略，即始于1974年的贝加尔—阿穆尔铁道干线的建设。

苏联政府积极输送"古拉格"（苏联负责管理全国劳改营的政府机构）关押的劳改犯参与战后工业化建设，恢复了"自愿"重新安置的制度：1967—1970年，2.39万个家庭被送到哈巴罗夫斯克边疆区、滨海地区边疆区、阿穆尔州和赤塔州的集体农庄和国有农场。

米·谢·戈尔巴乔夫是第一位关注俄罗斯东部地区外部经济发展的苏联领导人。1986年7月，他在符拉迪沃斯托克的著名演讲中提到："二十世纪的亚洲已经觉醒，重获新生"，苏联不仅是一个欧洲大国，而且是一个亚洲的、太平洋地区的大国。世界上许多主要国家位于亚洲地区，如美国、中国、印度、日本、越南、墨西哥和印度尼西亚……一些在亚洲可能被看作中等规模的国家，按照欧洲的标准却是相当大的国家——加拿大、菲律宾、澳大利亚和新西兰……这里巨大的人类和社会政治高峰需要得到密切关注、研究和尊重"。

在亚太地区站稳脚跟的目标顺理成章地落到继续加快发展俄罗斯东部地区的任务上。戈尔巴乔夫在1988年克拉斯诺亚尔斯克的讲话中强调了利用国际合作机会加速西伯利亚和远东地区发展的重要性。

戈尔巴乔夫的计划未能实施。而在苏联解体后，西伯利亚和远东地区完全失去了地区发展的优先权。更重要的是，鲍·尼·叶利钦总统在

1999年对俄罗斯联邦议会的讲话中公开表示,俄罗斯东部的大片领土是国家的负担。

21世纪初,情况发生了一些变化。20世纪90年代的混乱使得俄罗斯失去对东部地区控制权的威胁加剧。2000年,普京总统宣布,"该地区是俄罗斯不可分割的一部分"这一事实受到了威胁。2002年,他强调了远东对整个国家的"重大战略意义"。

然而,几年后该地区的发展才真正地得以推进。在2006年安全理事会会议上,通过了一项关于必须加快远东地区发展的决议。2007年颁布了《俄罗斯联邦远东地区及外贝加尔地区2013年以前经济社会发展联邦专项规划》,并拨付6920亿卢布的资金总额用于2008—2013年的发展。最终在2009年,俄政府制定了《2025年前俄罗斯远东和贝加尔地区社会经济发展战略》。所有这些战略措施的关键目标之一就是"向远东和贝加尔地区存在的对国家安全的潜在威胁给予有力反击"。

许多专家对实施的结果和这些文件的内容给予了猛烈批判。事实上,该方案基本上是不可行的。该地区的加速发展并没有实现。

在过去几十年里,采取的一系列重大的旨在转向东方的地区政策中都引出了这样的问题:每次都出了什么问题?目前加速俄罗斯东部发展的尝试与以前的尝试有什么不同?他们是否有相同的命运?为了回答这些问题,必须评估该地区目前所面临的威胁和机遇。

第二节 西伯利亚和远东发展的
威胁:神话与现实

目前,人们认为西伯利亚和远东是国家发展的负担。这种看法认为东部地区人口稀少和严酷的气候条件是其发展的主要障碍。

这两个因素都严重阻碍了西伯利亚和远东的经济发展,但这些都不是无法跨越的障碍。当然,在俄罗斯东北部的大片区域,人口密度甚至不到 0.5 人/平方公里，但没有人打算开发这些领土。而人口密度，例如，伊尔库茨克州为 3.12 人/平方公里，滨海边疆区为 11.7 人/平方公里，新西伯利亚州为 15.45 人/平方公里。西伯利亚和远东地区的总人口密度为 2.3 人/平方公里，与澳大利亚（2.8 人/平方公里）和加拿大（3.5 人/平方公里）的人口密度相当，比阿拉斯加（0.5 人/平方公里）的人口密度高 4.6 倍。

　　加拿大和阿拉斯加的自然气候条件与西伯利亚和远东相似。除了开采自然资源外，这些地区大部分不适合居住和开展经济活动。然而，他们的发展水平比俄罗斯高得多。北欧国家（挪威、瑞典和芬兰）提供了在极地和极地气候条件下保障高水平生活的可能性。

　　不能将气候视为一种决定性因素。许多国家面临自然界带来的巨大挑战。荷兰被迫从海上收回领土，波斯湾国家需要治理沙漠，以色列需要解决水资源严重短缺的问题。寒冷气候自动使任何生产失去竞争力的日子一去不复返了。西伯利亚的供暖费用并不比加州的空调费用高。澳大利亚的大部分领土不适合永久定居，但这并不妨碍其开采自然资源，发展具有高技术水平的高效农业。另一个战胜恶劣环境的例子是蒙古的蓬勃发展，尽管其气候可能是世界上最恶劣的，但它成功搭上了中国经济发展的顺风车，成为了近年来世界上 GDP 增长速率最快的国家。

　　恶劣的气候条件既不应成为无法保障该地区应有的生活条件的借口，也不应成为无法保障经济积极发展的借口。失败的原因应咎于未能制定出一种考虑气候因素的区域发展的特殊方法。苏联时期就有这样一个失败的例子，政府建立了机构用以吸引人们到最不适宜居住的北方地区定居，而不是团结该地区的人们，制定方案开发北方地区的资源。直到今天，国家和北部地区的居民都不得不为过去的行政失误付出代价。

　　与气候和低人口密度相比，该地区不利的经济状况才是对其发展的真正威胁。这里的名义工资是全国最高的，但西伯利亚和俄罗斯欧洲部分之间的实际收入差距已从2000年的15%扩大到2014年的39%。在居民收入低于最低生活水平的前十个联邦主体中，有七个在西伯利亚和远东。西伯利亚和远东联邦区的失业率分别为7%和6.4%——仅低于北高加索地区的失业率（11.2%）。在一些地区，失业率达到了两位数，例如，图瓦共和国（约19%）和外贝加尔地区（10%）。

虽然很想对该地区的整体经济作出消极的评价，但这就好比测量医院的平均温度一样。例如，如果在计算失业率时不考虑东西伯利亚南部的民族共和国，同时考虑秋明地区（历史上是西伯利亚不可分割的一部分，被误认为是乌拉尔联邦区的一部分），那么西伯利亚和远东地区则可以与乌拉尔和伏尔加河地区相提并论。

西伯利亚和远东地区是俄罗斯两极分化最严重的地区。萨哈林州和哈巴罗夫斯克边疆区的人均国民生产总值相差3.9倍，而相邻的提瓦州和克拉斯诺亚尔斯克边疆区的失业率几乎相差4倍。在人均投资规模上，远东联邦区领先西伯利亚联邦区近一倍，同时，秋明州及其两个自治区分别排在俄罗斯的第二、第三和第四位。

但即使从联邦主体的角度进行分析，也不能清楚地反映出真实的状况。西伯利亚的人力和投资资源历来集中在大城市，这些与周边地区的反差是巨大的。尽管东部地区居民的平均生活水平相对较低，但西伯利亚和远东的城市经常在全国最富有城市的权威排名中占据高位，这个排名每年由《金融》杂志根据人均支出分析编制而成。在2013年上榜的前十名中，有六个城市位于乌拉尔东部，即秋明、新库兹涅茨克、克拉斯诺亚尔斯克、克麦罗沃、新西伯利亚、伊尔库茨克。就居民的机动化水平而言，西伯利亚和远东地区的五个城市——符拉迪沃斯托克、苏尔古特、克拉斯诺亚尔斯克、堪察加彼得罗巴甫洛夫斯克和秋明，都领先于莫斯科。

人口状况也十分复杂。人们普遍认为该地区的人口正在迅速外流。如果我们把1990年作为比较的基础，这些数字看上去真的很可怕：西伯利亚的人口减少了8.6%，远东地区减少了22.6%。然而，这些数字大部分是由20世纪90年代的经济、社会和人口进程决定的。但这些进程已经成为历史，不可能对该地区现在的前景产生重大影响。如果我们以2000年作为基础进行比较，两个地区人口减少的比例则分别为5.7%和10%。西伯利亚的数据与其他地区（西北地区、乌拉尔地区和伏尔加地区）相当，甚至更乐观。远东地区的人口流失率仍然是俄罗斯最高的，但是，大部分人口外流集中在不适合居住的北部地区，而在远东地区南部的人口聚集区，人口动态指标与俄罗斯的平均水平一致。

因此，尽管过去十年里西伯利亚和远东地区经济和人口的发展有一些特点，但总体上与整个俄罗斯的发展动态相一致。地区的人口问题是国家问题的一面镜子。与俄罗斯其他地区一样，经济条件优越的居民，特别是年轻人口向周边地区移民的趋势越来越明显。只是以前是从西伯利亚，特别是从远东地区向俄罗斯中部地区迁移，而现在是移民到亚太国家。

尽管西伯利亚和远东的经济和人口状况与俄罗斯其他地区的状况没有根本的区别，但相当一部分俄罗斯精英认为，远东地区似乎在经历一场人道主义灾难。支持这种夸大的言论对地区精英极其有利，地区精英们将其作为获得联邦汇划费的理由。另一方面，联邦为了满足对该地区的事态和信息掌握匮乏所产生的忌惮和野心，将此言论奉为真理。

然而，否认这种夸大言论也不能忽视该地区发展的现实困难，人力资本质量不断下降才是主要威胁。在移民流中，受高等教育的人占比很高（2010年每三人中就有一人离开远东）。受教育程度最高和最有活力的那部分年轻人大规模离开（调查结果显示，四分之一的西伯利亚学生想要离开当地）。全国统一考试的推行进一步加大了青年人才外流。

受教育程度低且没有技术的移民者取代有技术的、受过专业培训的年轻移民者，前者主要来自于中亚地区。目前，西伯利亚和远东地区拥有工作许可证的外国公民人数超过15万人（绝大多数是非技术工人），

转向东方

还有数万人半合法和非法地参加工作。

人口趋势也不利于人力资本的质量。西伯利亚和远东地区的人口自然增长率分别为1.5%和1.3%，仅次于北高加索（9.2%）和乌拉尔（2.7%），如果我们把汉特—曼西自治区和亚马尔—涅涅茨自治区看作是西伯利亚的一部分，那么西伯利亚的人口增长率则要高于乌拉尔地区。然而，大部分人口增长出现在民族共和国，这些共和国的教育水平远低于先进地区的水平。图瓦、阿尔泰、萨哈（雅库特）和布里亚特的总出生率在俄罗斯分别排名第三，第七，第九和第十一。秋明州的自治区出生率排名第五，而秋明州的出生率则排在第六名。一些专家略带担心地表示，2007年"母亲基金"设立后，以上这些联邦主体中很多地区的出生率开始暴涨，这意味着低收入人群是生育的主力军。这将如何影响未来人力资本的质量？——是一个很大的问题。

人力资本恶化还表现在其道德和心理资源的枯竭。民意调查结果显示，西伯利亚居民，尤其是远东居民对俄罗斯当局和中央政府的信任度极低，这些居民在该地区居住的积极性也不高。显然，近一半的阿穆尔州和滨海边疆区的居民认为，对于俄罗斯东亚利益的主要威胁不是中国实力的增强，也不是朝鲜半岛冲突或与日本的群岛争端，而是俄罗斯当局和中央政府对这些偏远地区和财政投入大的地区的错误政策和消极态度。地方精英利用民众对政府的这种情绪，以恐吓俄罗斯当局（为了再次获得汇划费），但这并没有使分离主义增加，而是导致人们"用脚"投票。越来越多的西伯利亚和远东的居民宁愿移民去国外，也不想移居到俄罗斯的其他城市。大量的退休人员移民中国，这种趋势表明了当地人的疲劳程度，通常这些人最不愿意换地方。

纵观整个俄罗斯历史，西伯利亚一直被视为国家内部殖民地。它的发展服从于整个国家的利益。1805年游历俄罗斯东部的费·费·维格尔写道："西伯利亚就像一只拴在俄罗斯旁边的熊。"一个多世纪后，列宁称西伯利亚为"经济意义上的殖民地"。即使是在今天，各地区平等的情况下（19世纪时，许多在全国范围内实行的改革，都没有正式在乌拉尔地区推行），西伯利亚和联邦中心的关系仍类似于殖民地与宗主国的关系。最明显的表现就是从东部地区撤出资源租金，大多数开发西伯利亚地下矿产的大公司都注册在莫斯科，并且要向莫斯科预算缴纳地区税。

联邦精英对东部地区的问题知之甚少，并将外乌拉尔地区的问题视为遥远的甚至是毫不相干的问题。此外，"远东"这个名词促成了这种看法，远东在俄罗斯地理和历史传统中已根深蒂固，如今也应用在行政中。值得注意的是，远东的专家们建议，用"俄罗斯太平洋地区"来代替"远东"这个令相关地区居民十分不悦的词语，且"俄罗斯太平洋地区"一词具有积极的推动力，展现了俄罗斯东部地区的竞争优势和主要发展方向，与亚太地区有着密不可分的联系。

第三节 西伯利亚和远东的优势

一、西伯利亚和远东的自然资源

西伯利亚和远东地区幅员辽阔，尽管人口稀少且远离国家中心，但对国家具有巨大的价值。由于近十年来世界格局发生变化，俄罗斯只能不断强大自身。资源（矿产和可再生资源——水、森林、鱼和食物）的日益短缺和全球生态问题加剧，都使自然因素对世界经济进程的影响进一步扩大。因此，领土的重要性不断增强。全球化理论家们曾预言，物理空间的绝对压缩及由于运输和信息技术的发展导致领土价值下降的时代已经过去了。地理因素不仅影响国际关系，且它的作用也在不断增强。非洲发生新的（经济的）殖民化，争夺北极，甚至在南极洲——这个一直远离国际政治的大陆周围也出现了摩擦，海上主要航线周边的紧张局势持续升级。地缘政治学正在复兴，它既是学术讨论中的一个术语，也是国家外交政策战略的基础。

俄罗斯和其他国家对西伯利亚和远东地区的兴趣不断增强。俄罗斯东部区域是许多国家都想要参与发展的最后一块地区（准确说来，是最后几块之一）。

西伯利亚和远东地区的自然资源极其丰富。该地区已探明的常规石油储量占全世界的10%，蕴含近25%的天然气，12%的煤炭，9%的黄金，7%的铂金，9%的铅，5%的铁矿石，14%的钼，以及21%的镍。可见，此地区页岩资源储量巨大。西伯利亚和远东地区还拥有世界上约16%的淡水储量（不包括地下水）和约21%的森林面积，22%的俄罗斯耕地也分布于此。最后，远东也是世界上海洋生物资源最丰富的地区之一。

关于自然资源对俄罗斯发展的作用仍存在很多争议。相当一部分精英认为西伯利亚的自然资源是俄罗斯的诅咒，是俄罗斯无法摆脱的原料陷阱。这种观点具有破坏性，实质上是想用外部原因为自己的失败辩解。当一个国家拥有丰富的自然财富，依靠自然资源发展经济是很正常的，我们不应对此感到羞愧。澳大利亚、加拿大、新西兰、挪威等国通过生产和出口特定资源实现了高水平发展。当然，对于这些国家来说，在开始积极开发自然资源时建立的机制发挥了重要作用。但也有一些其他国家，如阿联酋、智利、哈萨克斯坦，证明了自然资源也能够成为完善机制和建立多元化经济的基础。俄罗斯的不幸（一直为精英所诟病的）并不是资源财富本身，而是政府无法有效地利用它来发展国家。

放弃西伯利亚的资源是不可能的，也是不合理的。发展传统工业领域或以高新技术为基础、加快区域工业化（直至其变成一个"全球工业化中心"）的提案，无论听上去多么有吸引力，都是没有发展前景的，甚至可能是有害的，因为它分散了真正有利于竞争的优势。亚洲周边的国家中，一些成为了"世界工厂"，还有一些成为了世界高科技产品生产中心。除了武器和弹药等少数利基市场外，任何在国际市场中建设有竞争力的劳动密集型和资本密集型产业的尝试，都注定会失败。

自21世纪末以来，俄罗斯大力推行国家科学技术政策，十分重视创新驱动问题。但现实中，俄罗斯的创新避开原料部门，这根本就是错误的。现代的采矿业、农业、渔业和养鱼业、水体和森林管理等领域都在积极创新。许多发达国家和发展中国家，如巴西、智利和马来西亚，都积极贯彻这些国家深思熟虑后的创新政策。但是俄罗斯的国家科技政策模式，并不是基于上述国家的经验，而是基于美国和以色列的经验，不知这两国的经验是否适合俄罗斯。

西伯利亚的机遇恰恰在于从质量上提高对其资源潜力的有效利用。资源行业应为该地区的利益而努力，而不仅仅是为公司创造利润，其中一部分利润将以税收的形式进入国家预算或离岸，这对西伯利亚本身几乎没有影响。资源行业不仅要创造就业机会，而且要成为与之相关的高科技领域发展的核心，这些领域通常集中在大城市。换言之，西伯利亚必须成为自然资源创新产业发展的地区。

该地区发展的主要动力是能源部门，在不久的将来这种情况也可能改变。然而，该地区的燃料能源综合体的技术保障，尤其是制度保障已经严重过时。俄罗斯国家石油公司收购俄罗斯秋明英国石油控股公司后，国有企业几乎完全掌控了俄罗斯的能源部门。他们有能力游说自己的利益，这导致能源部门的扩张是依靠国家的支持，而不是通过提高公司的生产力来实现的。同时，石油领域的利润率从没有低于20%，即使是在2008年经济危机时期，也能达到38%。一些评论家由此得出结论："石油垄断政策本质上也是一种殖民主义政策"。

过去十年间，俄罗斯能源公司发展平稳，但这并没有促使他们顺应全球能源领域的发展潮流，也没有快速提高技术水平。问题甚至不是忽视突破性技术，更不是页岩气开采技术，而是无法通过逐步现代化来提高开采量（2002—2014年俄罗斯天然气工业股份公司的开采量下降了

15.5%）和开采效率。在美国石油油井的平均产量是 250 升/天，而在俄罗斯，每天 1.15 吨产量的油井已不再开采。与此同时，我们不向外国人学习，只与他们缔结最简单的联盟，以开发指定的矿区，且很少涉及最先进技术的转移。制裁制度实施后，这种合作方式能否实现也成了未知数。

显然，如果不从本质上改变制度环境，能源则不可能成为俄罗斯东部地区加速发展的基础。新矿产的开发许可证不再免费发放给国有企业，而是发放给能够有效开发这些矿产的企业，才能实现上述目标。透明的许可证分配竞争机制不仅能促使企业提高技术基础质量，以发展相关的知识密集型技术，还能在国家的适当干预下，将国内市场的能源价格大幅度下调，从而吸引国外的能源密集型产业。

俄罗斯的水电产量占世界的 4.5%，水电储量仅次于中国（占世界总量的9%）。俄罗斯80%的电力生产都集中在西伯利亚和远东地区。然而，西伯利亚的水电潜力只利用了20%，而远东地区由于只有三个水电站运行，它的水电潜力只利用了4%。集中在西伯利亚南部和远东的水电站可成为发展能源密集型产业集群的核心，也就是从炼铝厂到信息存储和加工中心的能源密集型产业群（谷歌或脸书等领先的信息技术公司的相关部门消耗电力巨大）。

钻石领域的处境与能源领域十分相似。俄罗斯是钻石原料的主要供应国，其钻石原料供应量占全世界的28%，但很少利用钻石来发展国内生产。钻石领域现代化是一个迫切的问题。首先，应顺势开采工业用冲击钻石，这类钻石主要分布在位于克拉斯诺雅尔斯克边疆区边境和雅库特的巨大波皮盖钻石矿床，据悉，该矿床的钻石储量比全世界钻石总储量还要大。冲击钻石十分适用于高科技领域，因此有机会在东西伯利亚和西西伯利亚南部的城市建立相关产业，如生产钻探设备、计算机设备元件等。

俄罗斯拥有成功开采和加工稀土的绝佳潜力。俄罗斯的稀土资源无论是储量还是品质方面都是独一无二的（储量约为世界的30%）。西伯利亚和远东地区几乎蕴藏俄罗斯全部稀土资源，而位于西雅库特的托姆托尔矿床是世界上最大的稀土矿床之一。目前，俄罗斯几乎没有开采过乌拉尔以东的稀土。但近年，出现了扭转局面的绝佳机会。中国曾提供全球97%的稀土资源，但在2010年中方大幅度减少了出口量，这导致国际市场的稀土资源严重短缺和价格大幅上涨。俄罗斯的储备量不仅可以弥补中国减少的对工业发达国家的供应量，如日本、韩国、欧洲和北美，还可以保证国内生产。因此，结构材料和其他含稀土金属产品的生产，对西伯利亚南部的一些大城市来说，能够成为打造区域高新技术集群和加强南北区域紧密联系的基础。这种生产将具有相当大的出口潜力，因为矿物原材料的相近性导致产品相对便宜，而且易于运输（重量轻）。

水资源不仅可以用于水力发电。由于全世界尤其是亚洲国家水资源短缺问题的加剧，西伯利亚和远东地区的水能产业，以及化纤和纸浆工业有着广阔的发展前景。农业也迎来了特别的发展机遇，除了淡水外，还需要耕地和牧场，而整个欧亚大陆只有俄罗斯东部有大量未开发的储备用地。

西伯利亚和远东的森林和鱼类资源是一个独特的财富来源。同时这些部门也是目前最不透明的。一些地区的森林和渔业部门存在的公然犯罪行为，不允许这些资源潜力被用于国家利益，并导致了资源的掠夺性消耗。这主要是由于20世纪90年代的遗留问题，部分原因是难以获得合法使用权及存在大量的官僚主义壁垒。后者主要是出于环境方面的考虑，但在国家无法完全控制采伐和捕捞过程的条件下，因非法部门扩张而导致推行自然保护行政措施的结果与预期完全相反。此外，随意的使用森林资源导致森林火灾频发。

最后，旅游业是西伯利亚和远东地区的自然所能提供的另一个潜力。在该地区发展旅游业会导致自然环境恶化，这种说法是站不住脚的，许多发达国家和发展中国家的经验都证明了这一点。新西兰或哥斯达黎加每年吸引数百万生态旅游者，但他们的自然环境并未因此受到影响。不仅如此，完全有理由认为旅游业可以对西伯利亚和远东的自然资本产生有益的影响，因为旅游业能够约束早已习惯西伯利亚广袤地域的当地居民，这些人往往是该地区独特自然景色恶化的主要"肇事者"。肯尼亚和坦桑尼亚是因团体旅游受益的最好例子，吸引了大批游客和猎人有序地游玩，这使保护当地热带稀树干草原的动物栖息地成为可能。政府为发展当地主要自然景点的大众旅游创造条件，也是培养居民（包括西伯利亚和俄罗斯欧洲部分的居民）对自己国家归属感的重要一步。这一点在美国发挥了最充分的作用，例如，美国对公众开放的自然景点，已经成为真正的国家符号。

俄罗斯未充分利用远东和西伯利亚的自然资源，这并不代表他们是为子孙后代节省资源，而是在无脑浪费，绝不能用资源是诅咒来为这种浪费辩解。

二、西伯利亚和远东的人力资本

一个国家在国际舞台上成功的主要条件是产生和传播思想的能力，并在此基础上开发和推行新技术，传播其规则。只有有才能和受过教育的人才能做到这一点，因此发展人力资本是世界上许多国家的首要战略任务。在俄罗斯，人力资本尚未得到应有的重视，因此在日益激烈的思想和技术的竞争中，俄罗斯已经越来越落后于其他领先国家。

俄罗斯的人力资本正在衰退。70年的苏联政权不断埋没最有首创精神的人，使一个本有希望获得自由的国家在20世纪90年代走向贫困，给人民造成了严重的损失。为生存而奋斗的必要性、不公平的环境以及社会不安全感致使人民对国家和他人失去信任，对自己的能力缺乏信心，完全悲观，不愿意向前看。要扭转这种可怕的趋势，至少需要一代人或几代人的奋斗。

西伯利亚和远东的人口也受到这种趋势的影响。但是，他们所经受的历史创伤要少得多。西伯利亚原住民逃离了农奴制和集体化的迫害，较少受到斯大林的镇压。这里，与俄罗斯的欧洲地区不同，数百万最积极、最有才华和最独立的人没有被埋没。这里住着那些曾经逃离国家的人的后代；这些人是自由的，没有被嵌入等级制度的，没有被无数的灾祸打垮的；他们准备主动出击并承担合理的风险。正是这些人才能带领俄罗斯前进。

尽管西伯利亚人在 20 世纪 90 年代遭受了巨大打击，但如今西伯利亚的人力资源质量已经达到了该地区发展历史上前所未有的水平，除了在那个悲惨的时期，这个国家最优秀的人被流放到这里，只能用镐工作。西伯利亚坐拥实力强劲的大学和科学中心，不仅有苏联时代建立的新西伯利亚学院城，还有新成立的西伯利亚和远东联邦大学，这些新兴大学都获得了高额的国家资助，除资金外，还允许引进国外获得诺贝尔奖的学者。除了托木斯克外，西伯利亚可能拥有俄罗斯最好的科技园和拥有最多大学的城市。

西伯利亚和远东的居民更愿意经营企业。尽管营商环境不佳，但许多人设法建立了可行的商业模式，并在艰难的环境中获得了成功。我们应该借鉴这些人的经验。

当然，这些人力资源与西伯利亚的其他资源一样，分布极不均匀。而且，和整个国家一样，人力资源正在衰退。俄罗斯远东地区的人才流失问题尤为严峻：最有活力和受过教育的年轻人不愿为自己的小家乡做贡献，而是在国内其他地区寻找就业机会，现在越来越多人到国外就业。

在该地区创建多所世界一流大学是发展人力资本的首要任务。西西伯利亚的三所大学——新西伯利亚国立大学（NSU）、托木斯克国立大学（TSU）和托木斯克理工大学（TPU），是最接近世界一流水平的大学，它们在 2014/2015 年的全国大学排行榜中名列前十。凭借与资源行业的公司建立的密切联系、加强国际合作和有效的游说活动，西伯利亚联邦大学（SFU）快速发展，在俄罗斯大学排行榜中排到了16—17位。人们对远东联邦大学（FEFU）寄予厚望，该大学在2012年亚太经合组织峰会前夕获得了大量投资。但人们的期望始终没有完全实现，主要是因为远东联邦大学原本水平就不高。

发展人力资源的第二项任务是提高该地区的经济活跃度，为中小企业的发展创造条件，并将运营本地区业务的国有企业和联邦政府部门的办公室搬迁到该地区。这些措施都将帮助居民消除疏离感，在基础设施利用率低和人口流动性差的地区，居民的这种疏离感传播得越广泛，这些措施将越有助于减少有才华的年轻人外流。重要的是向有关地区的居民传递一个信号，即并不只有在莫斯科才能解决生计，你可以在自己的家乡建立事业。

第四节　西伯利亚和远东发展新战略

俄罗斯应为西伯利亚和远东地区制定新的发展战略。但这不仅仅只是一份包含一系列互不相干的措施的文件，而是能共同确定区域发展战略方向的纲领，也是支撑其他一切计划、方案和蓝图的思想体系，虽然文件中一些措施是将要完成的，另一些措施是在现有经济条件下无法完成而暂缓的。这一战略不仅要回答该地区如何发展的问题，还要回答这种发展的预期成果如何、在什么条件下可以实现这种成果，以及未来该地区在国家和世界中的作用等问题。

新战略将与以往的战略大不相同，不应再犯旧战略的错误。第一，不应再将西伯利亚和远东视为国防先导阵地，这不是与西方对抗的大后方，也不是抵御亚洲或美国威胁的"安全气囊"。还应打击与西伯利亚分裂主义相关的虚假传闻，只有在中央对西伯利亚保持当前态度不变的情况下，这一传闻才可能在遥远的未来变为现实。俄罗斯本身就认为西伯利亚和远东是俄罗斯不可分割的固有部分。

俄罗斯至少衰退了几年了。以利用"石油租金"和榨取全国智力、财力及劳动力来加速发展首都为基础的旧发展模式早已消失。俄罗斯经济需要新的动力。西伯利亚和远东地区恰恰可以提供这种动力，并成为俄罗斯经济增长的新引擎。俄罗斯东部地区是机遇而非威胁——这一理念应是新战略的基础，且要认识到西伯利亚和远东地区对整个国家的未来至关重要。

第二，鉴于上述机会的出现首先得益于亚洲经济增长，只有实现西伯利亚和远东地区与亚太地区的一体化才能利用这些机会。要实现这样的一体化要立足于发展出口亚太地区的和吸引外商投资的开放型产业。加强国际合作、消除国际合作壁垒不仅是发展东部地区的手段，而且是发展的要领。如果不实现与亚太地区的一体化，则永远无法抓住该地区的发展机遇。

第三，新战略应将西伯利亚和远东地区视为紧密相连的地区。目前，促进加速发展的国家政策仅适用于远东和贝加尔地区。由于这项政策需要国家投入大量的资金，因此很难将其推广到整个西伯利亚和远东地区。然而，即使我们忽略西伯利亚的经济潜力远高于远东这一事实（无论是在自然资源的丰富程度，还是在人力资本的数量和质量上），也应该考虑到西伯利亚和远东在历史上和基础设施上（横跨西伯利亚大铁路和北方海航道）都是紧密相连的。如果不顾远东与西伯利亚的密切关系而加速远东发展，势必导致后者地理位置状况恶化。相反，远东发展的主要目的之一是消除西伯利亚的诅咒——世界上最强的大陆性。包括远东在内的基础设施建设应首先服从这一任务。毫不奇怪，近年来发表的关于转向东方的绝大多数科学和分析著作都把整个外乌拉尔地区，或者至少是东西伯利亚和远东地区作为一个整体来考虑。

第四，管理俄罗斯东部的新战略必须建立在对其差异化的清晰认知

| 转向东方

上。尽管西伯利亚和远东有着一致性和紧密的相互联系，但二者具有极大差别。有些地区集中了优质的人力资本，如西西伯利亚南部；有些地区拥有有利的农业条件，如阿尔泰边疆区或阿穆尔州；有些地区蕴藏大量未开发的能源和矿产资源储备，如东西伯利亚；有些地区占据重要的战略地理位置，如太平洋沿岸地区和北方海航道沿线；还有一些地区无任何明显的优势。

西伯利亚和远东不是一个单一的地缘政治空间。西西伯利亚主要面向俄罗斯的欧洲部分，东西伯利亚南部和外贝加尔地区面向中国，沿海地区面向日本，而北部领土则普遍具有重点开发的特点。统一管理各个地区以及整个俄罗斯东部地区的社会经济平等发展的想法是无法实现的。

应该选择有利于西伯利亚和远东发展的全新空间地理模式，该模式应基于个人增长点和几个旨在解决战略任务的地带（区）的分配。该地区运输系统的发展计划也应服从于为优先地区提供服务的目标。增长点的实施形式是开发超前发展区，是现阶段远东开发国家政策的重要组成部分之一。

发展带可分为经济带和地缘战略带。经济带应是最具经济潜力（出口潜力优先）的地区：滨海边疆区和哈巴罗夫斯克边疆区可作为加工自然资源、在主要物流枢纽建立有强大的工业和服务业集群的潜在地区；阿穆尔河和结雅河在阿穆尔河地区的交汇地带，布里亚特南部的达斡尔草原和赤塔州及阿尔泰边疆区是有前途的农业区；克拉斯诺亚尔斯克、托木斯克、鄂木斯克、新西伯利亚等大城市周围的工业区，以及比斯克和科利佐沃科学城是主要与原材料行业相关的高科技产业发展区。

特殊的地缘战略区应该位于没有经济发展潜力，但对实现国家地缘战略目标有重要意义的地区。这些地区是太平洋沿岸（马加丹、阿纳德尔、纳霍德卡、佩特罗帕夫斯克、堪察加地区彼得罗巴甫洛夫斯克）、北方海航道沿线（普罗维杰尼亚港、佩韦克、季克西、迪克森、杜金卡）以及通航河流（伊加尔卡、日甘斯克）沿岸的战略要塞。创建这种区域的目的是阻止人口从重要的战略居民点流出，并吸引高水平专家，尤其是工程师和技术人员，来此维护基础设施。

第五，国家治理应实行大规模区域化。初始阶段西伯利亚和远东的发展政策应该由联邦政府机关来实施。而后，越来越多的管理职能应逐渐移交到地区政府。为此，有必要为他们提供相应的财政资源。但在现有的税收制度下不可能实行这样的策略。目前唯一可行的税收权力下放的方法是将所有来自所得税的收入转给地区（目前20%的所得税中有18%进入地区预算，其余2%进入联邦预算），虽然这个方法是十分必要的，但也只会产生微弱的影响。从长远来看，必须建立一个稳定的税收收入（主要来自增值税）再分配体系，以保障领先地区的税收利益，同时避免区域在预算保障方面过度分散。英国、德国等西欧国家有建立类似体系的经验，但这是一项可能花费数十年的非常复杂的工作，尤其是考虑到现在许多财政支出都预支到了很多年后。短期目标可能是建立激励机制（逐渐会变成义务），以鼓励在主要设施驻地注册公司。这将使依靠西伯利亚资源获得的，且归入莫斯科预算的部分税收返还给西伯利亚。

第六，新战略要基于对区域竞争优势的清晰认知。自然资源财富是其主要的优势。该地区需要创新型经济，但所寻求的创新应与资源行业有关，资源行业仍将是区域发展的核心。创新型资源经济应该取代近乎殖民剥削的粗暴的资源开发。这就需要对资源部门组织形式进行根本性改进：最大限度保障竞争环境；消除新公司，尤其是小公司进入市场的障碍；加强国际合作；减弱国家在原料产业中的作用。

第七，发展人力资本的意识形态应取代资源开发的意识形态。西伯利亚和远东地区的居民本身可以成为该地区发展的主动力。当然，国家应该迈出第一步，但这一步应该旨在刺激当地私营企业的主动性和发展。没有必要组织向东部地区的昂贵的大规模移居，只要优惠住房贷款计划或免费租赁农业用地就够了。重点应放在通过发展适宜的经济和制度环境、开设大学和国有企业向东迁移来留住当地人口。所有这些措施将成为吸引俄罗斯其他地区积极的和有进取心的人才的一个因素。

新战略的许多内容已经反映在发展远东的国家政策中。令人欣慰的是，国家宣布东部地区发展的经济层面优先于政治层面，并制定了实现与亚太地区一体化和发展外向型产业的目标。这使目前发展俄罗斯东部的尝试有别于以往的尝试，并带来了成功的希望。然而，设立正确的目标是实现结果的必要不充分条件。制定远东发展的国家政策的具体措施同样重要。下一章将讨论这些措施目前的进展情况。

第九章　西伯利亚和远东发展的国家政策：最初的错误和成功

伊戈尔·阿列克谢耶维奇·马卡洛夫

　　如果不建立新的区域管理系统，由于亚洲国家经济快速增长而出现的西伯利亚和远东的发展潜力则无法实现。2012年开始建立这一系统时就成立了远东发展部，该部在实施有关东部地区的国家政策上发挥了关键作用。

　　远东发展部已成立三年。部长换届后，重新修订了远东地区的发展模式，制定和推行了许多实现该模式的新方法。但所有这些行动始终没有影响经济指标动态，自2011年以来，远东联邦区的投资数量不断减少。

　　但我们还是取得了一些成果。地区管理原则发生了决定性的转变，即从预防可能带来的潜在威胁转变为寻找机遇。外国人也开始认为远东是俄罗斯为进行经济活动而开放的最后一道防线。

　　远东地区正在建立一个符合当地特点的灵活的区域管理系统。远东方面的国家政策已经被赋予了相当大的行政权重，尽管几年前相当一部分精英对此持怀疑态度，甚至是敌视态度。吸引外国投资有了明显进展,尽管它没有我们想的那么快。

当然也有失败。发展俄罗斯东部地区时浪费了许多时间,也没有满足国家向东发展的需求。西伯利亚已经退出了加速地区发展的国家计划,这削弱了国家东方政策的有效性。损害国家长远经济利益的一时政治利益或游说常常会扰乱具体决策机制。西伯利亚和远东地区仍然存在阻碍整个国家迅速发展的所有障碍:国家对经济的过度干预、中小企业发展乏力、腐败、劳动生产力低下、人力资本投资不足。只有克服这些困难,俄罗斯东部地区才能成为俄罗斯经济发展的真正引擎。

第一节　俄罗斯"转向东方":
出师不利

在俄国历史上,曾多次尝试开发东部领土。2012年俄罗斯开始目前的"转向东方"战略,实施这一战略的原因是2012年亚太经合组织峰会,而内部原因是希望抓住亚洲国家经济快速增长给俄罗斯带来的机遇。2012年2月,普京在他的竞选文章中呼吁,我们俄罗斯经济的"风帆"应乘上"中国的东风"。

为了完成该任务,必须加快俄罗斯与中国相邻领土的发展。亚太经合组织峰会本应为此提供动力,但也需要建立一个长期致力于该地区发展的机构。紧急情况部部长谢尔盖·库茹盖托维奇·绍伊古发起了成立西伯利亚和远东国家发展公司的倡议。这个新机构必须直接隶属于总统,并具有广泛的权力,如规定税收制度、分配矿产开采许可证、采取措施为企业提供劳动力。

最终,政府决定放弃成立国有企业的想法。该公司或许可以调动资源以加快地区发展。然而,在这种情况下,想要达到足够高的透明度是很困难的。如果一个机构垄断所有大型甚至中型商业项目,可能导致效率低下甚至吓跑商业投资者。因此，俄罗斯政府做出了建立远东发展部的选择。

远东发展部于2012年5月21日成立，俄罗斯总统驻远东联邦区全权代表伊沙耶夫被任命为部长。然而，该部成立后仍然有一些尚未解决的问题。随着"领土"部的成立，它的责任范围与发展部"部门"的责任范围相重叠。因此，在很长一段时间里，远东发展部的职能和权力并没有被所有参与政治进程的人完全理解。

远东发展部成立第一年的主要成果是2013年3月通过的《远东和贝加尔地区社会经济发展国家计划》。该部花费了相当久的时间准备这份文件，并对其进行了多次修改，但在采纳半年后，这份文件就被注销了。

事实证明，这个计划已经过时了。该计划的核心是一种以大型项目的关键作用为基础的方法，如拓展贝加尔—阿穆尔铁路干线，在萨哈林修桥等，这些都是具有象征意义和政治意义但耗资极大的项目，俄罗斯政府也希望凭借这些项目的规模推动整个地区的发展。政府为该计划提供的资金数额是相应的——仅联邦预算就有3.8万亿卢布。但在经济增长缓慢的情况下，很难筹集如此巨额的预算资金，这就意味着必须放弃大型项目，选择较小的、更实际的项目。

该计划制定的政策仿效了莫斯科对北高加索共和国的有效政策模式：为保障联邦中心对地区的控制权向该地区投入巨额资金，即使这些资金在中期也无法赚回。这种仿效是错误的。远东不是一个危险的地区，而是充满机遇的地区。联邦当局的任务是通过消除薄弱环节和克服障碍来利用这些机遇，而不是试图牺牲联邦预算资金，仅靠国家的力量来实现发展。

"家长式"的区域管理方式使得管理范围缩小。虽然最初的国有企业的构想是针对东西伯利亚和远东提出的，但该计划只在远东和贝加尔地区内推行，远东发展部只负责远东。出现这种情况的原因是可以理解的——根据该计划提出的方法，即使在俄罗斯经济增长最乐观的情况下，也不会有足够的资金用于东西伯利亚。

但这种"分裂"带来了可悲的后果。首先，历史上西伯利亚和远东是完整的，其有些地区在历史、经济和基础设施方面紧密相连，却被分割开来。其次，当远东发展部制定的联邦计划（以及该部提出的具体发展方法）超出其职责范围，就会形成官僚主义混乱的局面。

很快就可以看出，最初的计划是不现实的。与此同时，人们对该部的不满情绪与日俱增，远东发展部不仅无法为该地区的发展提供根本性的新想法，而且无法厘清自己的职权范围，也意味着无法证明其成立的合理性。

因此，2013年8月31日，伊沙耶夫被解除职务，该地区的发展方针被重新修订。2013年7月至9月远东发生的一场洪水起了一定作用。115年以来最大的洪水灾害摧毁了远东南部地区的交通和社会基础设施。因此，需要根据由此产生的零基础效应修订它们的发展计划，这将有可能在更短的时间内实现现代化。该计划不可能预见到这一点。尽管洪水不是部长被免职和修订东部地区发展计划的原因，但这是一个合适的时机。

部长免职为俄罗斯转向东方新战略的第一阶段画上了句号。完全可以认为这一阶段是失败的。用旧方法发展该地区的尝试、视该地区为威胁而非机遇，都导致了时间的浪费和许多机会的错失。未能成功利用亚太经合组织符拉迪沃斯托克峰会的势头，这次峰会投入的筹备资金比以往所有类似论坛的资金总和还要多出数十倍，预计其将不仅仅影响城市基础设施的发展。据推测，这次亚太经合组织峰会将推动该地区私营企业的发展，但这并没有实现。2013年对滨海边疆区的投资量（峰会结束后）较2012年下降了45%，与2011年相比下降了三分之二，2011年是峰会相关支出高峰年。

第二节 "转向东方"再启航：
东部地区发展新模式

一、远东发展新模式

加卢什卡取代伊沙耶夫成为远东发展部部长，并组建了一支年轻的管理团队，团队中的许多人已经在区域发展方面取得了成功的经验。同时，特鲁特涅夫被任命为俄罗斯副总理兼总统驻远东联邦区全权代表，旨在赋予远东政府更大的行政权力。

2013年10月24日，远东发展委员会会议在阿穆尔共青城举行。会上梅德韦杰夫表示，俄罗斯远东政策没有达到我们预期的效果，应该改变政策。事实上，这些话意味着放弃半年前才通过的《远东和贝加尔地区社会经济发展国家计划》。

在会议上首次尝试勾勒出地区发展新模式的轮廓。梅德韦杰夫总理指出，鉴于国内市场规模小和基础设施不发达，无法将当地产品推向全俄市场，最佳方案是"提升出口潜力，出口亚太地区，创造面向当今最大国际市场的新产品"。实现这一方案的方法是改善投资环境，建设特殊的经济和社会发展区——超前发展区。

2013年12月，普京总统再次强调了西伯利亚和远东发展的特殊意义。在总统对联邦议会的年度讲话中，他称该地区的崛起为"21世纪的国家优先事项"。总统指出要将商业的吸引力作为联邦政府在该地区的主要行动方针。为此，已经就远东投资新项目的所得税和其他一些税给予税率优惠做出了决定。此外，总统再次表达了创建具有特殊条件的超前发展区的想法，用于建设面向出口的非资源导向型产业。这些发展区不仅要在远东建立（如10月份政府委员会所设想的），还要在东西伯利亚建立。应该向此类区域的新企业提供五年的免税期，像所得税、矿产开采税（石油和天然气除外——因为这是一个有利可图的行业）、土地和财产税以及优惠的保险费税率。这应有助于将商业环境提升到与亚太地区领先国家相媲美的水平。

根据阿穆尔共青城会议的结果和总统的讲话精神，远东发展部开始制定实施提案的具体执行机制。这项工作从四个方面展开：制定区域发展新计划，制定远东管理新方案，组建超前发展区，支持优先投资项目。

二、西伯利亚和远东发展新方案

2014年4月，在副总理特鲁特涅夫领导下，重新修订了《远东和贝加尔地区社会经济发展》国家规划。与修订前的计划相比，它的主要特点是拟议的预算融资削减了10倍以上，预计到2025年将花费3.8万亿卢布，而规划中只剩下3460亿卢布。

原方案中所有12个高额的子计划，包含的23个综合投资项目，都已从文件中删除。取而代之的是一个维持部门工作的小的子计划，即保障《远东和贝加尔地区社会经济发展》俄罗斯联邦国家计划和其他促进地区均衡发展措施。该计划的主要开支与目前的两个专项规划有关：《远东和贝加尔地区社会经济发展计划》和《千岛群岛发展计划》。

然而，远东发展部认为有必要增加资金投入，这在新修订的《2018年前远东和贝加尔地区经济和社会发展》联邦目标计划中有所体现。计划拟定的2014—2017年预算资金总额达6.97万亿卢布，其中只有2.13万亿卢布来自联邦预算。该部建议该计划的实施年限延长至2025年，并每年从财政资金中增加其融资1000亿卢布。根据新计划，到2025年，财政规划的资金预算总额将达到7万亿卢布。另外2.9万亿卢布计划从私人投资者那里获得。

新的计划中有四个主要任务：建立超前发展区网络，启动吸引私营资本的投资项目，培养干部和发展运输基础设施。

联邦目标计划的旧方案中十分重视运输部分，在发展部的新提案中则将其置于次要地位。新提案建议剔除联邦目标计划《远东和贝加尔地区社会经济发展》中的运输项目部分，将其经费转移到《发展运输系统》的联邦目标计划中。这些项目包括建设和重建从内维尔到雅库茨克的"勒拿"路段，从雅库茨克到马加丹的"科雷马"路段，从"西伯利亚"公路到雅库茨克的"维柳伊"路段，从哈巴罗夫斯克到符拉迪沃斯托克的"乌苏里"路段，从赤塔到哈巴罗夫斯克的"阿穆尔"路段。到 2020 年，固定融资总额为 2.47 万亿卢布。该部还提交了一项提案，即将规模最大的运输项目，尤其是贝加尔—阿穆尔大铁路干线和西伯利亚大铁路的现代化改造，并入《发展运输系统》的联邦目标计划。2014 年 9 月，总统批准了这一提案。

三、制定远东管理新方案

发展部的新团队需要在短时间内完成的关键任务之一就是巩固其权力。2014 年 3 月，联邦审计署署长戈利科娃表示，远东发展部仅操控了远东和千岛群岛计划拨款的 2.4%，这被认为是计划实施不理想的原因之一。

2014 年 3 月，签署了一项关于向远东发展部移交新权力的政府决议。新权力包括协调所有国家方案和联邦目标计划，开展吸引投资和支持投资项目方面的工作，鼓励中小型企业发展，扩大远东的竞争力及吸引劳动力资源。

在新权力的范围内，发展部参与修订所有现行国家方案。但这些方案对远东的关注微乎其微。据远东发展部副部长斯捷潘诺夫说，"根据人均资金标准，健康发展计划中对每个远东居民的资金拨款比我国西部地区少 24 倍；对公民的社会支持几乎少了 10 倍；为公民提供负担得起的舒适住房和公共设施的数量减少了 2.3 倍。发展部开始致力于消除这些不平衡现象。任何国家计划，只有包含一个专门用于远东发展的部分时，才能获得发展部的批准。

在修订权力范围的同时，发展部自身的组织结构也发生了变化。在远东联邦区首府哈巴洛夫斯克、远东最大的城市符拉迪沃斯托克，以及莫斯科都设立了发展部办事处。搬迁工作于2014年年中完成，符拉迪沃斯托克办事处的编制人员最多，但没有一个办事处被指定为中心办事处。

2015年，发展部成立了一系列非直接隶属于该部的新部门，包括负责组建超前发展区的远东发展股份有限公司，与投资者和出口商合作的远东吸引投资和出口支持署，以及远东人力资本发展署。远东和贝加尔地区发展基金是与该地区合作的另一个地区发展机构。该机构由外贸经济银行成立于2011年11月，注册资金为1500亿卢布。但自那以后，基金会从未启动过任何项目。

远东发展部建议将该基金从外贸经济银行的旗下撤出，并将其转为预算费用的融资机构。财政部和经济发展部对此表示反对，理由是缺乏用于此目的的资金预算。加卢什卡认为此基金的现行运作程序简单："第一个原因是财政部的有关指示非常不适用于实际工作。第二个原因是外贸经济银行的整体利益与远东发展任务之间存在差异。"

2014年10月，切昆科夫接替格拉乔夫的职位被任命为远东和贝加尔地区发展基金总裁。双方商定，与外贸经济银行的利益相比，地区发展利益将成为该基金的优先事项（尽管形式上该基金仍是部门的一部分）。

在2014年12月总统对联邦议会的年度讲话中，普京指示要对俄罗斯联邦立法进行修改，对该基金进行资本重组，其中包括"退还三年内在该地区创建新企业收到的部分联邦税，增值税除外"。确切的方案还没有制定，但很明显，这个新方案旨在刺激基金自给自足：用旧项目的实现成果为新项目提供资金。此外，这种机制也是该地区迫切需要的税收权力下放的工具（尽管非常有限）。

尽管注册资本有限，但该基金作为该地区的发展机构至关重要。特别是，它对联合项目的融资是国家担保的一种形式，这对外国合作伙伴来说很重要。远东发展基金还打算参与超前发展区方案的实际实施和现代基础设施的建设。目前该基金正计划参与首批项目：建设贯通下列宁斯科耶（犹太自治地区）居民区和同江（中国）的横跨阿穆尔河大桥，以及建设哈巴罗夫斯克机场新航站楼。

最后，一年一度的东方经济论坛决定在符拉迪沃斯托克举办，以吸引人们关注远东项目。论坛于2015年9月3日至5日首次举办，32个外国官方代表团和有意在该地区开展业务的主要公司的代表出席了该论坛。达成了80多项协议，其总价超过1.3万亿卢布。尽管存在一些组织问题，该论坛可以说是在吸引外国投资者方面迈出的重要一步。

四、超前发展区

2014年春秋两季，远东发展部开展了广泛的工作（包括实地考察），为建设超前发展区选择地块。投资者对在某一特定地区投资项目的安排的需求是选择的关键标准。距不冻港的距离、生活条件的吸引力、现有的基础设施和人员、生产潜力和资源潜力也是评估标准。

超前发展区的想法不只是想把重点放在远东最有前景的地区，还有之前的发展计划中也提出了同时发展整个地区的尝试。超前发展区框架内的监管制度以俄罗斯投资环境的缺陷作为出发点，这些缺陷遏制了经济活跃性，尤其是在金融和经济危机之后。这对俄罗斯来说是高风险投资，尤其是在工业、官僚制度和腐败、非透明的网络连接程序、运输基础设施短缺和不稳定的税收制度方面。超前发展区打算消除这些阻碍。

在起草超前发展区法案时，要考虑到亚太邻国类似地区的竞争因素。鉴于远东的落后地位，只有创造符合区域最佳标准的投资和营商条件，才能保障超前发展区的竞争力。根据发展部的设想，对于决定投资和营商环境的每一个参数，超前发展区的各项指标都不应该比亚太领先国家的这些参数低。因此，超前发展区应该像香港那样征收低所得税，像新加坡那样设置简单的货物清关，像韩国那样迅速连接电网等。

为了取得这些成果，超前发展区正在实施两个基本理念：放宽管制和刺激税收。放松管制包括10项基本原则：

1）减少审计期限：计划时间至多15天，计划外时间至多5天，对于小微经营主体最多40小时。同时，与超前发展区管理机构协商，开展不定期检查；

2）投资者单一窗口原则（由联邦行政当局在超前发展区内行使控制权和监管权，并赋予管理公司公共和市政服务的职能）；

3）将国家环境评估期限减少到45天；

4）简化土地征收程序，以建设和扩大超前发展区；

5）在超前发展区范围内推行自由关税区的海关程序；

6）俄罗斯联邦政府有可能设立在超前发展区内开展教育活动的特别许可；

7）为超前发展区提供优惠租金利率及优先连接工程网络服务；

8）在不考虑限额的情况下可能吸引外国公民从事劳动；

9）通过创建超前发展区所必要的线路设备划分地役权；

10）俄罗斯联邦政府有可能制定在超前发展区内允许个人开展医疗活动和提供医疗服务的许可程序。

税收激励拟定联邦部分所得税的税率为零。前10年的区域所得税税率不得超过5%，之后为10%。此外，超前发展区的入驻企业免缴增值税和生产所需货物的进口关税——原料、材料、工程及设备。对于在超前发展区工作头三年注册的入驻企业来说，保险费率为7.6%。最后，入驻企业免缴组织财产税。

2014年12月，俄罗斯出台了《俄罗斯社会经济超前发展区联邦法》。2015年起，启动建设超前发展区的选址工作。为此，在特鲁特涅夫总理的带领下，组建了远东和贝加尔地区社会经济发展政府委员会投资项目分委会。

截至2015年2月法律通过后的第一次会议，已收到17份来自远东联邦区主体关于建立超前发展区的申请。哈巴罗夫斯克边疆区选了两三个，滨海边疆区一个。主要的选择标准是投资者对该地区实施项目存在的确定性需求、对基础设施保障问题的高度审查以及"锚定"投资者的存在。在4月份的分委会会议上，又有6个超前发展区获得批准。（表9-1）

表9-1 在执行情况小组委员会会议上批准的远东及贝加尔湖地区的优先发展区于2015年2月和4月政府社会经济发展委员会的投资项目

社会经济优先发展区：名称，地区	专业	部分容量/预算投资（10亿卢布）	创造的就业人数	潜在入驻企业
哈巴洛夫斯克；哈巴洛夫斯克边疆区	工业	34.51/2.40	4500	西西伯利亚水利工程托拉斯公司，内华达—东方，能量组，莫斯科商品交易所，远东奇科伊，日挥株式会社常青，日本双日株式会社，保利美通社新加坡
阿穆尔河畔共青城；哈巴洛夫斯克边疆区	工业	11.65/1.20	2600	希尔伯特，共青城肉品联合工厂，MTE财政，阿穆尔森林工业公司
纳杰日金斯科耶；滨海边疆区	工业物流	6.73/3.90	1600	远东奇科伊，滨海点心商，内华达—东方
阿穆尔河沿岸地区；阿穆尔州	工业物流	128.9/0	1530	阿穆尔—石油化工，MEN LAN SIN HE公司，国际俄罗斯石油公司
别洛戈尔斯克；阿穆尔州	农业	1.45/0.086	275	阿穆尔企业中心

(续表)

社会经济优先发展区:名称,地区	专业	部分容量/预算投资(10亿卢布)	创造的就业人数	潜在入驻企业
堪察加；堪察加边疆区	工业物流；旅游业	28.1/8.3	2918	俄罗斯企业，默西贸易，可能侨民：彼得罗巴甫洛夫斯克—堪察加边疆区滨海贸易港口，彼得罗巴甫洛夫斯克—堪察加边疆区修船厂，白铁罐制造厂公司，堪察加边疆区政府，修船服务业，堪察加边疆区发展公司，俄罗斯农业经济银行
米哈伊洛夫斯卡亚；滨海边疆区	农业	39.03/4.44	2401	农业投资
白令戈夫斯基；楚科奇自治区	采矿冶金采掘工业懒人	8/0	450	老虎王国煤炭公司（澳大利亚），俄罗斯直接投资基金，俄罗斯私募股权霸菱资本公司，
坎加拉瑟；萨哈共和国（雅库特）	工业	11.1/0.2	350	双全息板，经济阶层，彼得洛夫测量站，润滑冷却液合成雅库茨克，可能侨民：HUNYAN（中国）

资料来源：根据远东发展部数据、俄罗斯联邦主体国家机关网站、企业网站整理

超前发展区是落实远东国家政策的关键部分。只有开始建设超前发展区，我们才能讨论开启该地区发展的新模式。

超前发展区的成功似乎并不明显。它们与2005年俄罗斯创建的特别经济区（经济特区）非常相似，除一个区外，其余都失败了。有人担心，俄罗斯现有的不良投资环境无法通过点状改造特定地区的税收或行政制度来改善。同时，超前发展区提供了比经济特区更好的投资条件。发展区的主要优势是放宽管制。过去十年的经验表明，外国投资者害怕的不是俄罗斯的税收制度，而是官僚主义障碍和行政压力。超前发展区旨在克服这一障碍。然而，这种类型的障碍更多地不是来自于立法本身，而是来自于法律的实施。

在选择超前发展区的过程中出现了很多问题。2014年，远东发展部

已经给出了最适合建造超前发展区的地块列表。然而，最终的超前发展区列表与原始列表几乎没有重叠之处。目前尚不清楚会有多少个地区存在。最初拟定的是15个，但在2014年底，特鲁特涅夫谈到了5到6个被选中的超前发展区。到目前为止，已经批准了9个，遴选过程可能会继续。决策的不连贯性和不透明性不能给私人投资者带来信心。一些专家公开表示，他们在地块选择中看到的是地区和公司游说的结果。

目前尚不清楚超前发展区将如何与该地区的其他发展机构合作。因此，纳杰日金斯卡娅超前发展区和自由港制度之间的不良竞争令人担忧，该自由港制度是在普京的建议下为符拉迪沃斯托克港和相邻的滨海边疆区港口引入的。还需要制定超前发展区和优先投资项目之间的互补机制。

尽管超前发展区仍有需要解决的缺陷，但仍是向前迈进的重要一步。这是俄罗斯最早吸引投资的首批手段之一，它不是由俄方的意愿决定的，而是由投资者的需求和该地区的竞争优势决定的。虽然目前从国外吸引的财政资源还不多，但在这方面的潜力相当大。

主要的危险在于，在超前发展区决策过程中，政治逻辑总是威胁着要取代经济逻辑。超前发展区被认为是一种用于推动特定地区超前发展的精细工具，其基础是对实际地点的细致复杂的评估，并利用大量投资项目集中在地理相近位置所产生的协同效应。然而，将超前发展区制度从远东扩展至东西伯利亚（这是受欢迎的），并在三年内推广到整个国家的提案（这是可能实现的）很快被提出并最终予以采纳，但这与最初的想法完全相悖。在2014年12月俄总统国情咨文中，普京建议将超前发展区制度推广到一些社会和经济形势特别复杂的单一产业城市的新项目中，"不是像现在的法律草案中规定的那样等待三年，而是修改法律草案，现在就开始在单一产业城市中开展工作"。后来，"商业俄罗斯"（政党）提出利用超前发展区制度来支持所有新的大型非资源项目。还提出了将超前发展区制度推行至边境战略地区的建议——博利绍伊乌苏斯里基岛的俄罗斯部分和整个千岛群岛。

这种方法令人担忧。毕竟，超前发展区不是用来支持弱势地区的工具，而是利用该地区竞争优势，使之成为国家经济发展引擎的手段。否则，它们将与经济特区毫无区别，其中许多经济特区是出于对薄弱地区的政治、社会和人道主义考量而创建的，但都以失败告终。

五、支持大型投资项目

支持大型投资项目是远东发展新模式的关键要素之一。这些主要属于资源部门的项目预计将像超前发展区一样成为该地区发展的驱动力。

2014年10月，政府颁布了一项特别方法以确定投资项目及优先级顺序。

评估和选择项目的标准是：

1）投资项目中私人投资和国家投资比率；

2）2014—2025年实施投资项目产生的税收和国家社会基金缴款额与该项目公共投资额的比例；

3）项目投产后第二年产生的增值。在项目选择决策中，标准2和3起着关键作用，它们占项目评估的40%，而标准1所占比重为20%。

2015年2月，远东投资项目实施分委会审查了远东投资项目的申请，批准了计划在远东实施的6个投资项目（表9-2）。其中三个是2015年9月在东方经济论坛上签署的投资协议。

表9-2 选择在俄罗斯远东地区实施的优先投资项目

投资项目，地区	投资者	部分投资（10亿卢布），（实现{10亿卢布}）	预算投资（10亿卢布）	2014—2025税收和缴费（10亿卢布）	增值（10亿卢布/每年）	创造就业人数
采矿选矿建设综合体《伊那格林斯基》，萨哈共和国	雅库特新煤炭科技，萨哈共和国	22, 87 (2.65)	0.56	2.88	4.65	1200

(续表)

投资项目,地区	投资者	部分投资 (10亿卢布), (实现 {10亿卢布})	预算投资 (10亿卢布)	2014—2025 税收和缴费 (10亿卢布)	增值 (10亿卢布 /每年)	创造就业 人数
瓦尼诺海港北岸建设《面粉》运煤交通运输综合体,哈巴罗夫斯克边疆区	萨哈运输公司	19.07 (2.49)	3.28	24.70	7.70	450
选煤发展投资项目综合体	西伯利亚"贝加尔—煤炭"煤炭能源公司	23.70 (15.92)	1.55	13.80	6.17	2451
谢列姆金斯克区的金矿发展,阿穆尔州	彼得罗巴甫洛夫斯克公司团体	36.50 (23.70)	5.60	26.60	4.80	3000
采矿选矿联合企业开采多湖金矿矿床,堪察加边疆区	西伯利亚采矿选矿同盟	12.20 (2.48)	1.2	3.20	4.30	600
第一梯队联合采矿企业,萨哈共和国(雅库特)	矿冶公司(欧洲组织)	12.20 (4.80)	1.62	6.40	2.50	600
总计		126.54 (52.04)	13.81	87.58	30.12	8301

与超前发展区场地的选择一样,优先投资项目的选择也引起了诸多问题。因此,2014年春夏,远东发展部预先从340多个项目中非正式地选择28个项目准备实施。选定项目吸引了总额超2万亿卢布的私人投资,并创造3.6万个工作岗位。然而,由于远东和外贝加尔地区投资项

目的选择标准确定于 2014 年 10 月，该部重新启动了递交申请和项目选择程序。

一些已选定项目的项目评级非常低（这些等级根据制定的标准来确定）。因此塔约日内选矿采矿联合企业第一轮评级为 0.1055，奥泽尔诺夫斯科耶金矿的矿石加工和采矿冶金联合企业评级为 0.2606。相比之下，建设伊娜尔金斯基选矿采矿联合企业的项目评级为 0.8415。截至 2015 年 2 月，被拒绝（或允许修改附注的）33 份申请表（共 39 份）的详细信息始终未公开，目前尚不清楚它们被拒绝的具体标准以及它们在哪些方面次于被批准的 6 份申请。

第三节　中期结果

远东发展部的新团队在工作的头两年里取得了重大进展。发展部权力明确，首批超前发展区和优先投资项目已经启动。最主要的是，在俄罗斯国内经济形势恶化、乌克兰危机、新的优先地区——克里米亚的出现、与一些亚洲伙伴的关系恶化以及部分精英的不信任的背景下，该部仍然坚定实施其战略路线，并为此预先获得了足够的行政资源。

与此同时，还有很多工作尚未完成。人力资本发展署及吸引投资和出口支持署仍有待建立。该地区发展的具体投资项目的选择和批准程序应更加透明。西伯利亚和远东加速发展的信息保障水平较低。尽管外国投资者掌握的信息不足常被认为是该地区发展国际合作的主要障碍之一，但该部至今没有英文网站，甚至没有提供超前发展区信息的唯一官方门户网站（即使是俄语）。

主要的问题是，远东发展政策从未真正具有系统性，却仍是一套有益但联系松散的措施。但这还不够，不可能通过几项立法就能在地区内开展经济活动并吸引到投资者，毕竟过去 25 年里该地区都没能做到。

仅仅宣布俄罗斯岛为超前发展区并等待那里的投资热潮是不够的；建设大学并期待人力资本的快速提升是不够的；宣布符拉迪沃斯托克为自由港并打算大幅提高其吞吐量是不够的。我们也不能指望十几个超前发展区会彻底改变俄罗斯东部的面貌，即使它们像最初设想的那样运作。必须采取其他更根本的措施，不是额外补贴措施（无论如何，资金越来越少），而是重新思考区域经济发展原则的措施。

现在有一个重要的转变，即从以国家大型项目为基础的模式，转为以私营企业的优先作用为前提的模式，但暂时仍以大型企业为先。但是，这仍然不够。在整个地区的十几个地点拥有有利的投资条件也是不够的。

西伯利亚和远东必须转变为经济自由的地区。需要取消对投资者进入任何项目（具有国防战略意义的项目除外）的正式和非正式的限制。需要严厉打击腐败，特别是在一些关键的和最容易犯罪的行业，如渔业和林业。必须取消关键领域的限制，尤其是与基础设施和矿产资源相关的领域。需要采取措施以吸引技术人员进入该地区，并鼓励人口从孤立的西北地区向南迁移。

国有集团企业办公室应转移到远东。2014年初，梅德韦杰夫公开地提出了这一提议，但目前为止尚未说服大公司将总部迁往其主要的经济活动地区。现在这个想法必须以立法的形式实施，至少在国有企业中是这样的。同时，需要逐步实行税收分权。西伯利亚和远东发展基金采用新的融资模式只是第一步，其他步骤也应该陆续跟进。

须在区域一体化平台上推进远东议程，更积极地参与亚洲金融发展机构（亚洲基础设施投资银行，"一带一路"倡议），以及完善东方经济论坛的工作，以将其逐步转变为亚太地区核心商务活动之一。

最后，结合欧亚经济联盟、哈萨克斯坦、中亚国家和中国的丝绸之路经济带的发展规划，我们需要一个新的发展方案，不仅要发展远东，还要发展整个西伯利亚。西伯利亚和远东协调发展问题应再次成为议程的核心议题。

第十章　西伯利亚和远东的运输新框架

伊戈尔·阿列克谢耶维奇·马卡洛夫，亚历山大·谢尔盖耶维奇·别斯季奇

　　如果不改善地区的运输基础设施，则无法实现西伯利亚和远东的快速发展。遥远的距离、高额的运输费税、低劣的质量，以及经常和完全缺乏的必要运输通道，给该地区各类经济活动的开展造成了严重阻碍。

　　不要指望西伯利亚和远东的运输问题能够迅速得到解决。没有任何运输设施建造后可以迅速增加货物运输量，因为一个狭小地带的货物量增多会自动增加另一狭小地带的负荷。必须实现该地区运输系统的全面现代化，但这是一项代价高昂的任务，在日益紧迫的预算限制下不太可能迅速完成。

　　在目前的情况下，国家需要集中精力优先建设西伯利亚和远东的运输框架，包括西伯利亚大铁路和贝加尔—阿穆尔铁路干线、北方海航道、西西伯利亚南部高速铁路、滨海边疆区港口、连接东北部孤立地区的航空交通网络、内陆水运系统。

　　然而，仅靠国家预算不足以实现该任务。需要广泛运用公私合营机

制，加强与其他国家的相互协作，吸引来自韩国、中国、日本和新加坡的外国合作伙伴。

必须改变国家运输体系管理方法。对私营企业的严格限制和高度垄断与西伯利亚和远东运输系统面临的挑战是不相容的。垄断问题在铁路行业尤其严重，尽管俄罗斯铁路股份有限公司具有受国家保护的垄断地位，但这不仅没有促进该地区的发展，反而由于高额的关税，成为了抑制经济活动的因素之一。

基础设施项目对商业没有吸引力的论调简直是无稽之谈。在区域间建立和维护小型航空运输网，内陆水路维护，甚至铁路建设，只要有一定的立法自由化，都可能具有商业利益。回顾过去的经验——西伯利亚和远东发展的主要成果与私营企业密切相关。国家的任务就是为此创造有利条件。

第一节　西伯利亚和远东运输基础设施状况概述

运输基础设施发展水平偏低被普遍认为是西伯利亚和远东加速发展的主要障碍之一。该区域远离主要经济活动中心，俄罗斯东部大城市间交通连续性差，缺乏出口运输干线及地区运输基础设施，与亚太地区国家物流网络的一体化水平低，给旨在吸引私人投资和向亚洲国家出口产品的新区域发展模式的实施带来了巨大困难。

西伯利亚联邦区铺设的公共道路和公共铁路的密度分别为 1.6 和 2.0 倍，而远东地区比俄罗斯平均水平低 6.5 倍和 3.6 倍（表 10-1）。一些联邦主体，如楚科奇自治区、堪察加边疆区和马加丹州，根本没有铁路。苏联时期的机场网相对广泛，现在大幅下降。西伯利亚和远东联邦有 114 个机场，这远少于阿拉斯加一地的机场数量。西伯利亚和远东的许多大城市之间没有直达航班。

表 10–1　与全俄指标相比，西伯利亚和远东联邦地区运输基础设施的一般特征

规格	俄罗斯	西伯利亚联邦区	远东联邦区
公用铁路密度 km/10000km^2	50	24	14
硬覆盖公共道路密度 km/1000km^2	54	33	8.2
硬覆盖道路比例%	72.3	72.1	64.2
完善覆盖道路比例%	63.1	47.2	33.8
机场数量	221（100%）	30（13.7%）	84（38%）
国际机场数量	71（100%）	21（29.6%）	10（14.1%）
内陆水路长度（1000km）	101.66（100%）	28.45（28%）	23.6（23.2%）

资料来源：来自俄罗斯统计局和国家航空登记册

　　问题不仅在于西伯利亚和远东运输网络的不发达，而且在于运输服务的高成本。俄罗斯的铁路运费是世界上最高的运输费之一，仍低于美国的运输费，但两国运输费间的差额正逐渐减小。鉴于俄罗斯货物运输的距离较长，使用铁路运输的俄罗斯生产商所负担的运输成本已经远高于美国的生产商。

　　俄罗斯的航空运输成本也非常高。从克拉斯诺亚尔斯克或伊尔库茨克飞往符拉迪沃斯托克的航班比从莫斯科到类似距离的欧盟国家的航班贵几倍。如果城市之间没有直飞航班，就必须飞经莫斯科中转，这进一步增加了票价。对于普通美国人来说，国内航班的平均票价为月收入的5%，而对于普通俄罗斯人来说，票价超过了月收入。

　　高额关税和需要克服的遥远距离，导致乌拉尔地区以外生产的产品运输费用的比例极高：煤炭和水泥中含运输费30%，瓦砾中含60%，谷物中高达80%。例如，由于运输费用高，伊尔库茨克州的铝、纸浆和化工企业的利润比其潜在价值低几倍。

　　联邦目标计划《2025年以前远东和贝加尔地区经济社会发展战略》的任务之一是"通过建设和重建具有区域重要性的公路，以发展远东和贝加尔地区的交通便利性和提高生活质量；通过大幅提高铁路的吞吐量

和加强海港的发展，以确保远东地区生产的货物和过境货物出口的及时性和可靠性；通过重建区域和地方机场，为提高人口流动奠定基础。"

严重的预算限制使得雄心勃勃的联邦目标计划难以实施。然而，该地区运输基础设施的问题无论如何都要解决，因为没有这些，西伯利亚和远东的快速发展不可能实现。与此同时，不能限制现有运输干线的现代化，事实上，必须建立一个新的运输框架，其目的是确保：

· 将内陆地区与海洋联系起来，也许能破除西伯利亚的主要诅咒——这是世界上最富饶的大陆；

· 西伯利亚和远东地区相互作用；

· 保护超前发展区；

· 将该地区融入整个俄罗斯经济，为货物、劳动力、游客等区域间流动提供可能性；

· 将该地区融入亚太地区，使其成为覆盖该地区物流网络中的完整环节；

· 利用俄罗斯领土的过境潜力，从亚洲和欧洲的地理位置中获益。

完成这些任务需要运输系统协调的、综合的发展。如果不考虑来自库兹巴斯的煤炭和阿尔泰的谷物等潜在流动，发展远东的运输基础设施（如重建西伯利亚大铁路的"东部试验场"或滨海边疆区港口的现代化）是不合理的。如果不对西伯利亚大铁路沿线的预计货物流量进行分析，就不能做出发展北方海航道的决定。该地区的所有主要运输干线——西伯利亚大铁路、贝阿大铁路、北方海航道都具有跨区域性。

俄罗斯交通部应在发展西伯利亚和远东运输系统方面发挥协调作用。然而，交通部还没有足够的政治权力，例如其行政资源低于俄罗斯铁路股份有限公司，也远远没有远东发展部（解散前）那样了解当地的实际经济状况。交通部为筹备2030年前俄罗斯联邦运输体系发展战略进行了一定的协调工作，但这是在一个完全不同的经济和政治环境中进行的（在2008年——宣布俄罗斯东部地区的发展为国家优先事项之前)。毫无疑问，这一战略将被多次调整。

第二节　俄罗斯及其东部地区运输系统发展的特点

俄罗斯运输系统发展的特点在很大程度上取决于俄罗斯的领土特征和历史发展。

第一，俄罗斯是世界上面积最大的国家，但只有三分之一的领土有经济效益，也就是处于极端自然环境之外的领土。在俄罗斯东部地区，有经济效益的领土比例甚至更低。

第二，广阔的地域和自然条件的不均匀性决定了俄罗斯领土传统的开发类型。即使在俄罗斯的欧洲部分，连片居住区也相对较少，一个居民区不断被另一个居民区取代，没有任何间隔。在俄罗斯亚洲地区，居民区之间的距离往往以数百公里甚至数千公里来衡量。从理论上讲，这意味着与其他国家相比，俄罗斯更需要航空运输和水路运输（它们只提供点对点服务—港口和机场），而不是铁路和汽车运输（它们需要全程服务）。

第三，在过去的 80 年中（在某些情况下甚至更早），俄罗斯领土上的定居情况并不是以一种完全自然的方式进行的。苏联在全国范围内集中分配劳动力的做法，以及大规模的镇压性搬迁，导致了在没有经济可行性的地区开展经济活动的情况。苏联解体后，工业地理不平衡状况因低效企业的关闭而得到缓解。然而，定居的地理环境却不那么灵活。至今，许多俄罗斯公民生活在气候和社会条件不利于开展经济活动的地区。在这些地区发展运输基础设施，更多的是为了实现社会功能而不是经济功能。此外，它还增加了向外的移民流动，这种流动有时经济上是可行的，也自动降低未来对运输基础设施的需求。

第四，俄罗斯总是集中发展，这对运输系统的发展产生了影响。与其他大多数大国特有的主要运输路线的网状结构不同，俄罗斯保留着古老的星型道路结构，将大城市与莫斯科相连。如果将区域中心的现代化道路彼此相连，而不仅仅是和莫斯科，那么将会逐步实现航空网络与莫斯科"捆绑"。

西伯利亚和远东的特点也对这些地区运输系统的性质产生了重大影响。

首先，俄罗斯东部拥有丰富的自然资源：石油、煤炭、天然气、铁、有色金属和稀土金属。自苏联时代以来，运输基础设施的许多要素都是为开发特定矿床而直接建造的。这一传统至今仍在延续，例如，建设克孜勒—库拉吉诺铁路主要是为了开发图瓦共和国的埃利格斯特矿场。目前，该地区的资源开发正进一步向东北部转移，转移到综合运输系统未覆盖的地区，这给国家和公司发展运输基础设施带来了新的挑战。

其次，该地区从以前的历史时代继承了关键的运输干线的结构，其中最重要的是西伯利亚大铁路和贝加尔—阿穆尔铁路干线。这两条干线在很大程度上决定了定居结构——西伯利亚和远东的大部分人口集中在这两条铁路沿线上。

然后，靠近亚洲市场和与之建立的协作渠道发挥着重要的作用。滨海边疆区和萨哈林州传统上更倾向于与日本发展经济合作，哈巴罗夫斯克边疆区、外贝加尔边疆区、阿穆尔州和贝加尔湖沿岸地区则更倾向于与中国发展经济合作。然而，这种合作的运输部分仍然相当薄弱，需要快速发展。这不仅涉及俄罗斯与日本和中国的关系，还涉及与朝鲜、韩国和蒙古的关系。俄罗斯必须尽可能充分地参与亚太地区互联互通的建设进程，这是在区域谈判平台上被反复宣布为整个地区发展最重要的任务之一。在考虑西伯利亚和远东运输系统的发展前景时，必须考虑到这些地区的多样性。在不放弃综合方法的情况下，首先将该地区近似地分解为若干个组成成分，并以第一性质和第二性质的因素加以区分，这是有利的。这些术语起源于"新经济地理理论"的创始人克鲁格曼的著作。他认为"第一性质"因素是领土的经济地理位置和该地的自然资源。"第二性质"因素是临近大城市、基础设施供应、人力资本的数量和质量、制度因素。

利用克鲁格曼提出的因素类型，在西伯利亚和远东的宏观区域内，可以区分出四个运输带：

1. 秋明—鄂木斯克—新西伯利亚—克拉斯诺亚尔斯克—伊尔库茨克带，其特点是人口规模和密度相对较高，人力资本质量较高，拥有大型工业发达城市。

2. 伊尔库茨克—赤塔—哈巴罗夫斯克—符拉迪沃斯托克带，其特点是人口规模和密度较低，人力资本质量较低，工业潜力较差，地理位置有利于进入外国市场。

3. 涵盖了组成秋明州的各自治地区带，其特点是人口密度低，但经济开发程度显著，自然资源丰富，开发这些资源需要有发达的运输基础设施。

4. 西伯利亚北部和远东联邦地区的孤立地区带，其特点是气候条件恶劣、人口规模和密度低，缺乏大型居民区，与世界和俄罗斯经济的一体化程度较低。同时，正是这个运输带为未来的资源开发带来了最大的希望。

第三节 第一运输带：秋明—鄂木斯克—新西伯利亚—克拉斯诺亚尔斯克—伊尔库茨克

大约有1500万人口生活在这一运输带地区，约占西伯利亚和远东联邦区总人口的60%。这里坐落着三个人口超过100万的城市——鄂木斯克、新西伯利亚和克拉斯诺亚尔斯克，以及大型人口聚集区——新库兹涅茨克和伊尔库茨克。这里的人口密度是整个西伯利亚和远东地区里最高的（在克麦罗沃州达到 30 人/平方公里）。

该地区地形的不均衡性是影响运输基础设施发展的一个重要因素：秋明、鄂木斯克、新西伯利亚、托木斯克和阿尔泰边疆区部分地区位于平原上，其余地区坐落在包括地震危险区在内的山区里。

该地区的铁路货运量在俄罗斯处于领先地位。西西伯利亚铁路的这一指数特别高，占全国铁路装载量的 22%。库兹巴斯煤炭的运输量在运输结构中占主导地位（约 75%）。库兹巴斯煤炭的开采量每年都在增加。2014 年以 2.08 亿吨的开采量创造了纪录，预计到 2025 年开采量将增加至每年 2.6 亿吨。几乎所有的煤炭都由铁路运输，超过一半的煤炭用于出口，主要出口到亚太地区。为了应对如此巨大的运输量，必须对东部和西部的铁路网进行现代化改造（特别是在鄂木斯克和新西伯利亚之间的西伯利亚大铁路路段）。如果不对西伯利亚铁路进行相应的现代化改造，到 2030 年将俄罗斯太平洋港口的吞吐量翻一番的计划是毫无意义的。

关键点是克拉斯诺亚斯克铁路的南线，即梅日杜列琴斯克—阿巴坎—泰舍特路段，仍然是单轨铁路（泰舍—阿巴坎线是为了将矿石运往西部—从伊尔库茨克到新库兹涅茨克—而不是为了将煤炭运往东部）。经过几次现代化改造，这条线路的吞吐量增加了，但仍然每天只有 25 趟往返列车。联邦目标计划《俄罗斯运输系统发展（2010—2020 年）》计划对本路段进行现代化改造，这使得到 2020 年货物运输量较 2009 年增加了 1.7 倍（高达 8670 万吨）。

2017—2019 年北西伯利亚铁路项目的实施也将保证西伯利亚铁路的卸货量（下瓦尔托夫斯克—列索西比尔斯克—乌斯季—伊利姆斯克）。同时，一些旨在减轻主干线负荷的项目被排除在联邦目标计划之外，例如鄂木斯克铁路枢纽。

然而，与此相反，一些正在实施的项目增加了西伯利亚大铁路的负荷，特别是正在建设的克孜勒—库拉吉诺铁路，这条长达412公里的路线将用于开发埃涅盖斯特斯基煤田以及图瓦共和国的一些铁、铜和金矿。该路线的建造成本为1950亿卢布，根据最初的项目，该路线的吞吐量是1500万吨，但有计划将吞吐量增加到5000万—6000万吨。未来，该铁路将把俄罗斯与中国西部、印度和巴基斯坦连接起来。

客运基础设施的严重缺乏是快速发展这个充满希望的地区的最大阻碍之一。用高速铁路网将西西伯利亚最大的城市连接起来的想法早已实现。俄罗斯铁路股份有限公司目前提出的发展高速铁路的方案竟然在车里雅宾斯克中断了。不知什么原因，人们认为用高速铁路连接萨兰斯克和乌里扬诺夫斯克比托木斯克、克麦罗沃或巴尔纳乌尔与新西伯利亚连接更重要。同时，西西伯利亚南部高速铁路网（有可能通往克拉斯诺亚尔斯克）的建设，将对该地区的发展及对其人力和生产资本的利用产生强大的推动力。这可能会在中国投资的帮助下逐步完成。

该地区的航空运输发展非常缓慢。这里只有两个机场，且每年客流量超过200万人次："托尔马乔沃机场"（新西伯利亚，2014年400万人次）和"叶梅利亚诺沃机场"（克拉斯诺亚尔斯克，2014年200万人次）。这些机场的总客流量几乎是莫斯科最小的机场——伏努科沃机场的一半。两个地区首府机场（新西伯利亚机场为先）的发展应以区域中心城市机场和其他一些大城市（新库兹涅茨克）的机场现代化来弥补。西西伯利亚联邦各主体中心的机场具有国际地位，但目前许多机场只在旅游季节提供包机服务。

第四节　第二运输带：伊尔库茨克—赤塔—哈巴罗夫斯克—符拉迪沃斯托克

第二运输带覆盖了远东和贝加尔地区，西伯利亚大铁路和贝加尔—

阿穆尔铁路干线穿过这两个地区。与第一运输带一样，第二运输带位于主要居民区，并纳入国家综合运输网。将该地区划分为一个单独地带主要是由于其具有以下特征：

·农村人口密度低。只有在符拉迪沃斯托克—纳霍德卡地区，人口密度指数才超过10人/平方公里。因此，稀疏的人口居住区相应地需要一个不那么密集的运输网络。人口的高死亡率（自然和非自然的）减少了对当地道路的需求；

·更加复杂的气候条件和更不利的地形条件。该区域的相当一部分地区位于永久冻土区或山区。伊尔库茨克、布里亚特和外贝加尔边疆区的东部是地震活动频繁的地区。此外，季节性和气候性灾害对运输设施的运行影响极大。这些因素阻碍了运输基础设施的建设、维修和现代化改造；

·出海口。港口现代化在增加对亚太地区出口的计划中起着关键作用。然而，为了确保港口的承载力，需要提高该运输带两条主要铁路干线的吞吐量；

·该地区雄心勃勃的发展计划，实现远东发展的新模式需要对该地区的运输网络进行现代化改造；

·与中国、蒙古、朝鲜的陆地边界很长，和日本的海岸边界线也很长。发展边境基础设施是俄罗斯和亚洲国家加强贸易关系不可或缺的条件。

该地区的主要基础设施问题是西伯利亚大铁路和贝加尔—阿穆尔大铁路的负荷量。在所谓的"东部试验场"上，有大约2800公里狭长的地带。单独地扩展每个狭长地带产生的效果微乎其微，因为下一个狭长地带还是不能大大缩短卸货时间。在一些地区，由于地形复杂，只能在白天借助几辆内燃机车进行运输。由于这样的狭长地带，货车的停机时间普遍延长，这加剧了货车车队的短缺，并导致了运输的关税增高。

远东的加速发展需要增加向东的货流。在最近5—10年内，根据各种国家规划，计划大幅增长煤炭出口量（库兹巴斯、南雅库茨克煤田、埃利吉煤矿区），到2030年港口容量翻一番，粮食出口增加，建设俄罗斯天然气工业股份公司液化天然气接收站，成立东方石油化工联合企业"俄罗斯石油公司"，以及一系列其他需要设备和建筑材料供应的大型项目。

为了使铁路基础设施与增加货运量的计划相适应，至少需要在高度差大和货运强度高的地段对贝阿铁路实行电气化、翻新机动车车辆以及实施灵活的关税政策。将来，也可以沿着贝阿铁路的全线修建第二条轨道。

随着时间的推移，需要增建西伯利亚大铁路的轨道，用于集装箱列车和客运列车的快速运行。也可能采取更多关键措施，例如建造西伯利亚高架铁路（空中），以补充现有的地面铁路。这条高架铁路将大大提高运输速度（高达150公里/小时），可用于客运和集装箱运输，也可用于地面卸载，地面铁路将继续运输散装货物，但速度要快得多。根据一些评估，尽管建设西伯利亚高架铁路的成本很高，但从长远来看，可能比全面现代化改造现有轨道更有利可图。

到2018年，预计将花费5620亿卢布改造西伯利亚大铁路和贝加尔—阿穆尔铁路干线，其中3000亿卢布来自俄罗斯铁路股份公司的投资计划，1100亿卢布来自直接预算投资，另外1500亿卢布将从国家福利基金中拨出。2014年9月，国家宣布将西伯利亚大铁路和贝加尔—阿穆尔铁路干线的现代化资金从联邦目标计划《远东和贝加尔地区经济社会发展》转移到联邦目标计划《运输系统发展》。中国实施"一带一路"项目可以吸引中国资本对西伯利亚大铁路某些路段进行现代化改造。

另一个与该地区铁路运输发展有关的迫切的问题是萨哈林岛。解决这个问题的难点在于其脱离国家的主要铁路网和存在1067毫米的特殊轨距（开普轨距）。自2003年以来，俄罗斯铁路股份公司一直在将萨哈林铁路改为标准的1520毫米轨道。目前，全长804千米的萨哈林铁路已改造了 500 千米，改造工作预计将于 2019—2020 年全部完成。

在苏联时期，就提出了通过桥梁或隧道将萨哈林将大陆连接的想法。这些计划在苏联政权时期都没有实现，2000 年重拾了这些计划，特别是提出要在阿穆尔共青城到萨哈林岛的内什站之间修建一条支线。该项目的支持者们认为，渡船货运和航空交通无法应付现有的货物和乘客运输。最初的想法是，可以吸引日本参与该项目的实施，因为从长远来看，与欧洲建立陆路联系对日本来说可能是有利的。然而，到目前为止，这种潜在兴趣还没有被日方的具体行动所证实。

目前，这座桥的建设被推迟。其成本预估约为 4000 亿卢布，在目前的经济形势下，无法筹集如此庞大的资金。该项目被排除在联邦目标计划《发展运输系统》之外。

乌拉克—埃尔加铁路的建设同样在紧锣密鼓地进行着，该铁路的建设与俄罗斯最大的焦煤矿床——雅库特南部的埃利吉矿床的开发有关，该矿床储量为 22 亿吨。这条路线建设的主要工作完成于 2014 年，建设成本为 12.5 亿美元。在接下来的几年中，计划将该路线的吞吐量增加到 1300 万吨，未来将增加到 2500 万—3000 万吨（据矿床计划开采量而定）。

另一条重要的子午铁路线是从西伯利亚大铁路和贝加尔—阿穆尔大铁路干线到雅库特的铁路线（阿穆尔—雅库特干线）。目前，这条线路已修到了下韦斯提亚克村。2014 年计划在勒拿河修建一座组合桥，以将铁路干线与雅库茨克联通，但该项计划被推迟了，因为拨给该项目的资金被分配给了刻赤海峡大桥的修建上。然而，早在 2015 年夏天，就有报道称得益于中国投资者的参与，该项目可能被"解冻"。目前，该线路是作为一条单轨的非电气化线路来建设的，但有计划在未来对其进行扩建，其吞吐量大致为每年 500 万吨。下维斯提亚将被视为未来通往马加丹的铁路的参锚点，然而，其必要性是非常值得怀疑的。

为了保障东西伯利亚和远东地区可持续的区域内和区域间的联系，

需要对公路网进行现代化改造。该地区的大部分人口集中在西伯利亚大铁路和贝加尔—阿穆尔铁路干线沿线的狭长地带，因此不需要密集的硬面公路网络。然而，由于伊尔库茨克—赤塔—哈巴罗夫斯克路段的路基和道路基础设施的现有质量无法满足居民和生产的需求，因此迫切需要发展主要运输路线。

通往瓦尼诺港的阿穆尔（赤塔—哈巴罗夫斯克）公路已于2011年完工，但现在公路基础设施和路面质量的状况仍令人失望。为了保障地区之间稳定的货物运输和联系，需要对公路进行现代化改造。建议在适当的时候，也逐渐对伊尔库茨克—赤塔路段进行现代化改造。

乌苏里路（哈巴罗夫斯克—符拉迪沃斯托克）是该地区交通轴线的重要组成部分。这一地段恰恰是整个远东地区经济开发水平最高的区域。除主要干线外，重要的是发展地方公路网络，将主要城市和滨海边疆区及哈巴罗夫斯克南部居民相互连接，并与哈巴罗夫斯克和符拉迪沃斯托克相连。特别是，计划建设"东方"高速公路（哈巴罗夫斯克—纳霍德卡）。

根据2030年前俄罗斯联邦运输系统发展战略，该地区航空基础设施的发展将以枢纽原则为基础。伊尔库茨克、哈巴罗夫斯克和符拉迪沃斯托克等大城市的机场将作为国际航空枢纽发展。联邦各主体中心的机场将成为国内航空枢纽。国内枢纽发展的最佳方案是服务区域内航班（特别连接北部孤立居民区的）、区域间航班（如有需求）和飞往俄罗斯国内主要航空枢纽的航班：莫斯科、圣彼得堡、新西伯利亚、哈巴罗夫斯克。

第二运输带最重要的区别特征是它通向太平洋。它通过远东港口，与亚太地区国家以及沿海和北部地区建立对外贸易联系。2014年，太平洋地区港口的货运量为1.625亿吨（占俄罗斯港口总货运量的24%），其中包括沿海货物1500万吨（占俄罗斯所有沿海货物的一半）。2014年约60%的货物是干货（主要是煤）。

太平洋地区的港口可以分为三组。第一组是通过管道或铁路与俄罗斯其他运输系统相连的港口。其中包括俄罗斯东部最大的港口——东方港（2014年货运量为5780万吨，包括科兹米诺油港），瓦尼诺港（货运量为2620万吨，2/3的货物是煤炭，约15%是石油和石油产品），纳霍德卡港（货运量为2070万吨，超过40%的货物为石油和石油产品，25%为煤炭，25%为金属），符拉迪沃斯托克港（货运量为1530万吨）。

第二组包括萨哈林的石油港口：近郊港口（货运量为1640万吨，其中1000万吨为液化天然气，剩下的是石油和石油产品），以及德卡斯特里湾港口（货运量740万吨）。其余所有没有通过陆路与国家综合运输系统相连的港口均属于第三组。

经济的"转向东方"意味着与亚太国家贸易额的增加。为了实现这一目标，俄罗斯的海港基础设施发展战略计划将远东港口的吞吐量从2014年的1.625亿吨增加到2030年的3.34亿吨。应该通过提高符拉迪沃斯托克自由港和滨海边疆区其他港口的地位来促进这项计划的实施。但是，仅此一项是不够的。其他运输方式（主要是铁路和管道）的吞吐量不足，以及太平洋船队的老化，是港口承载力翻番的严重阻碍。只有6.5%的船的船龄在10年以下，渔船的磨损程度超过70%。在未来10年里，需要全面重建船队。

内陆水运主要应用于阿穆尔河和勒拿河流域。伊尔库茨克州的奥谢特罗沃港口是该地区最大的内河港口。此港口通过铁路与俄罗斯的主要运输系统相连，因此是组建通往俄罗斯东北部居民点的北线运输的关键点。

限制该地区水路运输发展的主要因素是其活动的季节性。5月至9月是东西伯利亚和远东地区的河流的通航期。因此，在炎热和多雪年份中河流变浅，这降低了其通航能力。其他限制因素包括水利工程结构的不良状况，以及对水路的维护不足。内河船队在物理、技术和精神上的落后，不仅限制了内河航道的使用潜力，而且增加了事故的风险。

跨境运输项目在远东运输系统的发展中可能发挥着巨大的作用，特别是与中国、韩国合作实施的运输项目。俄罗斯与中国一起在滨海边疆区建立了运输走廊。在远东其他地区，俄罗斯和中国的运输网之间正建立联系。在与韩国的合作伙伴中，跨韩铁路的建设被视为中期目标。该铁路建设的第一步是2013年开始的哈桑—拉兹路段。

目前正在讨论利用西伯利亚大铁路的过境潜力，将中国（可能还有韩国）的货物运往欧洲的可能性。为了实现这些目标，常有人建议将西伯利亚大铁路与中东铁路对接，将西伯利亚大铁路打造成"一带一路"等项目的关键组成部分。然而，当前形式的西伯利亚大铁路的过境潜力相对较低。此外，即使现代化改造使西伯利亚大铁路的过境运输具有竞争力，其扩展也意味着它不能完全用于俄罗斯货物的出口，而这一任务要重要得多。俄罗斯和中国运输基础设施的连接也应优先用于支持出口，而不是过境运输。库兹巴斯和雅库茨克的部分煤炭和阿尔泰的谷物可以通过建设相应的基础设施直接运往中国，而不是通过远东港口。2013年梅切尔矿山冶金公司已经开始通过新的马哈利诺—珲春铁路向中国运送雅库特煤炭。这种直接运输的可行性将减轻西伯利亚大铁路负荷。

第五节　第三运输带：西西伯利亚北部

第三个运输带包括汉蒂—曼西自治区和亚马尔—涅涅茨自治区，与西伯利亚南部地区相比，其人口密度相对较低。尽管如此，这两个地区的经济开发水平相当高，因为这里集中了俄罗斯大部分石油天然气资源。此外，西西伯利亚北方地区部分融入了俄罗斯的运输系统，而不像东北地区那样大部分是孤立地区。与此同时，与外部市场的联系仅限于通过管道出口石油天然气资源，该地区没有其他向国外出口产品的可能性。为了确保该地区石油天然气以外的行业全面融入俄罗斯和世界经济，需要修建连接内地和中心铁路线的子午铁路线——西伯利亚大铁路和北方海航道。同时，北方海航道本身必须得到发展，它能够成为该地区对通往外部世界的窗口。

北方海航道对亚马尔资源财富的开发具有特殊意义。2012年年中，将萨贝塔港作为亚马尔独联体项目的一部分，主要工作计划于2017年完成。2013年该港口已经卸载了超过50万吨的建筑货物，2014年约150万吨。港口主体建设已经开始。此外，机场的建设已经完成，机场认证已经开始。

萨贝塔港的最初规划是小范围的专业化。然而，自其建设以来，人们一直在讨论建造一个多功能港口的可能性，它也可以运输木制组合体货物、矿物质肥料、煤炭和其他原材料。换句话说，建议将该港转变为北方海航道的主要支撑点，这只有在铁路通向港口的情况下才能实现。

2016年，计划将鄂毕湾—博瓦捏科沃—喀拉湾铁路延伸到哈拉萨韦河站，并将修建从博瓦捏科沃站到萨贝塔港的铁路支线，尽管修建这些道路的经济可行性仍然是个问题。因此，一些专家认为，要使萨贝塔港成为一个多功能港口就需要将其重建，这本身是一个漫长而昂贵的过程。

西西伯利亚北部运输系统的发展可以用波卢诺奇诺耶—鄂毕湾—萨列哈尔德铁路的建设来补充。然而，由于在评估北乌拉尔地区的可利用矿产储量方面存在困难，该项目被联邦目标计划《俄罗斯运输系统发展（2010—2020年）》排除在外。同时，萨列哈尔德地区的萨列哈尔德—纳德姆公路项目和跨鄂毕河铁路大桥的建设仍计划于2015年至2019年进行，这将使汉特—曼西自治区和亚马尔—涅涅茨自治区的主要城市相互连接。目前计划修建一条单轨和无电气化道路。

为了确保该地区通过西伯利亚大铁路与国内其他地区和外部市场的连接，将开发托博尔斯克—苏尔古特路段。该项目的目标是到2016年前将该路段的货物吞吐量增加到4000吨，以提高汉特—曼西自治区和亚马尔—涅涅茨自治区的碳氢化合物原料的出口量。此外，还提出建设北西伯利亚铁路干线（下瓦尔托夫斯克—列索西比尔斯克—乌斯季—伊尔姆斯克），以减轻西伯利亚大铁路载荷。这条干线连接秋明州北部和东西伯利亚，大大节省地区间货物运输的时间和成本，并增加西西伯利亚北部地区通过铁路向亚洲国家的产品供应。

北纬铁路—鄂毕湾（拉贝特南吉定镇，亚马尔—涅涅茨自治区）—萨列哈尔德纳迪姆—潘戈德河—新乌连戈伊—科罗恰沃（新乌连戈伊）铁路的建设，可能会对西伯利亚北部综合运输基础设施的发展具有特别的意义，这条干线将缩短从西西伯利亚到波罗的海港口的货物运输时间。此外，与新乌连戈伊的连接将使人们能够进入塔兹半岛的雅姆布尔和苏尔古特。该项目成本估计为1900亿卢布，计划通过公私合营伙伴关系进行融资。

第六节　第四运输带：
俄罗斯东北部孤立地区

第四运输带包括克拉斯诺亚尔斯克边疆区和哈巴罗夫斯克边疆区的北部、雅库特大部分地区、马加丹州、堪察加边疆区和楚科奇自治区。所有这些地区的人口数量和密度都非常低，居民区稀少，人口流失率高（主要是移民流出）。整个运输带地区的特点是气候条件极其恶劣，位于永久冻土带，且大部分位于山区和高地。该地区的运输活动受季节性和气候性灾害的影响很大。

雅库特的中部和东部地区以及马加丹州的大部分地区从该运输带的所有地区中脱颖而出（除东北地区外）。多亏阿穆尔—雅库特干线、"勒拿"公路（涅韦尔—雅库茨克）和"科雷马"公路（雅库茨克—马加丹），这些地区与俄罗斯的运输系统隔绝程度较低。

"勒拿"公路起源于斯科沃罗季诺，将雅库茨克和马加丹州与西伯利亚大铁路连接起来。然而，这条线路的质量还有待提高。在1157公里的道路上，只有348公里的路面得到了改善。另一个问题是在雅库茨克地区该线路没有穿过勒拿河。政府放弃了原先建造隧道的计划，转而建造一座组合桥，目前该桥的建设工程被冻结。

"科雷马"公路被用来开发俄罗斯东北部的矿产资源，以及向马加丹州和雅库茨克东部的居民区运送物资，在冬季运往楚克奇。通过科雷马公路运输的货物中有很大一部分是石油产品，用于向居民和经济实体提供汽车和其他类型燃料。

另一条公路——"维柳伊"目前也正在修建当中。其路线是：图伦—布拉茨克—乌斯季—库特—上马尔科沃—米尔内—雅库茨克。目前，只有图伦—上马尔科沃和米尔内—雅库茨克路段能够正常通行。预计到2015年，将完成米尔内—雅库茨克路段的建设。然而，到目前为止，这条路的建设仍没有完工。现有路段也需要进行现代化改造，首先是米尔内—雅库茨克地区，因为现在只有在良好的环境条件下，而且主要在冬天才可以通车。

俄罗斯东北部的主要前景与一系列大型矿产投资项目的实施密切相关，特别是黄金、贵金属和稀土金属。一些专家正是将扩大地区运输网的必要性与这些项目联系在一起。建设雅库茨克—马加丹铁路的提议看起来很不一样，因为规模最大的道路服务项目——纳塔尔卡金矿的开发，预计将持续到2054年，这条路建成后的作用并不明确。

对于第四运输带的其余地区来说，由于居民区稀少，没有必要建立发达的陆路运输基础设施。在大型居民区，如诺里尔斯克、阿纳德尔、季克西及堪察加地区彼得罗巴甫洛夫斯克，应发展区域间和区域内的航空交通。西伯利亚和远东无法被密集的铁路网所覆盖，而且远距离的客运量相对较低，发展航空业是唯一的选择。

应该提高水路运输在该地区的作用。北西伯利亚铁路干线的建设可以通过在其与主要水路（勒拿河、叶尼塞河、安加拉河和奥布河）的交汇处建设多式联运枢纽来补充。在北方，河流运输系统必须与北方海航道相连。为此需要对港口进行现代化改造，更多地使用驳船和海上拖船，并加深该地区最大河流的河口航线。这对叶尼塞河来说尤为重要，克拉斯诺亚尔斯克边疆区生产的产品可以通过叶尼塞河进入国际市场。

第七节　运输基础设施发展机制

解决西伯利亚和远东运输问题的宏伟目标不能仅靠国家预算来实现。仅实施本章研究的项目所需的费用就高达数万亿卢布。同时，逐一对运输设施进行现代化改造会产生反效果。任何独立实施的项目都不可能使货运量或客流量显著增加，货运量和客流量不增加这一项目就无法获得回报。为2012年亚太经合组织峰会修建的通往符拉迪沃斯托克机场的机场快线铁路就是一个具有说服力的例子。目前，这条线路的运营是赔本的，只有乘客数量大幅度增加，这条线路才能收回成本。然而，要想提高客流量，就必须把符拉迪沃斯托克变成一个主要枢纽，而这需要实施相关运输项目，如滨海运输走廊、港口现代化、西伯利亚大铁路现代化。这条线路的无利可图是否意味着它不值得建造？这反而证明了将这些项目作为一个整体来实施的必要性，而不是一个一个的实施，只有在这种情况下这些项目才能奏效。

国家的主要任务是在其领土上建立一个运输框架，其中包括西伯利亚大铁路、贝加尔—阿穆尔铁路干线、西西伯利亚南部高速铁路、太平洋沿岸港口、航空运输网络、北方海航道和子午线河流航道。为了完成这一任务，需要积极利用公私合营伙伴关系作为有效的例子，特别是在政府支持下私营企业实施的港口现代化项目。

对于上述的和其他的运输设施，需要创造吸引私人资本的条件。目前，人们普遍认为，运输基础设施不能由私营企业来发展。只有在国家严格限制条件下发展才公平，而目前只在俄罗斯的运输部门有这样的限制。

需对铁路行业进行改革。目前，俄罗斯铁路股份有限公司的关税政策不仅是遏制西伯利亚经济活力的因素，也是一种从当地企业和人口到莫斯科的租金再分配形式。应该重新考虑俄罗斯铁路公司的地位：(1) 该公司仍然是垄断企业，但随后应以支持高附加值的生产为目标进行经济活动，而不是最大限度地增加利润，即实质上成为一个发展公司；或者 (2) 公司作为一家准商业公司运作，但要在与私人公司自由竞争的情况下。目前，出现了一个荒谬的情况，即俄罗斯东部的矿产开发商在没有俄罗斯铁路股份有限公司的参与下无法修建他们需要的铁路线，即使他们能够以较低的成本建造。

航空运输部门也需要自由化。国家还没有表现出发展这一领域的意愿，但也不允许私营企业进入这一行业。然而，建造小型机场及维护区域内和区域间的航线可能具有商业吸引力，但这需要国家解除对私营（包括外国）企业的监管壁垒，将国家对市场机制的干预限制在安全控制方面。

许多物流项目可以且应当吸引外国合作伙伴参与。从这个角度来看，最有希望的是滨海边疆区的物流项目、北方海航道、西伯利亚大铁路与中国铁路网的连接项目以及其与丝绸之路经济带的连接项目。近年来，亚太地区对基础设施发展的兴趣大大增加，现在正是俄罗斯开始利用这一优势发展自己运输系统的最佳时机。

第四部分
国际合作中的西伯利亚和远东

第十一章 俄罗斯与亚太地区国家在能源领域的合作

伊戈尔·阿列克谢耶维奇·马卡洛夫

能源是西伯利亚和远东地区发展的关键领域,也是俄罗斯融入亚太地区的关键领域。俄罗斯能源公司在亚洲市场面临着两个相反的趋势。一方面,由于人口和收入的增长,以及中国逐渐由使用煤炭过渡到使用天然气,亚洲地区对碳氢化合物的需求快速增长。另一方面,全球石油和天然气市场供过于求,有许多供应商以供亚洲国家选择。同时,每个亚洲国家都在追求能源供应的多样化,因此俄罗斯在亚太国家能源市场中的作用必然会越来越大。

本章概述了俄罗斯与亚太地区国家能源合作的主要方向。俄罗斯和中国签订的几项主要能源供应合同将很快使得该地区能源贸易流的彻底重新分配。俄罗斯和中国以长期战略合作为导向,正朝着建立一个成熟的能源联盟的方向迈进。这对日本和韩国来说不是个好兆头,由于在乌克兰政治危机的背景下日韩两国与俄罗斯关系恶化,从而错过了加强与俄罗斯能源合作的机会,现在他们只能眼睁睁地看着中国在俄罗斯能源领域的地位不断提高。

但就俄罗斯本身而言，增加对中国的燃料供应并不会有助于实现其长期目标——经济多元化及使西伯利亚和远东成为国家经济发展的引擎。为此必须提高能源公司的效率，并逐步在该区域内发展能源密集型产业，而不是出售能源原料。想要实现这一点需要对能源部门进行改革，以加强竞争并向外国资本开放，而不仅仅是对中国开放。

第一节 亚洲国家的能源需求

亚太地区国家的人口和经济增长导致其对能源的需求大幅增加。据英国石油公司估计，到 2035 年亚太国家对能源的需求与如今相比将增长近 60%。

国际能源署预计，从 2012 年到 2035 年，中国的能源需求将增长 42.4%，印度将增长 97.8%，东南亚将增长 67.6%。在所有东亚和南亚国家中，只有日本的能源需求将在未来几十年内逐步下降（表 11-1）。

表 11-1 亚太地区主要国家的能源需求增长预估，石油百万吨

预测来源/国家或地区	现有数值	预测数值	增长量%
国际能源机构	2012 年	2035 年	2035/2012
中国	2909	4145	42.4
印度	788	1559	97.8
日本	452	429	-5
东南亚	577	967	67.6
全苏广播电台	2013 年	2035 年	2035/2012
亚太地区，其中包括	5151	8243	60
中国	2852	4562	60
印度	595	1355	127.2
埃克森美孚国际公司	2010 年	2040 年	2040/2010
亚太地区，其中包括	5094	8170	60.3

(续表)

预测来源/国家或地区	现有数值	预测数值	增长量%
中国	2446	3883	58.7
印度	731	1664	127.6
俄罗斯科学院/自动车间	2010 年	2035 年	2035/2010
中国	2676	4751	77.5
印度	727	1497	106
日本	509	384	−24.5

石油当量吨（当量吨）——是一种能源测量单位，即燃烧 1 吨石油所产生的能量（41.9 焦耳）。

碳氢化合物的储量较低，使得东亚和南亚国家无法用本国的能源满足自己的需求。日本和韩国对煤炭、石油和天然气的需求几乎 100% 依靠进口。由于煤炭在能源结构中占主导地位，中国和印度大量开采煤矿，因此相对来说不那么依赖外国供应商。

表 11-2　2012 年亚洲主要国家的能源平衡结构

	能量消耗百分比					进口依赖关系		
	煤炭	石油及石油产品	天然气	煤炭	核能源	可再生能源	石油	天然气
中国	16%	4.2%	68%	0.9%	10.8%	58%	27.6%	7.8%
印度	25.2%	6.2%	44.9%	1.1%	25.2%	81%	31.9%	25.6%
日本	46.5%	23.3%	24.8%	0.9%	4.1%	99.6%	96.9%	100.9%
韩国	36.9%	17.1%	29.3%	14.9%	0.9%	100.4%	95.3%	98.7%

数值超过 100% 代表这种燃料的再出口。

这种形势未来将会改变。煤炭的大规模燃烧严重破坏了生态环境，这已经成为遏制经济增长的一个重要因素。中国已经宣布将以天然气代替煤炭作为能源政策的首要任务之一。此外，中国和印度都将接近"煤炭峰值"，即煤炭开采量的最高点，达到峰值后，日益增长的能源需求将越来越多地被其他能源覆盖。

中国和印度提高本国石油和天然气产量的能力都是有限的。中国的

转向东方

页岩气储量可能是世界上最大的，但由于地质、技术和制度上的限制，开采成本将会很高。印度也拥有大量的页岩气储量，但由于技术上的困难，至今都没有开发。

日本和韩国能源自给自足的能力更加有限。由于核能问题，两国的能源安全面临着更多威胁。2011年，日本福岛第一核电站发生了一起事故，导致所有核反应堆全部停止运行。自2015年以来，日本开始逐步恢复核电能力，但未必会像以前那样过于依赖核能源。

2013年韩国核腐败丑闻事件发生后，几个核反应堆都停止了运转。此后不久，韩国便向下修订了核能发展计划直到2030年。

对所有领先的亚太国家来说，满足本国能源需求的主要方式将是增加从外国进口的能源量（主要是石油和天然气）。目前，波斯湾地区国家是亚太地区国家的主要石油来源。这些国家占中国石油进口的46%、印度的58%、日本的73%和韩国的80%以上。土库曼斯坦供应了中国天然气进口量的46%，卡塔尔供应了印度天然气进口量的85%。日本和韩国是世界上最大的天然气进口国，它们的供应结构更加多样化。然而，韩国天然气进口的48%来自两个国家——卡塔尔和印度尼西亚，而日本逐渐过分依赖于澳大利亚的供应。

鉴于国际天然气和石油市场的供应量大幅增长，亚太地区国家非常规储备的开发将不会面临卖家短缺。澳大利亚天然气工业的出口能力正在迅速提高；非洲东部大陆浅滩的石油和天然气储备前景光明；伊朗周边局势正趋于平稳，它可能会成为一个主要的能源出口国；中国正在探索增加从委内瑞拉和巴西进口石油的可能性；最后，将逐渐从北美出口到独联体国家的外部市场。

激烈的竞争不会让俄罗斯像在欧洲市场那样，也在亚洲市场上长期占据最大能源供应国的地位。然而，亚洲对俄罗斯能源的兴趣仍然很高。俄罗斯的碳氢化合物被视为能源供应的必要组成部分，具有比其他国家更多的优势，如地理距离近、供应安全、政治风险相对较低、地缘战略意义等。鉴于这种兴趣以及俄罗斯已经开始的向亚洲的经济转型，我们完全有理由认为，俄罗斯与亚洲在能源领域的合作将进一步加强。

第二节　俄罗斯与亚洲能源合作现状

一、俄罗斯和中国正走向能源战略合作

2013年至2014年，中俄的能源合作取得了真正的突破，其中主要包括石油和天然气。

2014年，俄罗斯向中国出口了3310万吨石油。一年内俄罗斯在中国市场上所占的份额从9%增加到11%，从而成为中国的第三大供应商。2015年，俄罗斯继续增加石油供应量，最终在2015年5月成为中国主要的石油供应商。俄罗斯未必在年底前都能一直保持领先地位，但俄罗斯的石油供应量持续增加。

自2011年起，俄罗斯石油公司和石油输送股份公司每年都会通过斯科沃罗季诺—漠河石油管道向中国石油天然气集团公司输送1500万吨石油。2013年7月，俄罗斯石油公司与中国石油天然气集团有限公司签署了一份合同，合同规定俄罗斯要在25年内向中国供应36.5亿吨石油，该协议总价值高达2700亿美元，其中预付款项约700亿美元，以供俄罗斯石油公司偿还目前的债务。这批石油将通过东西伯利亚—太平洋管道系统（东西伯利亚—太平洋）进行输送。为此，到2018年，斯科沃罗季诺—漠河石油管道的运量必须提高到3000万吨。事实上，2015年就对该项目方案做出了修改——中国表示已准备好接收由这条管道运输的2000万吨石油，其余的石油将通过科兹米诺港和哈萨克斯坦运输。

有趣的是，尽管俄罗斯的优先方案是使用阿尔泰管道，这样运输得会更快，但中国坚持走东方运输线。中国更希望俄罗斯向东三省——黑

龙江省、吉林省和辽宁省供应石油。

2013年10月，俄罗斯石油公司和中国石油化工集团有限公司又签订了一份为期10年的合同，合同规定俄罗斯每年向中国供应1000万吨石油。这笔交易价值850亿美元。

此外，2014年中俄双方确认了细节并批准了产能为1600万吨的天津炼油厂的可行性研究，其中中国石油天然气集团有限公司持51%的股份，俄罗斯石油公司持49%的股份。俄罗斯公司预计，要想满足天津炼油厂的需求，2020年之后，俄方每年需向中国市场增加900万吨的原油供应。因此，在未来25年里，俄罗斯对中国的石油出口量将达到10亿吨左右。

尽管发展得没有那么快，但在勘探和开采方面的合作仍在持续展开。目前，中俄在这一领域只有一家合资企业——由俄罗斯石油公司和中国石油天然气集团有限公司于2006年成立的东方能源公司，以在俄罗斯各地进行勘探和探矿工作。在此后的很长一段时间里，俄罗斯一直非正式地禁止向中国公司出售战略项目的股权。随着俄罗斯开始实行"转向东方"战略，这项禁令被解除了。2013年秋，俄罗斯石油公司向中国石油天然气集团有限公司提供了东西伯利亚的中层油气凝析田的股份，该油田的开发许可证由俄罗斯石油公司的子公司拥有。然而，中方认为其报价太高。

其实，中国瞄准了一个更具吸引力的项目。2014年11月，中俄签署了一份框架协议，由中国石油天然气集团有限公司收购俄罗斯石油公司在东西伯利亚的关键资产——万科尔石油股份公司10%的股份。这个油田已经被积极开发，所以该交易不含有任何技术成分，也不会给中方带来任何风险。总的来看，俄罗斯石油公司的主要目的是利用自己的信誉获得所需的金融资金。但双方暂时未在最终价格上达成一致。

2015年9月，在普京访问北京期间，中国石油化工集团有限公司和西伯利亚—乌拉尔油气化工股份公司签订了一项金融合作协议。而俄罗斯石油公司和中国石油化工集团有限公司签订了共同开发鲁斯科耶油气田和尤鲁勃切诺—托霍姆油气田的合作框架协议。该协议规定中国石油化工集团有限公司有权收购东西伯利亚石油气公司（VSNK）以及秋明油气公司49%的股份，这两家公司拥有这两座油气田的开发许可证。

当日，俄罗斯石油公司与中国化工集团有限公司签订了一系列的协议。俄方将获得中国化工集团有限公司的子公司——中国石油化工集团公司30%的股份，而中国将获得俄罗斯石油公司在远东地区主要的子公司——东石化公司的股份。此外，俄罗斯石油公司将每月向中国化工集团有限公司提供20万吨石油，为期一年。

中俄在天然气领域的合作同样取得了令人瞩目的突破。2013年12月，俄罗斯实行液化天然气的出口自由化，此举为亚马尔液化天然气项目进入亚洲市场开辟了道路。2014年1月，俄罗斯诺瓦泰克公司向中国石油天然气集团有限公司出售了20%的股份，2015年9月初，丝绸之路基金收购了该公司9.9%的股份。亚马尔液化天然气项目中计划出售的所有天然气都被订购了：欧洲（西班牙天然气公司）订购了700万吨，中国（中石油）订购了不少于300万吨，新加坡（诺瓦泰克天然气电力公司批发商）订购了290万吨，俄罗斯天然气工业股份公司的新加坡市场营销和贸易公司批发商订购了300万吨，主要供应给印度。

但在2014年5月俄罗斯天然气总公司和中国石油化工集团有限公司签订了重要的天然气合同（普京甚至称其为"世纪贸易"）。双方签订的协议中规定在30年内俄罗斯每年需向中国输送380亿立方米天然气。这笔贸易的总额为4000亿美元，天然气将通过"西伯利亚力量"天然气管道从东西伯利亚的恰扬丁和科维克金气田运往中国。该运输管道的建设投资为550亿美元。2014年9月1日，俄方开始建造在与中国边境接壤的，位于布拉戈维申斯克的俄方运输管道。2015年5月，中方运输管道（从黑河到上海）开始实施建设。尽管俄罗斯石油公司想获得天然气管道的使用权，但俄天然气总公司持有出口天然气的专利权。

合同签署后不久，俄罗斯便就此项合同能获得多少利润展开了广泛的讨论。天然气价格——大约350美元/千立方米——处于成本回报率的边缘，俄天然气总公司只有在获得税收优惠的情况下才有可能盈利（而在这种情况国家预算会少收钱）。然而，应该更宏观地看待签署的这些合同。首先，天然气管道的建设将对东西伯利亚和远东的发展作出重大贡献：将创造数千个工作岗位；周边地区将能接通天然气。其次，即使在合同期满后，也可以通过建设的管道向中国输送天然气，合同期内少获得的利润将会以此得到弥补。人们常常将"西伯利亚力量"管道的重要性与乌连戈伊—塔玛拉—乌日哥罗德天然气管道系统的重要性进行对比，后者一度使东西伯利亚向欧洲持续出口天然气成为可能，并决定了俄罗斯未来几十年的出口专业化。

表11-3 俄罗斯天然气项目旨在出口到亚太地区

项目名称	资本结构	年投入量	生产力	预估费用
萨哈林-2	俄天然气公司-50% 壳牌-27,5% 日本三井-12,5% 三菱-10%	2009	每年1000万吨	220亿美元
萨哈林-2-扩展		2019	每年500万吨	570亿美元（仅液化天然气工厂）
萨哈林-1	埃克森美孚公司-30% 日本萨哈林油气开发公司-30% 印度国有天然气公司-20% 俄罗斯石油公司-20%	2019	每年500万吨	150亿美元
萨哈林-3	俄天然气公司	2019	每年160亿立方米	120亿—160亿美元

(续表)

项目名称	资本结构	年投入量	生产力	预估费用
符拉迪沃斯托克液化天然气	俄天然气公司49%的股份联合体提供 日本远东天然气公司,包括I伊藤忠集团(37.5%)、日本石油公司(32.5%)、丸红株式会社(20%)国际石油开发帝石控股公司(10%),还有中国投资者	2020	每年1000万—1500万吨	124亿美元(仅天然气工厂)
亚马尔液化天然气	诺瓦泰克-50、1%,道达尔石油及天然气公司-20%中石化-20%丝绸之路基金会-9.9%	2018	每年1500万吨(其中500万吨面向亚洲)	270亿美元
	俄天然气公司	2018	第一阶段380亿立方米,第二阶段61亿立方米	550亿美元
	俄天然气公司	2020		
阿尔泰天然气管道	俄天然气公司	2020	300亿立方米	140亿美元
亚洲共计			1330亿—1400亿立方米	

俄天然气总公司和中国石油天然气股份有限公司的另一个联合项目是途径阿尔泰建造第二条天然气管道。2014年11月,双方签署了天然气供应意向备忘录,2015年9月,俄天然气总公司领导米勒宣布,最迟于2016年春天签署《最终条约》。"西伯利亚力量2号"管道预计于2020年至2021年开始每年能运输300亿立方米天然气①。资源基地将由

---

① "西伯利亚2号"直至2024年4月仍未完工,管道建设迟缓的重要原因是双方在天然气定价方面尚未达成一致。

西西伯利亚的极地和俄罗斯南部油田组成。签署的文件不是强制性的。至今价格还没有商定,需要花费多年时间才能解决通过东线供应的价格分歧。有一种观点认为,签署备忘录完全是出于政治原因,即俄罗斯想要向欧盟展示天然气供应转向东方的可能性,而中国决定帮助其实现这一目的,以便于协调实施中亚丝绸之路经济带的项目,而该交易本身根本就不会实现。更何况,首先,中国正在同步开发中亚地区的能源储备,其次,修建一条穿过阿尔泰山脉的天然气管道是一项技术复杂、成本高昂的任务。最后,实施该项目将会严重破坏生态环境。

尽管如此,签署这样一个大型项目的意向备忘录仍是非常值得关注的。与东部路线的矿区不同,为西部路线供应天然气的资源基地已经建成。此外,该基地还与向欧洲供应天然气的资源基地相交。也就是说,理论上俄罗斯可以将供给欧洲消费者的天然气转向东方。而现实中这很难实现,况且俄天然气总公司有兴趣在欧洲线路之外向中国供应天然气,而不是取代欧洲线路。然而,如果欧洲市场出现不可预见的发展,这条管道可能会发挥一定的作用。

俄天然气总公司在天然气领域加强与中国合作的计划并不只有两条天然气管道。2015年9月,俄天然气总公司和中国石油天然气股份有限公司签订了一份关于从萨哈林向中国供应天然气的备忘录,并打算修建第三条天然气管道。它将补充萨哈林—哈巴罗夫斯克—符拉迪沃斯托克天然气运输系统,使其能每年向中国输送约300亿立方米的天然气。该项目具体细节暂未公布。

俄罗斯与中国在煤炭领域的合作关系发展缓慢。主要的供应商有西伯利亚煤能源公司,库兹巴斯采煤公司和梅切尔集团公司。梅切尔公司目前是中国市场上最活跃的公司,其煤炭的主要买家是中国的宝钢资源有限公司。2013年,双方签订协议,俄方每年向中方供应近100万吨炼焦煤。根据2015年的新协议,炼焦煤的供应量提高到了140万吨。梅切尔公司还使其供应路线多样化——2013年前他们通过港口运输煤炭,后来该公司就开始用新的马哈林诺—珲春铁路运输。

2014年10月，中俄签署了煤炭领域合作的发展路线图。它希望中国大型公司参与俄罗斯境内的煤炭项目。这种参与可以采取由中国提供采矿和其他设备的形式，同时增加俄罗斯对中国的煤炭供应量。

图瓦的梅热盖伊煤矿上的梅热盖伊采煤综合工程是一个计划由双方合作完成的项目。俄方还有意让中国参与雅库特的埃尔加煤炭综合体的开发。此外，路线图还包括开发奥戈贾煤矿和扎舒兰煤矿，以及建立通过铁路向中国供应煤炭的运输系统。

尽管签署了一系列协议，但在2015年前几个月，俄罗斯对中国的煤炭供应量减少了40%以上。原因是自2015年1月起，中国禁止进口含灰量超过40%、硫量超过3%的煤炭，以及含灰量超过30%、硫量超过1.5%的褐煤。此外，中国提高了所有类型煤炭的进口关税。采取这些措施是为了加快从煤炭到天然气的转型。这种转型导致了煤炭市场的萎缩，中国更倾向于减少对本国生产商的竞争。

合作的另一个重要因素是需要为俄罗斯公司提供融资渠道（尤其是受到西方国家制裁的公司）。他们愿意与中国合作伙伴分享他们的部分资产。在2015年2月举行的克拉斯诺亚尔斯克经济论坛上，副总理德沃尔科维奇实际上邀请了中国公司参与俄罗斯境内的战略能源项目，并表示这没有任何政治障碍。

同时，并不能说中国热衷于这种交易。尽管有许多意向备忘录，但中国合作伙伴在俄罗斯能源项目中的实际参与度很低。在油价下跌和俄罗斯经济衰退的情况下，中国希望俄罗斯提供最有利的合作条件，而且很有可能在一段时间内实现这一目标。至于对战略资产的投资，中国公司尤其是银行担心受到来自美国的制裁，且在中国开展反腐败斗争的背景下，他们制定投资决策时十分谨慎。

二、俄罗斯与亚洲其他国家的能源合作

2014年中俄签署的一系列协议从根本上改变了东北亚的能源格局，

| 转向东方

加强了俄罗斯能源政策的中国矢量。这主要是出于政治原因——日本和韩国在美国的压力下加入了西方对俄罗斯的制裁。尽管两国愿意在对俄合作中将"经济"与"政治"分开，但合作伙伴在乌克兰问题上的立场分歧，必然会影响合作项目的前景。

福岛第一核电站当初的惨剧推动了俄日能源合作。核电站的关闭迫使日本增加能源进口量。俄罗斯是其主要供货商之一。因此，俄罗斯对日本的化石燃料出口总额从2010年的1%上升到2012年的74%，2013年达到了86%。

日本公司参与了俄罗斯境内的几个大型石油天然气项目。因此，日本萨哈林石油和天然气开发公司拥有"萨哈林1号"项目30%的股份。该项目于2009年开始向日本供应石油，2018年就开始向日本供应天然气了。在"萨哈林2号"项目中，日本三井物产和三菱集团最初拥有45%的股份。2006年的丑闻导致了俄天然气公司控股权被收购，此后日本公司所占股份减少了一半。日本是"萨哈林2号"项目的主要消费者，2013年购买了83%的天然气。

福岛事件发生后，日本积极计划参与另一个项目——《符拉迪沃斯托克液化天然气》。2011年，俄罗斯天然气公司、日本经济产业省自然资源和能源厅以及日本财团远东天然气公司（包括伊藤忠商事株式会社、石油资源开发公司、国际石油开发帝石株式会社、丸红株式会社、国际石油开发帝石控股公司及伊藤中石油开发株式会社）对在符拉迪沃斯托克建设液化天然气工厂项目进行了技术经济研究。2013年，签署了实施该项目的行动计划。但在中俄签订天然气合同后，该项目的前景相当黯淡。

由于日本被迫加入了对俄罗斯的制裁，日本公司参与俄罗斯境内石油天然气项目的其他例子尚未出现，也不太可能出现。日本公司曾表示希望加入"亚马尔液化天然气"项目，但最终没有实现。

可是日本仍在增加从俄罗斯进口的煤炭量。2014年，日本从俄罗斯进口煤炭量增加了20%，达到了966万吨。日本依赖于从澳大利亚进口煤炭（占日本进口总量的74%），并希望使供应来源多样化。此外，随着卢布的贬值，俄罗斯煤炭变得更加便宜，因此预计日本从俄罗斯进口的煤炭会进一步增加。西伯利亚"贝加尔—煤炭"煤炭能源公司是主要的供应商，该公司同意将协议价格降低17%。

自朴槿惠就任总统以来，韩国一直将俄罗斯视为欧亚倡议的主要伙伴之一。2011年起，又开始重新商讨修建跨韩天然气管道，但并未取得显著成果——首先是由于朝鲜仍存在严重的政治风险，其次是由于在俄罗斯与西方关系危机的背景下两国关系冷淡。目前，水力发电是双方合作的关键领域。2015年，俄罗斯水电公司与韩国水资源公司K-WATER签署了合作备忘录。这两家公司将在俄罗斯、韩国和第三国境内进行水力发电项目的设计、建设、运营和融资。

俄罗斯与印度的能源合作正在逐步发展。印度国家石油天然气公司子公司在"萨哈林1号"项目中占有20%的股份，双方曾就印度公司购买亚马尔液态天然气股份的问题进行讨论，但最终印度只会购买其生产的天然气。俄天然气总公司和俄罗斯"外国石油"对外经济联合公司一起参与了孟加拉湾的碳氢化合物开采项目。2015年9月初，在东方经济论坛上签署了一项协议，将俄罗斯石油公司在万科尔石油的15%的股份出售给印度石油天然气公司。该协议反映了俄罗斯石油公司在面对西方国家制裁的情况下希望获得外国融资，即使以自己的最佳资产被控制为代价。

俄印的能源合作并不局限于化石燃料开采领域。俄罗斯国有核能公司是印度核能领域的主要参与者之一。在未来的20年里，该公司将在印度建造至少12座核反应堆，并为库丹库拉姆核电站的两个动力机组提供设备。

俄罗斯能源公司正试图在东南亚站稳脚跟，其中越南是主要的合作伙伴。2012年，俄天然气总公司与越南油气集团签署了一份关于向越南供应液化天然气的合作意向书。同年,俄天然气总公司参与中国南海越南水域的两个油气区块(05-2和05-3)的开发项目。2013年,在06.1液化天然气区块的产量分配协议中俄罗斯石油公司有35%的份额。2010年,俄罗斯国有核能公司签署了在越南建设"宁顺1号"核电站的合作协议,而2011年签署了一项关于俄罗斯为该建设提供100亿美金贷款的协议。该项目本应该于2014年开始,并于2020年完成,但它的实施被推迟了。

第三节 俄罗斯与亚洲国家能源合作的前景

尽管近年来俄罗斯与亚洲国家的能源合作取得了相当大的进展,但一些根本性的重要问题仍未得到解决。已经达成的协议并没有使俄罗斯更加接近其经济多样化的目标。相反,有人担心俄罗斯仍是"原材料附属国",只是现在不是发达国家的,而是发展中国家的"附属国"。尤其2014压在中国身上的赌注加深了这种担忧,因为中国的技术发展水平(包括能源领域)低于日本和韩国。

为了防止这种情况发生,能源不仅要成为外汇来源,还要成为西伯利亚和远东乃至整个国家经济增长的要素。这方面的障碍不是外部市场,而是俄罗斯燃料能源系统的状况。

必须改善俄罗斯能源领域在加强竞争方面的制度环境。国有企业没有实际动机去顺应全球技术趋势及提高其活动效率。在竞争激烈的亚洲能源市场,提高效率是提升国际竞争力的关键。

吸引国外的能源密集型产业是俄罗斯发展东部地区的能源政策中的重要部分。中国拥有相对廉价的水能,且即将达到"煤炭峰值",达峰后中国的能源成本将越来越高,这使俄罗斯成为建设能源密集型企业的诱人之地——从铝冶炼厂到数据处理中心。这是俄罗斯融入"亚洲为亚洲"模式的关键方向之一。国内能源价格低已成为俄罗斯的重要竞争优势。为了保持这一优势,不应开发越来越少的可用资源储量(包括北极大陆架上的资源),而应该优先提高已开发的油田的开采效率。

为了实现这一点需要开发新的技术。过去,我们主要从西方企业汲取新技术,现在应该向东方企业学习。应该积极鼓励外国资本参与俄罗斯自然资源的开发。但不应该只有中国资本。

俄罗斯与中国签订了一系列备受瞩目的合同,合同中一些提议被视为对西方危机的反应(尽管大部分协议早在乌克兰事件发生之前就制定好了),这对日本和韩国是一个明确的信号:如果他们不改变立场,俄罗斯将准备进一步拉近与中国的关系。这意味着中国在东北亚的地位会大大提高,这是日本和韩国最不愿看到的,因为他们的目的是遏制该地区主要竞争对手的发展。

提升中国在俄罗斯的地位可作为吸引日本和韩国的投资(未来可能还有西方)的理由,以维持该地区所有参与者之间对俄罗斯燃料能源体系投资的可控竞争。

同样,俄罗斯也必须参与由亚太经合组织、东盟,未来还有金砖国家发起的提高能源效率和发展绿色能源的倡议,并与亚洲国家开展技术交流领域的合作。

必须逐步调整能源出口战略,通过建设石油码头和液化天然气工厂将扩大管道供应潜力与向国外运输碳氢化合物的方式多样化协调结合。后者是必要的,因为在燃料价格不断波动的条件下,通过签订长期合同销售能源的吸引力越来越小。

显然,有必要加强与越南的能源合作。除了商业利益外,出于战略考虑,这个国家对俄罗斯极其重要——通过在越南大陆架上实施能源项目,俄罗斯间接地出现在该地区的关键冲突区域,即中国南海。欧亚经济联盟与越南签署的自贸区协议有助于俄罗斯公司(包括能源公司)进

| 转向东方

入越南市场。

　　最后，必须要明白，向亚太地区出口能源并非最终目的，而应该成为提高俄罗斯在亚太地区地位的手段。最重要的是，为了发展俄罗斯东部地区，将那里建设成一个有竞争力的、技术发达的（尽管以自然资源为导向）和对世界开放经济的地区，这将能够促进整个俄罗斯未来的经济增长。

第十二章 俄罗斯西伯利亚和远东地区对亚太地区水资源安全的保障作用

阿纳斯塔西娅·鲍里索芙娜·利哈乔娃,伊戈尔·阿列克谢耶维奇·马卡洛夫

水资源是西伯利亚和远东地区的重要资产之一,目前尚未得到充分利用,且其价值被低估。与此同时,在水资源短缺逐渐成为全球挑战的现代世界中,拥有水资源和协调管理水资源的能力成为一种优势,就像拥有丰富的矿产或肥沃的耕地一样。

本章将探讨在毗邻西伯利亚和远东的亚洲国家缺水日益严重的情况下,如何利用这一优势。媒体经常建议将俄罗斯的水出售到亚洲,例如通过修建运河或管道来实现。这些行动在经济上是不合理的:它们不仅会严重破坏生态环境,而且需要花费庞大的资金。无论是从商业角度还是战略角度来看,更有利的不是向亚洲国家出售淡水本身,而是出售俄罗斯生产的水密集型产品("虚拟水")。

通过生产和出口"虚拟水",俄罗斯可以成为亚太地区水安全的保障者。在西伯利亚和远东地区可以大规模生产食品、纤维素纸制品、化学纤维、有色金属。通过向中国、韩国、日本、东南亚和中亚国家

供应这些产品，俄罗斯能够利用自己东部领土的自然竞争优势实现出口多样化，而进口国将会节约自己的水资源，并缓和冲突水域的紧张局势。

为了加强在水资源领域的合作，俄罗斯应在国际多边合作框架内推进水资源安全的议题，并将其与粮食安全紧密联系起来，粮食安全已经列入一些区域谈判平台的议程内。

第一节 世界和俄罗斯的水资源

保障全球人口和产业的淡水供应逐渐成为 21 世纪的关键挑战之一。几十年内，水从一种看似取之不尽的资源转变为具有经济和地缘战略价值的战略商品。世界银行副行长伊斯梅尔·萨拉杰 1995 年曾说过，"21 世纪的战争将是为水资源而进行的争夺"，现在这句话越来越频繁地被引用于科学文献和政治家的演讲中。

目前有 12 亿人生活在用水速率超过水更新速率的地区，到 2030 年这一数字将再增加 1.5 倍。根据经济合作与发展组织的数据，截至 2009 年，有 28 亿人生活在水资源紧张的地区，即水资源的质量和规模都不能满足居民和周围环境的需求，到 2030 年这个数字将上升到 39 亿。

淡水资源匮乏的问题在很大程度上是由不断增长的需求造成的。仅在 20 世纪，用水量就增加了 6 倍，由于人口和收入的持续增长用水量也继续增加。与此同时，由于人类可用水源的枯竭和污染，水资源供应不断减少。相当重要的是，对水资源需求的快速增长和高度污染都发生在已经出现淡水资源短缺的地区，如中亚、南亚、中国、中东和北非。

俄罗斯是世界上仅次于巴西的第二大可再生水资源国家。其拥有超 12 万条且长度超过 10 公里的河流，这些河流总长度超过 230 万公里。每年可再生的水资源量估计为 4200 公里。即使在俄罗斯供水量最少的地区，如南部和西南部，人均水资源量（2000立方米/人每年）比世界平均水平高1.5倍（1370立方米/人每年）。相比之下，西伯利亚的水资源供应量为12万—19万立方米/人每年。

俄罗斯的年取水量为6600万立方米，仅占可再生水资源总量的1.5%。俄罗斯的大部分淡水根本不参与经济流通。从经济角度来看，可供使用的淡水资源储备并不都能得到有效利用。在日本，每使用一立方米水就能生产价值55.7美元的产品，在美国，能生产价值23.5美元的产品。而在俄罗斯，2000年时只能生产5.7美元的产品，与发展中国家的产能相当。

与其他国家的经济相比，俄罗斯经济的特点是水容量大，这一事实可以通过个别商品的例子来追溯，如农业商品（这是水容量最大的商品之一）和工业商品。表12-1中展示了俄罗斯和亚太国家农工业综合体中生产的9种主要商品的"水足迹"（即生产一个单位价值所需水量），俄罗斯在其中四种商品的生产用水能力方面排名第一，在另外三种商品的生产用水能力排名第二。

表12-1 一些商品的贮水量 立方米/一千美元

	中国	印度	印度尼西亚	日本	韩国	马来群岛	菲律宾	泰国	俄罗斯
猪肉	5440	5834	5364	4947	5317	4344	5801	6451	7474
家禽肉	2212	5246	3926	1660	2834	3282	4415	3834	4708
牛奶	1433	1369	3011	1256	1466	1772	1799	1609	1968
油	5044	4819	10597	4421	5160	6237	6332	5663	6927
小麦	821	634	—	1078	1392	—	—	4174	2298
大麦	556	1246	—	493	536	—	—	2048	2205
玉米	791	2239	1368	1506	1294	2363	1986	919	1022
黑麦	1852	—	—	—	1962	—	—	—	2167
马铃薯	215	221	277	109	130	—	369	381	298

空白意味着没有数据。

在工业品的生产中也出现了同样的情况，俄罗斯的工业生产是亚太地区水资源最密集的产业。

虽然这些数据令人非常感兴趣，但它们本身并不能证明俄罗斯水资源管理效率低下。首先水容量不仅取决于经济，还取决于生产的自然过程。如在农业中，水容量受到降水的影响。其次，鉴于俄罗斯不存在淡水资源匮乏的问题，自然缺乏投资保护水资源项目的动力，水密集型产品的质量高于其他国家。

俄罗斯的水资源管理效率不是由产量的取水率决定的，而是由国家从本国水资源中获利的能力决定的，包括与其他国家的合作。鉴于俄罗斯水资源丰富，水在现代世界中起着越来越的作用，水的潜力是巨大的。但至今它几乎没有被使用过。

第二节　俄罗斯西伯利亚和远东地区的水资源与亚太地区的水安全

严重缺水的国家中很多都是俄罗斯的邻国，特别是中亚国家、中国和蒙古。

中国的水资源储存量排名世界第六，且是世界上第二大经济体，都导致了水资源严重短缺。可再生水资源不足以满足农业、工业和能源部门不断增长的需求。不断增长的取水量不仅使中国一些地区陷入水资源紧张状态，还给该地区带来了生态灾难。中国有560条河流正在干涸。黄河自1972年第一次干涸以后，几乎每年都会变成干涸的河床，中国的另一条大河——长江亦是如此。地表水资源短缺给地下水位带来了越来越大的压力。

其他亚太地区国家也出现了类似的状况，农业的发展和工业生产的增长对有限的水资源造成了额外的压力。

淡水资源短缺不仅是生态环境问题,也是粮食安全问题。世界上90%的水资源用于农业。在亚洲,灌溉是其规模巨大且生产效能最高的行业。水资源短缺的不断加剧意味着更难保障不断增长的人口的粮食供应。

同时,俄罗斯外乌拉尔地区是亚洲大陆上水资源最丰富的地区。俄罗斯72%的淡水储量集中在西伯利亚和远东地区。仅贝加尔湖就拥有全世界20%的淡水储量。

可以通过三种主要方式加强水安全。首先,通过推行节水技术或优化消费(例如在一定水平上对水定价)来降低用水需求或至少减缓需求的增长速度。其次,通过减少污染和海水淡化来增加水资源的供应。最后,向国外购买稀缺的水资源。

亚太国家将广泛应用上述三种方式。但对俄罗斯来说,第三种方式是最有吸引力的,鉴于西伯利亚和远东及俄罗斯邻国水资源供应的差异,俄罗斯理论上可以成为淡水出口国。

按照这种逻辑,一些专家和政治活动家定期建议恢复苏联时期的项目,也就是将鄂毕河引向中亚,或开始向中国出口贝加尔湖的水资源。即使不考虑实施大型项目时产生的巨大环境成本,对经济效益和成本的估算也表明这样的项目是不合理的。

根据俄罗斯科学院水问题研究所所长维·伊·丹尼洛夫—丹尼利扬曾表示,将鄂毕河的水资源重新调配到阿拉尔斯克地区的项目成本约为1300亿美元,这直接导致该项目完全不可能实现。总的来说,由于要耗费巨额的资金,通过在该河流域的分水岭上修建运河,以进行水贸易几乎是不可能实现的。使用其他运输方式通常效果更差,因为生产活动需要的淡水量巨大,而油轮和管道都无法实现其运输。因此,媒体经常将水和石油进行类比并不完全恰当。当今世界国家之间实际上没有进行水贸易(瓶装水除外)。国际淡水市场中唯一持续进行的贸易是马来西亚和新加坡之间的水贸易——这是一个例外。

与出口实物形式的水相比,俄罗斯更有机会参与所谓的"虚拟水"贸易。该术语的提出者约翰·艾伦将其理解为生产产品和服务中所需要的水资源数量。该学者指出,虚拟水贸易或者说水密集型产品贸易,是在水资源日益短缺的情况下节约用水的手段:虚拟水进口(主要以农业产品的形式)可以成为减少国内水需求的好方法,从而缓解国内水资源短缺问题。

同时,世界不同国家生产的同一种商品的含水量相差极大,这意味着通过进行含水产品的贸易来节省水资源的潜力很大。在印度生产一吨大豆需要4124立方米的水,在印度尼西亚需要2030立方米的水,在巴西需要1076立方米的水。生产肉类商品耗水量相差更大:在荷兰生产1吨牛肉需要11681立方米的水,在俄罗斯需要21028立方米的水,在墨西哥需要37762立方米的水。

应用虚拟水的概念有两种方案。第一种是将水从水资源丰富的国家出口到水资源短缺的国家。第二种是将水密集型商品从水资源利用率高的国家(即生产相同数量的商品所需的水较少)出口到水资源利用率低的国家。

从全球水资源节约的角度来看,第二种方案是更可取的。其总体构想是在耗水量更少的国家生产水密集型商品。按照这种逻辑,俄罗斯作为一个水容量相对较高的国家,本应该从其他亚太国家进口水密集型商品。

然而,从确保区域水资源和粮食安全的角度来看,这一方案是不合理的。的确,现在主张节约用水,但绝对不是在必须用水的地方节约。也不是所有国家都要节约,而应该是由那些水资源短缺的国家节约。从这个角度看,第二个虚拟水方案的阐释更符合该地区的水安全利益。俄罗斯向亚洲国家出售虚拟水的做法完全符合这种阐释。

第三节 俄罗斯与亚太国家之间
虚拟水的贸易现状

追踪国家间的虚拟水流动是一项相当艰巨的任务。主要的困难是确定出口国每种商品"水足迹"。本章作者进行了一项研究，对 2006 年至 2010 年间亚太地区国家之间虚拟水贸易的年平均流量进行估算，该研究基于一系列先决条件，因此应谨慎对待所得出的评估数据。表 12-2 概述了这些评估数据。

表 12-2 2006 年至 2010 年亚太主要国家之间的虚拟水贸易，百万立方米的水

出口商	进口商									
	俄罗斯	中国	印度	日本	韩国	泰国	印度尼西亚	马来西亚	菲律宾	共八国
俄罗斯		411.5	2644.1	210.4	326.2	201.9	296.3	68.9	158.6	4317.8
中国	461.4		4094.6	18879.3	12531.8	2563.1	3180.7	3728.4	2090.7	51683.3
印度	870.4	18037.5		3467.4	2796.6	2646.6	4449.8	4118.0	671.8	37067.1
日本	46.5	507.7	26.7		310.7	157.2	54.7	68.6	50.8	1222.9
韩国	111.8	675.8	31.1	1020.4		22.3	72.1	59.8	61.6	2055.0
泰国	499.5	13029.6	1070.0	7444.4	4206.6		4402.7	8034.0	2699.4	41386.3
印度尼西亚	1137.4	8992.0	13099.8	9514.8	3185.3	572.7		8772.5	1488.6	46761.8
马来西亚	1382.0	21684.2	3616.5	3623.2	2450.9	1418.6	1558.1		1493.0	37226.7
菲律宾	35.0	1714.0	94.4	3301.6	1030.7	415.4	248.6	864.3		7704.1

虚拟水的贸易流量可以用净出口值来表示（表 12-3）。表格里的正值表示从左列所示国家向顶行所示国家出口的虚拟水流量超过从顶行向左列出口的虚拟水流量。表格里的负值表示虚拟水双边贸易中大部分是由表格顶行所示国家出口的。

表 12-3 2006 年至 2010 年，虚拟水净出口到亚太国家，百万立方米水

出口商	进口商							
	中国	印度	日本	韩国	泰国	印度尼西亚	马来西亚	菲律宾
马来西亚								628.0
印度尼西亚							7213.2	1240.0
泰国						3830.0	6615.4	2284.0
韩国					-4184.4	-3113.2	-2510.8	-969.1
日本				-709.7	-7287.2	-9460.1	-3554.6	-3250.9
印度			3449.7	2756.5	1576.6	-8650.9	501.5	577.3
中国		-13942.9	18371.6	11856.0	-10466.6	-5811.3	2346.4	2055.7
俄罗斯	-4203.1	1773.7	163.9	214.4	-297.6	-1068.4	-1313.1	123.6

虚拟水的出口大国是东南亚国家：马来西亚、印度尼西亚和泰国。它们专门从事农产品出口（特别是水稻等水密集型作物），并与主要消费国有着密切的经济联系，如中国、日本和韩国。且潮湿的气候是农产品有巨大"水足迹"的原因。

中国和印度的虚拟水出口量很大，这是因为他们的商品出口量相当大。但同时在与东南亚国家的关系中，中国和印度要么是虚拟水的净进口国，要么是有少量的贸易顺差。尽管事实上中国和印度对东盟国家的商品出口往往远高于进口。由此我们可以得出这样的结论：从东盟国家出口到中国和印度的产品往往比中印向东盟国家出口的产品具有更高的含水量。

韩国和日本的虚拟水流量较低，这不足为奇。这些国家的农业生产规模很小，而因为水资源利用效率很高，其出口的水密集型产品比其他国家类似产品的"水足迹"小。

俄罗斯虚拟水出口和进口的绝对值都相当低，这是因为其与亚太地区一体化的水平较低。俄罗斯虚拟水的主要出口国是印度。这与一份大

型粮食供应合同有关：俄罗斯阿格里科公司赢得了印度国营贸易公司组织的相关招标。

俄罗斯在与日本和韩国的虚拟水贸易中拥有稳定的贸易顺差，这两个国家的农业在国内生产总值和出口中所占的比例相对较低，而水资源利用效率较高。俄罗斯与印度的贸易顺差是以粮食出口为基础的。由于俄罗斯与菲律宾间的贸易规模较小，与菲律宾的贸易顺差可以忽略不计。与中国、印度尼西亚和马来西亚的虚拟水的贸易差额是负数，与所研究的八个国家的总差额也是负数。因此，尽管俄罗斯拥有丰富的水资源，但它仍是亚太地区主要国家虚拟水的净进口国。

表12-4展示了亚太地区内贸易流动的含水量，也就是用美元来计算生产出口产品的耗水量。韩国和日本的出口含水量最低。东盟国家和印度的出口含水量最高。俄罗斯对亚太地区最大国家的出口含水量极低。因为在俄罗斯的出口结构中，非水密集型的矿物原料占主导地位。唯一的例外是印度，在其贸易结构中粮食占很大份额。

表12-4　2006—2010年亚太地区国家内部贸易流量的含水量　立方米/1000美元

出口商	进口商								
	俄罗斯	中国	印度	日本	韩国	泰国	印度尼西亚	马来西亚	菲律宾
俄罗斯		23.2	586.7	24.9	50.1	260.0	740.0	223.7	492.4
中国	185.2		145.4	178.5	210.7	181.8	209.2	193.8	245.8
印度	834.0	1633.1		981.3	2485.2	1490.2	1592.9	1548.6	981.5
日本	5.1	4.3	3.9		5.7	5.9	5.0	4.6	5.3
韩国	16.0	7.6	3.8	38.9		4.4	10.8	11.0	13.0
泰国	808.4	811.9	341.9	410.4	1337.8		831.9	944.9	798.5
印度尼西亚	3026.6	790.9	1994.1	405.0	353.0	166.3		1378.5	682.9
马来西亚	2120.2	1201.3	607.6	206.6	358.9	155.2	300.0		587.1
菲律宾	113.5	349.7	404.2	446.4	525.9	286.3	535.0	439.1	

因此，尽管该地区的大多数国家被迫节约自己的水资源，但俄罗斯并没有增加对亚太地区的水密集型产品的出口。俄罗斯成为亚太地区水安全保障者的潜力仍未实现。

第四节 俄罗斯与亚太国家和地区水资源合作的前景

俄罗斯有很好的机会作为主要参与者之一进入虚拟水市场。一方面，亚洲国家将逐步增加水密集型产品的进口。另一方面，西伯利亚和远东地区有很大的潜力成为虚拟水的主要出口商。同时，作为世界上供水量最多的国家之一，俄罗斯目前的虚拟水的净出口量很小（据2005年最新数据显示为42亿立方米的水）。相比之下，在水文和气候条件与俄罗斯相当的加拿大，其虚拟水的净出口量为525亿立方米。

在提高水密集型产品的生产和出口潜力方面，世界上没有任何一个国家能与俄罗斯相媲美。首先是粮食，但不仅仅是粮食。俄罗斯纸浆造纸业获得了新机遇。因为纸浆造纸业用水量巨大，水资源短缺限制了东亚国家的纸张生产。尽管电子信息载体取代纸质信息载体是大势所趋，但对纸张的需求仍在稳步增长。中国政府意识到自己的资源不足以满足对纸张的需求，便从2005年起取消了对大多数类型纸张的进口关税，并与印度尼西亚、日本和芬兰的公司签订了一系列纸张供应合同。不久前，中国台湾和韩国也取消了纸张进口关税。

众所周知，芬兰造纸业主要使用俄罗斯的原材料；目前，中国已经在进口俄罗斯的加工木材，但俄罗斯如果带着最终的加工成品独立地进入中国市场会更有利可图。但要做到这一点，俄罗斯的纸张必须具有竞争力，而如今，俄罗斯的纸张质量无法与世界造纸业的领导者相比：美国、瑞典、德国、加拿大等。

由于水元素在世界经济中的作用增强，在一些俄罗斯传统的制造业中产生了附加优势，如有色冶金业、化学工业，特别是化纤生产。卢布贬值已经为这些行业带来了额外的动力，俄罗斯有充分的理由逐步提高其在亚洲国家市场的地位。

近年来，俄罗斯关于虚拟水贸易主题的讨论虽进展缓慢，但讨论次数一直在增长。在一个基本的战略文件中首次提到了水资源利用在对外经济关系中的作用，即《俄罗斯联邦2020年前水资源战略》，文件中发布了几项任务，如"研究实现俄罗斯联邦水资源竞争优势的条件，分析在本国境内进行水密集型生产的可能性，确定国家参与世界水资源市场建设的方向"。

确定国内潜力之后，下一步可能是登上国际舞台。粮食安全已经成为亚太经济合作组织、东非共同体和上合组织的区域多边合作模式的重点。对俄罗斯来说，重要的是将粮食安全的主题与水资源安全联系起来，从而突出其竞争优势。

还应将虚拟水贸易作为解决该地区水冲突的一种方式来推进——这个方案正是当时研究出来的缓和水冲突的手段。应该把流经蒙古、中国、哈萨克斯坦和俄罗斯的额尔齐斯河问题放在核心地位。作为国家西北发展计划的一部分，中国在其领土上修建了两条引水渠（长达380公里），导致流入俄罗斯的水位急剧下降。特别是，河水变浅已经影响到了鄂木斯克。额尔齐斯河的情况之所以复杂，是因为这条河不是从中国直接流入俄罗斯，而是经哈萨克斯坦流入俄罗斯。中国拒绝了与俄罗斯就额尔齐斯河进行双边或三边会谈的任何方案，只与哈萨克斯坦建立机构间委员会。因此，在额尔齐斯河流域的中国部分实行节约水资源具有区域意义，俄罗斯可以将提供虚拟水出口作为缓和这一问题的手段之一。

类似的方案也可以用来缓和中亚地区阿姆河和锡尔河的冲突。这里的情况是，在河流上游设置任何水密集型产业都会给对下游带来灾难性后果。因此，将此类产业设置在俄罗斯可能更有效。

第十三章　保障亚太地区粮食安全的合作

伊戈尔·阿列克谢耶维奇·马卡洛夫，阿丽娜·维亚切斯拉沃夫娜·谢尔巴科娃

亚太地区国家经济迅速发展伴随着其粮食安全问题的加剧。一方面是对粮食的需求迅速增长，另一方面是资源的限制，都迫使亚洲国家增加对农产品的进口及对国内外农业部门的投资。这为俄罗斯实现其农业潜力开拓了新机遇，本章将就此展开讨论。

俄罗斯拥有巨大的潜力，可以扩大耕地的面积（至少1000万公顷）、提高粮食生产率（粮食产量至少提高2.5倍）及畜牧业的效率。这些潜力大多属于西伯利亚和远东地区。未来俄罗斯可能成为世界上最大的粮食生产国之一，以及亚太地区粮食安全的保障者。

要想实现现有的潜力必须克服许多障碍。由于在技术发展、人才培训、获得必要的农业和运输基础设施及管理质量方面的落后，俄罗斯暂时输给了全球市场的主要竞争对手，如美国、澳大利亚、巴西等。

亚太地区国家对远东地区实施的农业项目很感兴趣。俄罗斯与日本、韩国和中国的合作伙伴发起的一系列联合倡议已经在实施中。然而

这种合作形式引起了很多争议，相当一部分俄罗斯人坚决反对将土地长期租给亚洲投资者。但他们提醒我们，有必要为这种国际合作提供一个稳定的制度基础，从而有效地控制俄罗斯农业投资的吸引力。

第一节 亚太国家和地区粮食安全的威胁

在21世纪初，人类面临的粮食安全问题加剧。2007年至2008年，全球粮食市场价格大幅度上涨。如果说在过去的30年里，主要粮食商品的价格明显呈下降趋势，总体下降了75%，在2005年至2008年期间上涨了83%。2009年，世界饥饿人口数量首次超过10亿人。稍作调控后，2009年粮食价格继续上涨，2011年2月创下了历史新高。

全球粮食市场形势的恶化与其说是由短期的行情因素造成的，不如说是由一系列根本性的、结构性的原因造成的。因此，人们普遍认为，能被观察到的物价上涨只是长期粮食问题的最初表现，而这一问题很快成为人类面临的最重要挑战之一。联合国粮食和农业组织（粮农组织）的预测证实了这一点，该组织预计未来10年的粮食价格将居高不下。

亚洲国家对粮食需求的增加是21世纪粮食问题加剧的主要原因之一。拥有约全世界40%人口地区的经济快速增长，促进了居民收入增加，随之而来的是对粮食需求的绝对值的增加和转变。在亚洲，"伯内特定律"正在发挥作用：随着收入的增加，居民开始改变饮食——首先是富含蛋白质的食物。在中国，动物蛋白的人均需求从1980年到2013年增长了426%。如果说1985年中国人均每年消费19.6公斤肉，那么到2013年每人年均消费61公斤肉。在印度，宗教因素限制了肉类需求的增长（印度20%到30%的人是素食主义者）。

与此同时，限制国内粮食生产量增长的因素越来越多。在中国，这些因素包括耕地普遍短缺（只有9%的领土用于农业）和土地利用不善、地下水水位下降和全国土壤侵蚀，官方数据显示，中国约40%的耕地受到土壤退化的影响。在印度，限制粮食产量增长的主要因素也是土地短缺和地下水水位逐渐下降。在东南亚，极端天气现象对粮食安全的威胁越来越大。2011年泰国遭遇洪水灾害，导致该国12.5%的稻田被淹没及全球大米价格大幅上涨。在韩国，关键因素是耕地短缺和劳动力成本高。目前，韩国农业只有靠政府补贴才具有竞争力——政府通过拨款保障了大约一半的农业收入。但这种情况不能无限期地继续下去——根据世界贸易组织的要求，补贴将会减少。

亚太地区的粮食形势目前主要由中国决定，中国正在以最大规模和最快速度改变粮食的消费量和结构。这早就应该导致中国肉类进口激增，但是目前为止，还没有发生。2000至2012年肉类进口增长不到100万吨，主要是由于从2007年开始肉类半成品的进口快速增长。在主要的初级肉类产品中，绝大部分的增长量来自猪肉（2000—2012年约为40亿吨），而家禽肉的进口量总体下降。肉类进口的成本增长明显高于数量的增长，这与进口价格总体上涨以及进口结构中相对昂贵的肉类的比例增加有关，如猪肉和半成品。

目前，中国通过提高肉类的产量来避免肉类进口的大幅增长。这要归功于农村地区的劳动力成本仍然很低，以及对国内生产商的关税保护，使得中国的产品比进口产品更便宜。同时，对肉类进口的依赖程度低有不利的一面：中国被迫大量购买饲料。因此，从2000年到2012年，大豆进口增长了5.5倍，目前世界上约有一半的大豆出口到中国。至于另一种饲料作物——玉米，2000年中国根本没有进口玉米，而2012年其进口量达到500万吨。因此，目前对中国粮食安全构成的最大威胁正是对饲料作物进口的依赖。

中国未必能长期保持低水平肉类进口。肉类消费将继续增长，尽管可能没有以前增长得那么快。随着劳动力成本上涨，国内和全球价格之间的差距将会缩小。试图扩大国内生产将意味着对饲料进口依赖性越来越大，这已经令人担忧。因此，中国将在未来10年内成为世界上主要的肉类进口国之一。

现在巴西是中国的主要粮食供应国，且巴西正逐步建立起世界上最现代的、最高效的农业系统之一。巴西的主要供应品是大豆，但未来其可能会填补中国许多种粮食产品的供需缺口。然而，中国致力于供应来源的多样化。俄罗斯农业无法与巴西农业竞争：俄农业效率要低得多。但俄罗斯的优势在于潜在的低运输成本（取决于公路、铁路和港口基础设施的发展）。归根到底，这不是俄罗斯和巴西之间的竞争，而是要填补市场利基，市场上有足够的空间给两国。另一点是，这些利基不可能永远不被填补，可能会出现新的竞争者，比如非洲国家。

第二节 国外土地租赁是确保粮食安全的途径

亚洲国家非常关注粮食供应的问题。自2009年以来，东盟就有了"东盟一体化粮食安全概念"，并制定了"东盟地区粮食安全战略框架"。2010年，日本政府采取了新的粮食、农业和农村基本计划，设定了到2020年将粮食自给率从40%提高到50%的目标。

为了缓解居民粮食供应的问题，亚洲主要大国被迫寻求在国外开发耕地的可能性。

2008年，韩国推出了一项新的粮食安全战略，称为"10年海外农业开发战略计划"，旨在增加国外耕地。韩国成立了几家大型国有贸易公司，向韩国提供所生产的产品。中国也采取了类似的战略。2010年，农业部部长韩长赋表示，中国农业企业"走出去"的时机已经到来。

最引人注目的是中国和韩国的公司都进入了非洲大陆,非洲的耕地短缺程度不像亚洲那样严重。因此,中国企业已经在撒哈拉以南的非洲农业上投资了数十亿美元。中国公司为了生产水稻在坦桑尼亚租用或试租了 300 公顷土地,在喀麦隆租用了 1 万公顷土地,为了生产生物燃料在刚果民主共和国租用了 280 万公顷土地,在赞比亚租用了 200 万公顷土地。据了解,中国一家大型企业——中国中信集团有限公司计划向安哥拉的农业项目投入 50 亿美元。湖北公司向莫桑比克投资了 2.5 亿美元。韩国大宇已与苏丹签订了 69 万公顷土地的租赁协议,用于生产小麦。而韩国企业渗透到非洲最著名的案例是在马达加斯加,大宇公司试图在马达加斯加长期租用约 130 万公顷的耕地用来生产玉米,这是导致其政变的原因之一。

非洲并不是中国和韩国农业投资者关注的唯一地区。韩国绝大多数土地交易是与亚洲国家进行的,如柬埔寨、菲律宾、老挝、越南。中国对这些国家农业的影响甚至更大,中国公司在拉丁美洲也有几份土地租赁合同。

中国在后苏联时代也很活跃。中国政府在塔吉克斯坦租用了 11 万公顷的耕地,约占其全国总面积的 1%。2013 年,有报道称中国在乌克兰租用了 300 万公顷农田,其面积与比利时领土面积相当。然而,乌方表示,这不是租赁,而是一项"联合活动"。一些专家认为,这笔交易的形式是"用投资换取以低价出售生产的产品"。最终,人们对租用俄罗斯土地越来越感兴趣。

第三节 俄罗斯西伯利亚和远东地区的农业:潜力和障碍

西伯利亚和远东地区有相当大的农业潜力。俄罗斯东部的许多地区在种植业、畜牧业、捕鱼业和养鱼业、毛皮生产以及农业原材料加工和成品销售方面都非常成功。但迄今为止，几乎没有任何一个联邦主体充分展现出其在农业领域的潜力。

西伯利亚和远东各地区的农业发展机遇各不相同。目前，西西伯利亚南部是俄罗斯东部的主要农业地区。该地区生产了大量的种植产品（谷物、工业和饲料作物）和肉乳畜牧业产品。鄂毕—额尔齐斯河地区有大片适合农业活动的土地和淡水储备。它主要用于畜牧业和饲料作物种植业。鄂木斯克州是十大俄罗斯联邦主体之一，其生产的粮食（第九）、牛奶（第八）、肉类（第八）、猪（第五）和牛（第十），占俄罗斯农业总产量的2%。秋明州是一个高度专业化的畜牧区（肉乳畜牧业、养鹿业、家禽业和毛皮业），其产量占俄罗斯农业总产量的1.7%。托木斯克州是周边地区饲料谷物的主要供应商，同时还生产私人畜牧业产品。它占俄罗斯农业生产总额的0.6%。

阿尔泰边疆区是有农业发展前景的地区，拥有700万公顷相对肥沃的耕地，这些耕地是20世纪50年代的大规模开垦荒地工作中遗留下来的。这里的粮食生产主要受到运输壁垒的限制——沿着西伯利亚大铁路将其运输到俄罗斯欧洲部分或出口到亚太地区的成本极高。

在东西伯利亚只有南部地区适合发展农业。因此，克拉斯诺亚尔斯克边疆区的米努辛斯克盆地专门从事粮食种植业和畜牧业，哈卡斯共和国和图瓦共和国主要从事畜牧业，前者有96%的农业适用地用于畜牧业，后者有99.7%用于畜牧业，布里亚特共和国和外贝加尔边疆区也是同样的情况。伊尔库茨克州本地生产的农产品短缺，高度依赖俄罗斯其他地区和进口。

远东地区的主要农业资产位于滨海地区和阿穆尔河沿岸地区。这些是俄罗斯稀有土地的重要地区，适合生产大豆、水稻和蔬菜。因此，阿穆尔州的大豆产量占全俄罗斯总产量的一半以上，蔬菜产量在联邦主体中排名第五，尽管它在农业总产量中所占份额很小，只有0.6%。犹太

转向东方

自治州也在比拉河和阿穆尔河谷生产水稻、大豆和蔬菜，其被认为是一个带有集约化畜牧业的郊区农业区。滨海边疆区主要的农业区是普里汉凯平原。其他地区的肉类和乳品畜牧业也很发达。

总体而言，西伯利亚和远东地区农业活动的发展潜力源于该地区的以下优势：

- 大量的土地储备，包括耕地和牧场；
- 土壤相对肥沃，某些地方是俄罗斯独有的土壤；
- 大量的河流；
- 历史悠久的农耕文化；
- 具备科学开发的良好基础，尤其是在西西伯利亚。

西伯利亚农业潜力的发展一方面依赖于现有的竞争优势，另一方面依赖于亚洲邻国迅速增长的需求。但要抓住这些机会，就需要采取一些措施以实现农业部门现代化及克服自身的发展障碍。

农业领域科学研究资金长期不足是俄罗斯农业部门效率低下的主要原因之一。此外，俄罗斯对现有的、已研制出的技术的推广速度非常缓慢。目前只有3%的应用科学技术被实际用于生产。

基因工程育种、选择育种、杂交育种、诱变育种等育种方法，及生物工程学一直是农业集约化的基础，由于长期繁殖的植物种类和动物品种在经济中的优势地位致使生产利润率逐步下降。在苏联时期，由瓦维洛夫创立的全苏列宁农业科学院研究了这些科学，成功地实现了理论与实践相结合，从而促进了农业的知识密集程度和利润率的提高。全苏列宁农业科学院的"继承者"是俄罗斯农业科学院，其中心之一位于新西伯利亚。然而，在现代俄罗斯，育种工作的水平不能满足农民日益增长的需求。例如，经常从国外购买育种动物，且其往往无法适应俄罗斯的自然条件、饲料、畜牧业养殖方式等。

现有的基础设施是该地区的弱点，包括农业基础设施。需要大量投资来建设肉类、谷物、水果和蔬菜的储存设施，以保障产品的高质量，使其免受天气条件和保存期限的影响；改善家畜和公鸡的饲养条件，也就是建设"舒适的"养禽场、牛棚、鸡舍等。

运输基础设施也同样重要，缺乏运输基础设施会使西伯利亚的农业生产者无法进入销售市场。俄罗斯铁路公司应重新修订有关使用西伯利亚大铁路的关税政策，以及重新启动子午线运输干线的建造工作，以便能直接向中国西部、中亚和南亚地区的消费者提供农产品。

俄罗斯农工产品产销联营公司的人员配置至关重要。俄罗斯农业活动的声望异常低。与其他行业的工人相比，从事农业的人是低收入专业户。与此同时，在巴西，农业部门的技术专员（例如联合收割机操作员）的平均工资可以达到每月1400美元。这些工作人员还享有社会福利，包括医疗保健、免费午餐和交通补偿费。这些吸引劳动力的方式使巴西避免了青年从农村流向城市的问题。许多人接受教育和高等技术的培训，然后回到了农业活动中。

西伯利亚和远东地区的特点是有大片荒废的农田。2015年1月，普京提议将这些土地免费长期租给来自其他地区的移居者。然而，分配的土地面积不超过1公顷，这显然还不够的。以耕种和开发为条件免费赠送土地的想法看起来很有吸引力。

西伯利亚和远东地区的农业发展需要采取综合方法。由于该地区的部分区域专门从事肉类和乳品畜牧业，因此需要增建饲料基地，确保该地区饲料的自给自足。与此同时，我们可以讨论通过恢复和扩大农业用地面积来增加饲料基地的广泛方法，也可以讨论通过过渡到更现代的技术来加强农业生产。

该地区的地理条件使广泛应用种植技术——在同一片土地上种植两种植物成为可能，以及使种植业和畜牧业混合的这种经济类型成为可能。农田可以种植牧草和玉米，然后收割玉米，并将其残渣用作放牧牲畜的基础。第二年，在同一片土地上种植大豆，由于其能够吸收空气中的氮气，因此大大减少了购买和施用氮矿物肥料的需求。

俄罗斯农业目前处于一个困难时期。根据俄罗斯对世贸组织的承诺,减少了国家对农业的直接支持(然而,国家的间接支持是允许的,上述例子应成为优先事项)。进口替代进展极其缓慢——受到制裁的西方国家的食品主要是由其他国家的进口代替的,而不是由国内生产。但是,俄罗斯农业部门仍具有很大潜力。西伯利亚和远东地区也是如此,这是该地区长久以来第一次在附近有巨大的销售市场。现在需要加大投资(包括国家投资)以消除进入这一巨大市场的障碍。

第四节 俄罗斯西伯利亚和远东地区粮食生产的国际合作

由于国内农工综合体缺乏自有资金、技术以及人力水平不足,俄罗斯非常想从国外吸引农业投资。同时,鉴于地理位置接近、人口密度低及有相当多空旷的肥沃的土地,西伯利亚和远东地区不得不被亚洲国家视为"走出去"战略的优先方向之一。

韩国生产商是最早在远东地区落脚的。滨海边疆区和阿穆尔州在《10年海外农业开发战略计划》中被列为韩国企业扩张的优先区域。其主要活动包括大豆和玉米的生产、畜牧业和食品工业,以及建立供应渠道。

根据官方数据,已经有7家韩国公司在滨海边疆区开展业务。有些公司是十年前到这里来的,并在荒废的土地上建立起高效的经济。目前,该地区的韩国合作伙伴每年生产约12万—12.5万吨的大豆和玉米,约8万吨的大米和超3万吨的小麦饲料。与此同时,韩国人正在建设基础设施,不仅是农业基础设施(粮站),还有道路。

目前,俄罗斯正积极发展与日本在农业领域的合作。2012年,日本三井物产公司与"英联邦"集团公司签订了合作协议,获得了其出口货物的优先销售权。北海道银行和阿穆尔州签署了一项协议，根据该协议，日本人于 2013 年在 500 公顷的土地上种植荞麦、大豆和玉米。这是一个试点项目，由于极度潮湿的天气，其结果并不理想，但是在 2015 年该公司的种植面积增加了一倍。然而，合作的潜力要大得多——它还可以覆盖其他邻近地区，即滨海边疆区和犹太自治州。

其他几个项目也在研究当中。例如，在萨哈林建立现代化的马铃薯和蔬菜储藏库，扩大肉用雏鸡的生产和禽肉加工，扩建温室，进行种子的品种试验和提供日本农业技术设备。日本日挥株式会社打算在哈巴罗夫斯克建造一个温室系统。

远东发展部、总统驻该地区全权代表和地区政府致力于吸引日本和韩国投资者参与其农业项目，从而增加税收和创造新的工作岗位。应用现代技术和使用可持续的土地可使耕地免于因闲置和非法使用而造成的退化。此外，农业的发展可以逐渐转变为整个远东农业工业综合体的发展。日本和韩国不仅准备投资土地开发，还准备投资农业技术生产、基础设施现代化、食品工业发展等。

中国的情况更加复杂。向中国人出租的土地面积正在逐渐增加。我们无法准确估算这些土地的面积——许多外国人实际拥有的土地是以俄罗斯公民的名义半合法地登记的。中国农民在边境地区的人数最多：滨海边疆区、哈巴罗夫斯克、外贝加尔边疆区、阿穆尔州、犹太自治州。

直到最近，租赁完全是以无秩序的方式进行——土地是以短期且以完全不同的条件（通常是不透明的）提供给私人投资者。自 2009 年以来，官方一直在讨论有序地向中国和其他亚洲国家租赁远东土地的问题。2009 年梅德韦杰夫和胡锦涛签署了《2009—2018 年中国东北地区同俄罗斯远东及东西伯利亚地区合作规划纲要》。该规划中并不包括土地租赁问题，但恰恰是该规划的通过使这种交易活跃起来。2010 年，中国黑龙江省政府在哈巴罗夫斯克边境地区和犹太自治州一次性租用了 42.66 万公顷的土地。犹太自治州已经有 2.7 万公顷的土地被中国人耕种，还有 5.2 公顷的土地由中国工人使用。这些土地占该地区总耕地面积的 80% 到 90%。

2012 年，经济发展部副部长斯列普尼奥夫向新加坡、越南、日本和朝鲜等的合作伙伴提供了一项租赁项目，即出租位于滨海边疆区、哈巴罗夫斯克边疆区和阿穆尔州的用于种植水稻和大豆的几百万公顷土地。根据该部的计划，每个项目投资者可以获得 20 万公顷的土地，每公顷土地价值 50 卢布。该倡议本应在符拉迪沃斯托克的亚太经合组织峰会上向外国伙伴提出，但这项计划最终未能得到远东发展部的支持。

2015 年 5 月，俄罗斯直接投资基金会和黑龙江省政府商定成立一个总额为 20 亿美元的联合基金，用于投资农业项目。6 月，外贝加尔边疆区政府和玉环华俄兴邦股权投资有限公司（中国中捷资源投资股份有限公司）的子公司）签署了一份意向书，根据该意向书俄方将出租 11.5 万公顷土地和牧场为期 49 年。此外，从 2019 年开始，预计还将增加租用的土地，面积为 20 万公顷。

与农业和畜牧业领域的合作一样，与外国投资者在渔业领域的合作也同样前景广阔。水产养殖可以成为主要的合作方向。如果说世界上人工繁殖的鱼类和海产品占市场供应总量的 50% 左右，那么在俄罗斯，水产养殖占总捕鱼量的 1% 以下。

据科学家估计，萨哈林、滨海地区和哈巴罗夫斯克边疆地区沿海水域的海产品产量约为 350 万吨。这一潜力尚未得到开发——远东所有地区每年的水产养殖总量不超过 1000 吨。远东地区水产养殖发展的主要困难是需要数百亿卢布的大规模投资。该地区没有这样庞大的资金预算，但有感兴趣的外国投资者。日本、韩国、挪威在该领域的投资前景可观。这些国家有悠久的水产养殖发展传统，拥有准备与远东地区共享的相关技术和人员。如果在符拉迪沃斯托克建立一个以外国先进技术为基础的、专注于水产养殖（也许还有农业）的生物技术集群，那就意味着俄罗斯地图上出现了一个新的高质量技术密集型增长点。

第十四章　俄罗斯与亚太国家和地区在应对自然灾害方面的合作

伊戈尔·阿列克谢耶维奇·马卡洛夫

自然灾害对世界所有国家的社会经济进程都产生了重大影响，损害了人力资本和物质资本，对可持续发展构成了严重威胁。对于世界上灾难发生最频繁的亚太地区来说，建立有效的自然灾害风险管理系统至关重要。在这一系统中，灾害预防措施非常重要：在森林火灾预警出现时对该区域进行巡逻、预测降水量和河流的水位等。应该特别注意跨境灾害，成功预防并有效地消除其后果，这种后果大多取决于受灾国家应对灾难的协调性。俄罗斯和中国在预防森林火灾和消除洪水不良后果时采取的联合方案就是一个鲜明例子。

俄罗斯遭受自然灾害风险的程度相对较低。但最近，自然灾害发生得越来越频繁，也越来越危险。例如，2010年俄罗斯欧洲部分的强热浪，2013年阿穆尔河洪水，2013—2014年间阿穆尔河沿岸地区和2015年夏末布里亚特的森林火灾，2015年的台风"戈尼"和随之而来的滨海边疆区的洪水。因此俄罗斯所有地区面临的风险并不相同：西伯利亚和远东地区是灾害多发区。这些地区对与亚太国家在应对自然灾害方面的合作感兴趣。

之所以需要这种合作,一方面是因为某些灾难具有跨境性质,另一方面是因为凭一国之力往往难以弥补自然灾害造成的破坏和损失(在个别情况下,损失能达到国民生产总值的百分之几)。本章介绍了俄罗斯与亚太地区国家在自然灾害管理领域有前景的合作方向。它们包括发展金融和保险市场的联合机制、技术交流、环境风险监测等。

第一节 自然灾害是亚太地区发展的严峻挑战

20世纪下半叶和本世纪初的自然灾害对社会经济发展构成的威胁越来越大。这主要与自然灾害发生的频率增加有关:从1980年到2014年,每年发生自然灾害的次数增加了近三倍。特别危险的是大型自然灾害发生的频率越来越高。突出的例子包括2011年日本的灾难和泰国的洪水,2012年美国的飓风"桑迪",2013年西非、中国南部、巴西东北部的干旱,尼泊尔和印度边境、阿穆尔河沿岸地区和中国东北的洪水,菲律宾的热带风暴"海燕",2014年塞尔维亚和波斯尼亚以及俄罗斯阿尔泰的洪水。

生命和财产损失的增加是自然灾害对可持续发展的威胁日益增长的最重要的因素。损失的规模虽然每年都在波动,但从长期来看其特点呈上升趋势,在某些年份达到创纪录的水平。特别是2011年,损失达3800亿美元,而1981—2010年平均损失为750亿美元。

在分析某一地区的自然灾害风险时,不仅要考虑一般性指标(破坏和损失的程度、紧急事件的数量),还要考虑脆弱性和暴露度等特性的动态。脆弱性是由多种因素共同造成的,例如对风险的敏感性(造成损害的概率)及应对和适应能力。正是高度的脆弱性让社会经济系统无法应对自然灾害带来的不利影响。同样，暴露度由物体（人、生产设备等）在风险区域的位置决定，包括两组参数：第一组是指灾害对风险区内的物体的影响，第二组是对灾难本身特征的定义。特别是，在发生洪水的情况下，第一组指标是物体与淹没区的接近程度、与河流的距离，第二组是灾难本身的一般特征——水流的速度和深度、洪水的持续时间等。

目前，世界上大多数地区面对自然灾害的暴露度和脆弱性持续增加。这一趋势在亚太地区尤其明显，该地区发生的自然灾害的数量和规模都处于领先地位，且大部分都是重大紧急的自然灾害。2014年，世界上记录的自然灾害中有一半以上都发生在亚太国家。在过去的15年里，全球自然灾害造成的破坏和损失约有61%发生在亚太各国，超过15亿人遭受了自然灾害带来的毁灭性影响。

预计亚太地区不仅会保持住现有的最易受自然灾害影响的现状，未来这一"地位"甚至会得到巩固，这与该地区各国面对自然灾害的暴露度和脆弱性同时增加有关。

2011年以后，亚太地区的自然灾害问题受到了特别关注。在日本发生的三重灾难（地震、海啸和福岛1号核电站事故）造成的总损失估计为2100亿美元，创下了世界历史新高。此外，日本地震对保险业来说是最昂贵的，保险损失总计400亿美元。这场灾难导致日本工业生产下降了15%以上，而经济损失总额占该国GDP的5%。虽然灾难对日本GDP动态的影响是显而易见的，但并没有导致长期的形势恶化：两个季度后，各项指标开始恢复正常。同时，这场灾难对第三国的GDP也产生了一定的影响。据估计，2011年的第二季度，中国GDP下降了0.3%，"亚洲龙"下降了0.4%，欧洲地区国家和美国下降了0.1%。

总的来说，日本自然灾害问题实际与核电站事故无关。因为，2014年的严冬给该国保险行业造成了世界上最大的损失：保险损失高达31亿美元。

转向东方

中国经济同样受到了自然灾害影响。特别是在世界上所有的大国中，中国暴发的洪水的风险更高。该国的东部和南部地区尤为脆弱，这两个地区集中了超过50%的人口、约35%的耕地面积和约70%的工业和农业生产成本。地震对该国的发展构成了重大威胁。2008年，四川发生了一场巨大地震（是30多年来该国最大的一次地震），造成了850亿美元的损失。除了经济损失外，自然灾害还对严重威胁着人民的生命安全。四川地震造成了近7万人死亡。

据世界银行估计，另一个最大的区域经济体——印度每年因自然灾害造成的损失平均约为国民生产总值的2%。2014年10月，飓风"哈德哈德"登陆印度海岸，这是2014年造成损失最大的自然灾害，损失总额约70亿美元。随着印度位于多灾地区城市的增加，自然灾害风险的暴露度逐年增加。特别是，飓风"哈德哈德"造成的如此大的损失，主要是因为它袭击了印度最大的港口之一的维沙卡帕特南市。

东南亚国家也受到自然灾害的严重影响。2013年11月，菲律宾热带风暴"海燕"彻底摧毁了55.2万所住宅，损坏了大约55万所住宅；受害者超过5000人，损失达到国民生产总值的5%。

2011年秋天，泰国发生了一场灾难性的洪水，造成了430亿美元的损失（占国民生产总值的16.5%）。它在最具破坏性的自然灾害名单中排名第四，是世界历史上最具破坏性的洪水。

气候变化是自然灾害频率和强度提高的因素之一。尽管关于自然灾害与气候变化之间关系的性质一直存在争论，但这种关系的存在本身是毋庸置疑的。从1970至2013年期间，气候相关灾害（干旱、寒潮和热浪、极端温度、热带飓风等）造成的损失在日本总计为640亿美元，韩国为140亿美元，中国为2590亿美元。根据政府间气候变化专门委员会的专家们预测，一系列与气候有关的自然灾害发生的频率和/或强度在未来将会增强，这同样会导致破坏和损失的程度加剧。换句话说，气候变化是该地区各国面对自然灾害风险暴露度增加的主要因素之一。

亚太地区经济的高速增长也对暴露度和脆弱性产生了不同程度的影响。一方面，福利水平的提高使得大量的财政资源被用于预防自然灾害和消除灾害后果，从而降低了亚太地区国家的脆弱性。另一方面，随着经济增长率的提高，密集的都市化会使任何自然灾害的潜在损害增加。目前，世界十大城市中有七个位于亚太地区。许多人口密集的城市海拔相对较低。预计沿海地区和大河三角洲发生洪水的频率和强度将会提高，这与因气候变化导致的全球海平面上升有关，自然灾害造成的损失可能会大幅增加。这不仅涉及物质资本，首先还会涉及人力资本。1970年至2011年间亚太地区因自然灾害死亡的人数占总死亡人数的70%。此外，死亡率下降的同时，自然灾害的受害者数量却在增加。这对经济领域产生了负面影响：工人的劳动能力减少或丧失，也会产生身体和心理的额外康复费用等。

亚太地区的一个不利因素是快速城市化，这往往会使其不能从减少灾害风险的角度有效管理领土，还给城市贫民区和郊区居民的生命和健康带来了因自然灾害而产生的额外风险。

同时面临几种灾害风险的大城市情况会更加严重。特别是，在全球自然灾害脆弱性排名中，东京、上海和马尼拉同时处于几种风险排名中的前三位。

该地区各国发展的不均匀是加剧自然灾害问题的另一个因素。如果说最具活力的经济体能够通过更有效的风险管理和更多的资金注入来平衡日益增长的威胁，那么发展中国家往往无法做到这一点，这就给它们带来了巨大的财政负担，以弥补损害和损失。

第二节　俄罗斯领土和人口的安全评估

在俄罗斯乃至整个世界，自然灾害发生的频率有增加的趋势。在

转向东方

1998年至2014年期间，仅水文气象灾害的数量就增加了2.5倍以上。俄罗斯经济面对自然灾害风险的暴露度主要取决于地理位置因素。俄罗斯的气候是全球最冷的，很大一部分领土位于永久冻土区（全球气候变化导致冻土区融化而产生附加风险）。与世界其他地区一样，俄罗斯都市化区域遭受自然灾害的风险最高。

该国的特点是随着死亡人数的减少，受灾人数增加。根据官方数据，俄罗斯因自然灾害造成的经济损失低于大多数发达国家。这是由于福利水平较低，也可能是由于保险系统不发达导致损害和损失的核算不完整。同时，即使根据官方估计，其损失在国内生产总值中所占的比例也与发达国家差不多。

约24%的俄罗斯人口生活在自然灾害高危地区。2010年7月至8月的热浪和烟雾造成了5.4万多人死亡（考虑到由于心血管和其他疾病恶化而导致的额外死亡率）。经济损失总额约为28亿美元。

在1990年至2014年期间，俄罗斯记录的自然灾害结构中占主导地位的是洪水、森林火灾和极端温度。最后一项造成的死亡人数占比最大（超过94%），而最大的经济损失是由洪水和干旱造成的——分别占总损失的37%和22%以上。

全国各地对不同类型的灾害风险的暴露度是不同的。近年来，西伯利亚和远东联邦区的暴露度指标明显处于领先地位。2014年，大约40%的危险水文气象灾害发生于该地区。巨大的领土面积和频繁的大气活动造成了西伯利亚和远东联邦区的这种情况。与此同时，气候变化将促使俄罗斯各地，尤其是其亚洲部分遭受危险水文气象灾害的次数增加。

西伯利亚和远东地区经常发生森林火灾。2014年，在这些地区记录了大约有1万起森林火灾（占全俄总数的61.3%），受灾面积为370万公顷（占全俄总数的99%以上）。2014年，俄罗斯由森林火灾造成的损失超过230亿卢布，其中绝大部分都落在西伯利亚和远东联邦区。由于极端温度周期发生的频率增多和持续时间增加以及森林资源质量下降，未来火灾的威胁将会增加。如果应对不及时，许多局部火灾可能会转变成跨境火灾。

洪水是危害西伯利亚和远东的另一种自然灾害，而且往往具有跨境的特点。2013年的夏末，俄罗斯远东和中国东北许多地区受到了阿穆尔河洪水的袭击，这是有史以来规模最大、最具破坏性的洪水。在俄罗斯，有17万人受到了洪水的影响。根据最新的估计，由洪水造成的直接损失超过865亿卢布，而间接损失达到了1720亿卢布。

第三节　亚太地区自然灾害防治与应急管理的国际合作现状

对人类脆弱性的认识有助于加强国际社会在预防、减缓和消除自然灾害影响领域的活动。1989年通过了从1990年到1999年实行《国际减轻自然灾害十年计划》的决议，年末联合国大会上通过了《减少自然灾害国际战略》。几年后，可持续发展世界首脑会议上（约翰内斯堡，2002年）通过了《执行计划》决议，决议中将降低面对自然灾害的脆弱性视为可持续发展的关键条件之一。2005年1月，世界减灾大会在日本神户市（兵库县）举行，会议期间确定了在未来一千年里应对灾害的可能性。会议最终通过的主要文件是《兵库宣言》和《2005—2015年兵库行动框架：开发国家和社区的抗灾潜力》。这些文件于2015年到期，第三届世界减灾大会在仙台（日本）召开，以确定进一步合作的首要任务。最终会议参与者通过了《2015年后减少灾害宣言和行动框架》，其中确定了国际社会成员在该领域互动的目标、优先方向和指导方针。工作的主要重点是到2030年减少因自然灾害而死亡和受灾的人数；减少损失；缩小基础设施损坏规模；到2020年增加参与制定实施减少风险战略计划的国家数量。

在联合国、灾害流行病学研究中心（CRED）等国际机构中也开展了减少灾害风险的国际合作，大型保险公司在金融市场或区域联合体（例如，加勒比地区）进行再保险交易。

俄罗斯和亚太地区国家在预防、适应和消除自然灾害影响方面的合作通常以双边或三边模式进行。

消除自然灾害影响是俄罗斯、印度和中国三边合作的方向之一。俄罗斯和中国积极开展双边合作。在2006年，中俄双方签署了《关于预防和消除紧急情况合作协定》。文件中提及了协同合作的首要方向——联合监测自然灾害、开展科学技术合作、在处理紧急情况时互相帮助。

在消除2013年夏季阿穆尔河洪水后果的过程中，两国的协同合作得到了显著加强：建立了关于河流流量和降雨量的每日信息交流，两国相互为受灾地提供必要的劳动力和物资。

俄罗斯积极与中国和韩国在预防和消除森林火灾领域开展合作。中俄林业常设工作组在会晤时讨论了对抗森林火灾的问题。俄罗斯与韩国的合作按照《森林防火谅解备忘录》中确定的方向进行。其中包括"信息与新技术交流、消防专家和森林工作人员的联合培训计划，加强避免航空事故的安全和质量控制系统，以及交流在组织森林防火的调度工作领域的经验"。

俄日关系中也注重加强在减少灾害风险领域的协作。2005年秋，双方政府签订了《预防和消除重大自然灾害影响的合作备忘录》。

自然灾害课题已列入亚太地区多边合作的议程。上海合作组织定期开展消除自然灾害影响的联合演习。亚太经合组织经常举办一个由参与国紧急事务高级官员组成的论坛，其主要目的是交流管理危急情况的经验，以降低该区域居民和经济面对自然灾害的脆弱性。中国正在通过"东盟+1"会议发展与东盟国家的合作。近日，中国与东盟打算实行《预防自然灾害和消除其影响合作行动计划》。在个别情况下，为了消除自然灾害影响需要武装力量参与，因此在"东盟+8"国防部长会议中讨论了这一课题。

多边合作使我们能够展开科学和信息交流，但始终没有充分解决应用技术问题。现在这只在双边协作或小型国家集团的合作中进行。

该文件由联邦国家机构"航空护林"的代表与韩国森林服务航空中心签署。

第四节　俄罗斯与亚太地区国家自然灾害防治与应急管理的国际合作前景

近年来，自然灾害已成为俄罗斯东部和亚太地区国家面临的主要挑战之一。俄罗斯与亚洲国家在降低风险和减轻自然灾害影响领域的合作频率正在逐渐增加，但需要使其更加有效。

特别是要加强以联合演习形式进行的合作。目前，正定期举行多边联合跨境森林消防演习（有俄罗斯、中国、哈萨克斯坦、韩国等国参加），尽管拥有合作的所有先决条件，但没有进行更深入的互动。最好是建立跨境支队来对抗自然灾害，这对俄罗斯和中国尤为重要。

与中国直接接壤的滨海边疆区的跨境火灾问题最为严峻。因此，该地区可以率先建立起新的国际消防安全中心，并发展现有的中心。建立一个旨在监测紧急情况和消除其影响的航空联合小组是十分有前景的合作方向。2012年，俄罗斯联邦林业局的专家们开始谈论森林外交的"东方矢量"，指的是与韩国同行就加强森林综合体的航空保护达成的协议。在与其他亚洲伙伴的关系中缺乏类似的方法。

俄罗斯消防部门在森林中执行任务时最常使用的是伊尔-76和别里耶夫-200飞机以及米-26和米-8直升机。尽管消防部门的必要技术配备几乎齐全，但在发生重大灾难时不得不寻求内务部航空部门的帮助。建立一个由俄罗斯、韩国和中国的飞机组成的联合机队,用于开展科学研究、防灾和消灾活动,是一项有前景的措施。机队的运行可以以长期租赁或在紧急情况下短期提供船舶的形式进行。同时,国际协议中规定的跨境航空机队的地位,将减少跨境救援服务中需要获得相关许可证的费用。如果能及早发现火灾的情况下,就可以将火灾造成的损失降到最低,实现这一点最有效的方法是进行空中监测。从区域预算中为一个单独的航空机队提供资金以监测火灾情况几乎是不可能的:保持最佳飞机数量的花费相当高,而另一方面,无论是从财务角度还是从实现预期结果的角度来看,飞机数量不够的机队效率很低。几个国家联合提供跨境空中监测服务或许能解决这个问题。

  加强科学合作的潜力很大。例如,在监测和预测自然灾害、建立损失评估机制和优化救援行动等领域开展联合研究。建立联合科学研究实验室、中心、开展专家交流、组织提升技能的培训项目,所有这些都将极大地提高对自然灾害的防范水平,从而减少其带来的损失。

  许多亚太地区国家对加强自然灾害风险保险的活动感兴趣。然而,该地区各国在风险暴露度以及弥补损失和消除自然灾害影响的经济能力方面的差距极大。在发达国家,保险部门为一些公司、家庭以及整个经济领域承担了相当一部分由自然灾害造成的损失。相比之下,发展中国家的自然灾害损失保险方面还不够完善。发展中国家对此方面的合作最感兴趣:这将大大降低它们成本,并吸引更多的投资资源。

  鉴于俄罗斯自然灾害风险保险的发展还处于萌芽阶段,该保险的联合计划对俄罗斯尤为重要。至少,与亚太国家在保险领域的合作将有可能完善俄罗斯现有的减少损失机制。未来,俄罗斯保险公司有可能进入亚太地区发展中国家的自然灾害风险保险市场(不久的将来这个市场必然会扩大)。

  今后,维护联合机队的合作可以扩展到非区域参与者当中。一些俄罗斯专家建议创建全球紧急救援公司(GASC)。俄罗斯在有效预防和消除灾害影响方面有丰富的经验，并且拥有现代化机组和救援技术，可以成为该公司的关键创立者之一。

建立损失共同融资机制是在对抗自然灾害领域开展合作的另一个重要方向。对于俄罗斯和中国来说，最好是成立一个降低自然灾害风险的专项基金。该基金可能类似于"保险池"，该"保险池"被积极用作小岛屿国家之间合作的手段，主要是加勒比区域。该基金的活动应侧重于采取措施，以在跨境自然灾害发生时减轻预算、企业和家庭的经济负担。研制减少损失的金融机制至关重要，特别是在交换科学技术和信息以及消除自然灾害影响的过程中，俄罗斯和一些亚太地区国家的合作是非常有效的，但在采取联合经济措施以使国民经济适应自然风险方面的合作几乎没有。

就保险、再保险和消除自然灾害影响而言，积极应用和开发特殊的金融工具能对建立有效的合作机制做出重大贡献，例如灾难债券。

因此，俄罗斯和亚太地区国家在降低风险和消除自然灾害影响方面有很多合作方向，包括加强科学合作和建立联合金融机制以弥补损失，但只有国家机构和私营公司都参与的情况下才会有效。同时，国家机构必须从私营公司那里吸引和积累资本，并向受难者提供预警、疏散和急救的保障机制。

第十五章 欧亚大陆新基础设施地图上的西伯利亚和远东

阿纳斯塔西娅·鲍里索芙娜·利哈乔娃，伊戈尔·阿列克谢耶维奇·马卡洛夫

在2007—2009年全球金融危机之后，亚太地区所有领先的国家都启动建设或维护该地区的大规模基础设施的项目。时任韩国总统朴槿惠于2013年10月正式提出了欧亚倡议，该倡议中运输起着关键作用。印度开始将自己定位为大陆强国，并提出了建设跨欧亚大陆国际南北运输走廊的想法。自2012起，俄罗斯宣布将发展北方海航道和西伯利亚大铁路的现代化改造作为国家首要任务之一。东盟国家一直致力于在东盟组织和区域全面经济伙伴关系项目框架内加强互联互通概念。

最终，2015年春天，中国将"丝绸之路经济带"和"海上丝绸之路"两个项目合并为一个大项目——"一带一路"倡议。与此同时，中国投资修建了尼加拉瓜运河，使其能够与拉丁美洲国家进行能源和粮食贸易。

本章对将在21世纪上半叶打造亚洲物流版图的关键基础设施项目进行了简要概述。对于占据亚洲大陆近33%领土的西伯利亚和远东来

说，融入这些基础设施项目是其首要任务之一。但是，俄罗斯拥有的这方面的先决条件很少。尽管有明显的互联潜力，但到目前为止，只有俄罗斯远东地区被最低限度地纳入区域基础设施项目，而西伯利亚完全没有被列入亚洲强国的新计划中。

第一节 大陆背景

2000年间，欧洲与亚洲国家之间的贸易额呈稳步上升趋势。这导致世界经济的主要贸易运输路线的使用强度成比例增加，即通过穿越马六甲海峡和苏伊士运河的海上路线。这导致了该运输路线严重过载、交货时间延长及海盗事件频发。正是在2000年中期，人们开始积极讨论建设这条路线的"替代品"的可能性——利用新的海上路线和以某种形式恢复丝绸之路（如美国新丝绸之路项目或欧洲的欧亚高速运输走廊等）。

自2008—2009年危机以来，由于其社会经济发展模式的结构性转变，中国经济增长放缓。优先事项是发展国内消费和包容性增长，大力发展中国中西部省份，增加与日本、韩国、东盟国家、南亚和中亚的贸易额和投资流动。整个亚洲地区已开始从"亚洲为世界"模式转变为"亚洲为亚洲"模式。区域内贸易和与发达国家的传统贸易联系之间的平衡急剧转变。欧洲本身从未达到稳定的增长率。结果，（在弥补危机失败之后）从2011年起亚欧贸易的增长速率放缓至每年的5%—6%。与此同时，中国对欧洲商品和设备的进口替代的可能性大大增加。

从中期来看，欧洲和亚洲国家之间的双边贸易增长率几乎不会增加，甚至可能会略有下降。集装箱运输能力的显著提高将进一步降低传统路线的运输成本，该路线负载水平不会急剧增加。到2015年底，全球贸易舰队的运输力预计将增长8%。运输供应和需求之间的差距可能会扩大——后者将仅增加5.4%。其结果将是关税的进一步下降。

因此，目前没有迫切的贸易需求来建立替代路线，以保障欧洲和亚洲之间的贸易。穿越马六甲海峡和苏伊士运河的路线是目前海上路线中最廉价的。连接中国和欧洲的陆路路线不太可能与之竞争。

然而，在战略计划中包含发展新路线的需要。这与减少使用传统海上航线固有的军事政治风险的必要性有关。这些风险包括亚太地区和印度洋国际安全水平下降、中东不稳定（霍尔木兹海峡和苏伊士运河的相关威胁）、对控制马六甲海峡的新加坡日益依赖、海上抢劫以及中国南海紧张局势加剧。

与此同时，亚太地区的新发展模式要求扩大连接中国与东南亚、南亚和中亚国家的运输基础设施。然而，无论在海上还是陆地上，要实施这样的项目都充满了很多困难：

·就海上运输而言，马六甲海峡过度负荷，因此需要开发绕行路线，例如，穿越巽他海峡和龙目岛海峡，但是它们延长了运输时间；

·就铁路运输而言，困难是资本投资的持续时间和高成本、自然限制（主要与地形有关）、轨距标准差异、跨越几个边界的海关管制问题；

·就航空运输而言，需要建立机场和配套的物流结构（仓库、枢纽、其他运输方式）；需要实现中国航空市场自由化、限制航空运输货物种类、与高速铁路有竞争；

·公路网发展的问题最少。但是，欧亚运输规模内的汽车运输仍然是次要的，主要用于向区域枢纽运送货物和乘客。

第二节　中国运输倡议

目前有几个从中国到欧洲的货物运输走廊的开发项目。最方便和最便宜的路线是连云港—郑州—兰州—乌鲁木齐—霍尔果斯—阿拉木图—克孜勒奥尔达—阿克托贝—奥伦堡—喀山—下诺夫哥罗德—莫斯科—圣彼得堡，并通往波罗的海港口。这是唯一一条已经投入使用的路线，大部分现有的过境运输流都是通过这条路线运输。这条路线的一个重要优势在于从中国到欧洲的运输途中只需通过两个海关边境，一个是中国与欧亚经济联盟之间的，一个是欧亚经济联盟与欧盟之间的。

这条路线将西伯利亚和远东排除在"丝绸之路经济带"项目之外。对这两个地区来说，将其他两条路线之一作为基线使用更有吸引力：一条是经乌鲁木奇到鄂木斯克后沿着西伯利亚大铁路到达俄罗斯欧洲部分的路线，一条是从中国到俄罗斯东部边境地区——哈巴罗夫斯克的路线。

这两条路线中，第一条的路径是很明确的，但要实现它需大幅扩展鄂木斯克—新西伯利亚的过载路段，以及在这些城市建立物流中心，以扩大国内运输和出口。丝绸之路通往西伯利亚西部的出口只是为了将货物从中国运往欧洲是毫无意义的，因为这条路比穿越奥伦堡的路线更长。

第二种路线在中期几乎不可能实现——它直接与海上运输竞争（因为它的定位是为离海不远的中国东北省份提供服务），还与俄罗斯的远东地区出口导向型发展计划竞争。此外，通过哈巴罗夫斯克的路线进行运输将更昂贵和更耗时。

2014年，计划由中国提供资金，建立经过叶卡捷琳堡、阿斯塔纳、伊尔库茨克、乌兰巴托和哈巴罗夫斯克的"莫斯科—北京"高速走廊。在《共建"一带一路"的展望与措施》一文中也提及了这项倡议。然而，在最终方案里，从阿斯塔纳出发的路线似乎仍将通往中国西北部省份，而不是通往东西伯利亚。

今天，除了铺设一条经过鄂木斯克和新西伯利亚的过境路线外，西伯利亚和远东还有两种方法可以加入"一带一路"项目。第一种方法是在中俄远东边境附近建设国际运输走廊。中国在"一带一路"发展规划中提出：我们必须充分利用内蒙古靠近俄罗斯和蒙古的优势，改善黑龙江省和俄罗斯之间的铁路运输和区域铁路网，通过海陆联运加强中国黑龙江省、吉林省、辽宁省和俄罗斯远东地区的合作，建设连接北京和莫斯科的欧亚高速走廊，旨在为北方地区打造关键"窗口"。

在所有这些目标中，发展滨海边疆区运输走廊看起来是最符合实际的。第一批货物已经通过"滨海1号"走廊运送。它连接着绥芬河边境火车站和东方港集装箱码头。这条路线的总长度是500公里，从绥芬河到最近的中国大连港的距离约为1300公里。该走廊通往乌苏里斯克—波格拉尼奇内—戈斯格拉尼察高速公路以及纳霍德卡和符拉迪沃斯托克港口。它的最终目的是将中国的集装箱运往东北亚国家和美国。

"滨海2号"走廊将吉林省与斯拉维扬卡港口、扎鲁比诺港口和波西耶特港口相连。2014年6月底，远东过境运输公司和中国中工信建筑集团有限公司签署了一项协议，根据该协议，它们将共同建设斯拉维扬卡港口，用于中国和俄罗斯之间的过境集装箱运输。在斯拉维扬卡港口，来自中国东北省份的集装箱货物将被重新装载到集装箱运输船上，转运到中国南方。港口建设的同时，计划修建一条从斯拉维扬卡到边境的公路，计划在一段时间内将其从双车道改为四车道。扎鲁比诺港将建设四个码头：粮食码头、氧化铝码头、集装箱码头和通用码头。第一阶段将于 2018 年开始建设。中国将供应大约 60% 的货物流量，俄罗斯出口到亚太地区的货物将占 30%，而俄罗斯企业的其他外贸业务将占剩下的 10%。

还有一项建议是建设从中国边境到符拉迪沃斯托克的"滨海边疆区—3"运输走廊。该项目的竞争优势是有一条 65 公里长的走廊，比"滨海 1 号"和"滨海 2 号"短 2—3 倍。

未来，滨海边疆区的运输走廊不仅可以将中国货物转运到亚太地区，还可以通过北方海航道运往欧洲。但这还很难实现，因为计划中的货物运输以集装箱货物和粮食为主，而这两类货物很难通过北方海航道进行运输。

俄罗斯和中国运输基础设施的连接不仅对滨海边疆区很重要，对其他地区也很重要。2013 年开通了一座公路桥，将哈巴罗夫斯克边疆区的大陆部分和大乌苏里岛连接起来，而后与中国相连。横跨阿穆尔河的下列宁斯阔耶—同江铁路桥已经开始建设，它将连接犹太自治区和中国黑龙江省。这将使货物运输到最终消费国的距离缩短约 700 公里。根据初步计划，该桥应该于 2015 年底投入运行，由于俄罗斯方面融资混乱，最终于 2022 年投入使用。

通过中蒙俄经济走廊，可以将俄罗斯东部领土融入中国运输倡议。中华人民共和国外交部部长王毅于 2014 年春季提交了相关提案，他表示，该倡议将意味着中国"一带一路"倡议、蒙古"草原之路"构想和俄罗斯"跨亚欧走廊"构想的统一。

发展一条经蒙古通往中国的运输走廊对东西伯利亚来说意义重大，东西伯利亚可以越过西伯利亚大铁路"东部试验场"的狭小地带向中国运送产品。煤炭生产商可能是受益人之一。但更重要的是，子午线运输走廊可以将水密集型和能源密集型外包产品从中国运到东西伯利亚，以前这些产品可能受到运输壁垒的局部限制。

第三节　其他亚太国家和地区的运输倡议及其对西伯利亚和远东的意义

一、东盟运输项目

建立互联互通的概念是东盟目前主要的基础设施倡议。该概念于2009年10月首次公开提出，以应对全球金融危机以及为2015年建立东盟共同体做准备措施。《加强东盟互联互通总体规划》和《俄罗斯—东盟经贸合作路线图》都反映了东盟国家与俄罗斯之间基础设施和通信互联发展的战略方向。其中包括建立综合、高效且有竞争力的海上运输系统，研究俄罗斯和东盟国家之间运输基础设施发展联合项目的实施前景，建立统一的航空服务市场，开发具有成本效益的、安全可靠的物流链。

然而，到目前为止，这些战略方向都没有项目支撑。唯一正在发展的合作领域是开发俄罗斯和越南、泰国、印度尼西亚主要城市之间的路线，其潜力目前仍然主要受到旅游业的限制。

同时，东盟在经济走廊一体化发展方面很有经验。在过去25年里，亚洲开发银行（ADB）对经济走廊的发展起着关键作用。目前，中国的"一带一路"倡议可以为东盟国家的运输项目提供新的动力，该倡议与这些项目完美对接。由运输和物流组成的关键区域项目包括大湄公河次区域发展计划（BCM）和东盟增长三角区。

1992年，在亚洲开发银行的领导下启动了大湄公河次区域发展计划，这不仅是一种经济工具，也是将中国纳入区域经济和基础设施议程的一种方式。在计划实施的前六年里清楚地展现了在缺乏基础设施的情况下，加强区域互联是十分困难。1998年，大湄公河次区域发展计划加入了经济走廊方案。

目前,大湄公河次区域发展计划已经初见成效。各国在彼此对外贸易中所占份额成倍增长。近年来,中国的政策旨在最大限度地参与东南亚境内的贸易、运输和投资项目,包括推广人民币计价理念。中国和东盟之间自由贸易区的建立极大地促进了该项目的发展。

20世纪90年代,为在东盟国家间建立互补增长区域启动了许多项目,即"新马尼印增长三角"项目(新加坡、马来西亚柔佛州和印度尼西亚廖内省),东盟东部增长区(文莱、印度尼西亚、马来西亚、菲律宾——东亚增长区)(BIMP-EAGA)和印度尼西亚、马来西亚、泰国增长三角(IMT-GT)。最初,这些项目受到了热烈的欢迎,但随着它们的实施,其中一些项目被放弃。

在"新马尼印增长三角"项目的框架内,主要通过新加坡—柔佛线路进行互动。同时,新加坡被认为是该项目实施的最大受益者,新加坡积极投资柔佛地区的劳动密集型和资源密集型产业,却很少投资劳动力成本极低的廖内,而新加坡的水、能源和土地也很稀缺。这条走廊是工业走廊,由三洋、新日本制铁公司、西门子、索尼、菲利普等公司运营。

东盟东部增长区创建于1994年,但其作为一个综合项目并没有什么发展。其主要合作领域仍然是旅游业(标准统一)和电信(该区域内的关税全面下调)。加强互联的主要障碍是区域面积过大,从而削弱了经济走廊的理念。

"增长三角"走廊项目于1993年启动,但从未成功。主要是由于各参与国的经济发展存在很大差距,商业利益水平较低(特别是由于监管不力)以及三个国家旅游业之间的竞争(尽管旅游业最初被宣布是"三角区"的一个关键优先事项)。

该项目的另一个常见名称是"南增长三角"。

这些已制定的项目仍然是东盟运输发展的框架,但其在与西伯利亚和远东的互联方面没有明显的潜力。但东盟对于亚太地区互联互通建设的关注，这必然会促使其寻找接触点。2015年5月，欧亚经济联盟和越南之间签订的自由贸易区协议将促进其寻找接触点。

二、韩国欧亚倡议

2013年10月，韩国总统朴槿惠发起了欧亚倡议。该倡议的目的是通过将国家与大陆市场连接起来克服事实上的岛国地位。俄罗斯将在欧亚倡议中发挥关键作用。

该倡议的核心项目之一是建设跨韩铁路。2013年9月，俄罗斯铁路股份有限公司已经完成了铁路轨道的重建和很多基础设施的恢复——18座桥梁、12条溢洪管道和3条位于哈桑—罗津路段的隧道，其总长度超过4.5公里。罗津港通用装货码头于2014年竣工，年转运能力达400万吨。未来，哈桑—罗津路段可能成为跨韩铁路的一部分。

尽管韩国和朝鲜之间的政治对立给该项目带来了很大的风险，但它仍是一个有希望的项目。然而，在最初的计划中——它是连接韩国和西欧国家的陆路运输走廊的第一段。这只有在彻底实现西伯利亚大铁路现代化的情况下才能实现。在不久的将来，跨韩铁路需要俄罗斯的加入以发展俄韩经贸关系，也是出于政治原因——该铁路使俄罗斯在解决朝韩关系中发挥重要的作用。

目前，跨韩项目的谈判实际上被搁置了。然而，《欧亚倡议》仍然是韩国的首要问题。在此背景下，韩国积极支持中国的"一带一路"倡议。也许，韩国不想直接与俄罗斯就基础设施发展领域开展积极合作，它更倾向于政治上中立的多边形式，并提议将跨韩运输项目与滨海边疆区运输走廊结合起来。对俄罗斯来说，这个方案也相当有吸引力。

三、国际南北运输走廊

印度—伊朗—俄罗斯国际南北运输走廊（INSTC）是从孟买（印度）和阿巴斯港（伊朗）到圣彼得堡的旅客和货物运输路线，总长度为 4500 公里至 7200 公里。这条路线旨在吸引来自印度、伊朗和其他波斯海湾国家的跨境货物流，经里海运到俄罗斯境内，然后再到西欧和北欧。

根据苏联通过中亚向伊朗转运货物的经验，于 20 世纪 90 年代提出了建设这条路线的想法。该线路的过境运输量是 250 万吨。苏联解体后，货物运输几乎停止了。

2000 年，在圣彼得堡举行的欧亚运输会议上，俄罗斯、伊朗和印度签署了一项关于建设国际南北运输走廊的框架协议。2002 年，这项协议得到了国家杜马的批准。如今，阿塞拜疆、亚美尼亚、白俄罗斯、哈萨克斯坦、阿曼、叙利亚、土库曼斯坦和土耳其都加入了该协议。根据俄罗斯铁路公司几年前发布的评估，2015 年需要沿国际运输走廊运输的货物量将达到 2500 万至 2600 万吨，这一路线的主要问题是一些路段缺乏现成的铁路基础设施，如果不解决这个问题，就不可能实现大量的货物运输。这一问题正在逐步解决。

南北项目包括三条运输走廊。东部路线从伊朗到阿斯特拉罕，穿过土库曼斯坦、乌兹别克斯坦和哈萨克斯坦。西部路线从阿塞拜疆绕过里海。跨里海中心走廊打算跨越里海进行货物运输。

俄罗斯和其他相关国家（哈萨克斯坦、土库曼斯坦、阿塞拜疆、伊朗、印度）认为国际南北运输走廊的建立可能通过更短、更经济的路线加强欧亚运输。与经过苏伊士运河的路线相比，这条走廊使货物从欧洲到波斯湾沿岸和印度洋海岸的距离减少了一半左右。但最重要的是，它在加强参与国之间的联系方面发挥着潜在的重要作用，成为一个协调补充丝绸之路经济带的项目。还有潜在的地缘经济测算，这与加强印度、伊朗和俄罗斯三个地区大国之间的互联互通的愿望有关。2014年12月，普京与印度总理莫迪签署了一份联合声明，称国际南北运输走廊在促进双边贸易和加强两国合作方面发挥了重要作用。

在当前形式下，国际南北运输走廊不涉及西伯利亚。尽管如此，西西伯利亚南部仍有机会加入该项目。俄罗斯对子午运输路线很感兴趣，这条路线能够将俄罗斯产品运到乌兹别克斯坦和土库曼斯坦，再到伊朗和阿富汗。这些市场对粮食的供应，也可能是对冶金产品的供应很有前景。俄罗斯在这两种商品上与哈萨克斯坦存在竞争，但两国都参与欧亚经济联盟，使得两国有可能就市场划分达成协议。而丝绸之路经济带项目可以用于发展相关基础设施。

第四节　西伯利亚和远东地区融入欧亚大陆基础设施项目的前景

亚洲主要运输和物流项目的概述表明，亚洲伙伴对西伯利亚运输方面的兴趣不大，而在远东，只有滨海边疆区有着重要作用，由于滨海边疆区有利的地理位置，该地区可以成为一个重要的过境地区。因此，俄罗斯的基础设施项目与区域和大陆的大型项目之间的联系仍然很微弱甚至完全没有。

同时，运输是西伯利亚和远东发展的关键组成部分。因此，首要的任务是制定一个有效机制，将小型的（在联邦主体层面）、国家的和大陆的项目连接起来。有助于解决这一问题的关键趋势是中国的经济增长从东部省份转向西部省份，并将中亚国家纳入"亚洲为亚洲"模式的轨道（表15-1）。

表15－1　西伯利亚和远东在欧亚新项目中的作用

项目	西伯利亚建设性作用	远东建设性作用	机遇
"一带一路"	西伯利亚大铁路的连接；俄罗斯—蒙古—中国走廊；未来通过北海航线连接西伯利亚北极地区	远东港口；阿穆尔盆地的跨境合作；俄罗斯—蒙古—中国走廊	旨在连接西伯利亚和丝绸之路经济带的新经向关系，机构合作
东盟发展走廊	—	—	在西伯利亚境内建立航空枢纽；未来为调整能源和食品供应开发新的运输路线
南北国际运输走廊	—	—	将走廊向东扩展，这将在很大程度上扩大贸易基地种类，并使西伯利亚产品能够进入中亚和南亚市场
韩国欧亚倡议	在项目层面缺乏	发展通过俄罗斯和朝鲜半岛的港口和铁路交通	连接韩国和滨海边疆区国际运输走廊

该区域的共同项目可以在现有机制和形式的基础上实施，这些机制和形式是在巩固非西方世界的背景下，在国际政治局势恶化条件下发展起来的。俄罗斯欧亚大陆中部最有价值的资产是欧亚经济联盟，在联盟的框架下，共同的海关边界逐渐实行统一规范和标准。这些法律和官僚手段在实践中可以为欧亚经济联盟内部及与亚洲国家的贸易发展创造巨大的机会。后者要求欧亚经济联盟在与中国的关系中制定一个有效的共同议程。

第五部分
俄罗斯北极开发的挑战与机遇

第十六章 北极在俄罗斯和世界中扮演的新角色

伊戈尔·阿列克谢耶维奇·马卡洛夫,伊利亚·亚历山大罗维奇·斯捷潘诺夫

在过去的几十年里,北极地区的资源开发潜力,不断增长的过境运输潜力以及特殊的战略重要性显著改变了其在全球经济和国际关系中的作用。不仅是区域大国,亚洲国家对北极的兴趣也日益浓厚,这让该地区在全球范围内变得越来越重要。

本章将北极地区既视为大国角逐的舞台,又视为具有建设性及互利性的互动地区,后者通常占主导地位。恶劣的自然条件、高昂的经济活动成本,以及北极生态系统对人为影响的特殊敏感性,使得北极国家之间的可持续的长期合作至关重要。总的来说,近年来,相互理解和信任有了很大的提高,各方都意识到,北极地区国家政策的有效实施直接取决于国际合作。

然而,因乌克兰冲突而导致的政治紧张局势并没有绕过该地区。俄罗斯和北约国家在该地区的军事储备有所增加。北极地区的军事集结不太可能导致地区冲突——北极军事力量的扩张更多地是为了战略目标,

而不是争夺领土或资源。然而,新一轮北极军事化浪潮不可能不影响合作的力度。

俄罗斯和西方之间的关系危机对北极地区发展的一个负面后果是对俄罗斯能源公司实施的制裁。这一决定对双方的负面影响可能会在不久的将来严重阻碍该地区的发展。

第一节 北极地区日益增长的战略意义

传统上,北极被定义为由北纬60度线以北的海域和陆地大陆边缘组成的环极地区,位于八个北极国家的管辖范围内:俄罗斯、挪威、瑞典、芬兰、冰岛、丹麦(即格陵兰)、加拿大和美国(阿拉斯加)。然而,这些国家中只有五个国家——俄罗斯、挪威、丹麦、加拿大和美国可以进入北冰洋。它们在北极地区国际制度的形成和发展中发挥关键作用。

北极地区总面积约占地球表面积的8%,其中陆地面积3000万平方公里。与此同时,北极地区人烟稀少,尽管领土辽阔,但只有400万人口。

在过去十五年中,人们对北极的关注度增加的原因主要在于经济层面。原材料开采和运输技术的改进以及能源价格的逐步上涨,迫使国际社会重新审视这个有可能成为世界上最大资源财富的地区。根据美国地质调查局的一项大规模研究,北极未发现的资源量约为900亿桶石油和472.6亿立方米的天然气。在北极圈外发现61个大型油气田,其中俄罗斯43个、加拿大11个、美国6个、挪威1个。

北极地区作为一个非能源矿产资源基地也是令人感兴趣的。最大的锌矿床之一位于阿拉斯加北部,而世界上最大的钯金矿床位于俄罗斯北极地区。世界上最大的稀土金属矿床(托姆托尔矿床)位于雅库特西北部。在格陵兰发现了大量铁矿石。

由于技术的进步、能源价格的长期上升趋势以及人们对自然资源的普遍关注，未来十年，该地区的累计投资可能超过1000亿美元。基础设施以及石油和天然气项目的投资尤其如此。

除了商业利益，北极的战略利益也在不断增加，这反映了当今世界正在目睹该地区日益增长的经济和地缘政治价值。对该领土的控制，以及与其相关的自然资源和贸易路线的控制，越来越被视为最重要的权力来源之一。

随着冰雪消融和破冰船队的改进，北极的重要性与日俱增。该地区的海上航运越来越方便——北方海航道和西北航道的发展正变得越来越有吸引力。

该地区日益增长的资源和过境运输潜力意味着对它感兴趣的国家不仅仅只会局限于北极大国。亚洲主要国家的参与将北极地区的国际合作提升到一个新的层面。2013年，五个亚洲国家——中国、印度、韩国、日本和新加坡获得了北极理事会永久观察员的地位。他们将北极视为确保自身能源安全的来源之一和贸易流动多元化的手段。因此，亚洲国家参与北极地区管理的愿望也越来越强烈。

由于全球环境问题日益严重，北极地区显得尤为重要。北极地区是全球气候变化的一个尺度，那里的变暖过程是世界平均速度的两倍，研究它们对于预测整个地球的气候状况特别重要。同样令人担忧的是，北极开发可能会威胁到其作为世界上最重要的生态保护区之一的地位。随着该地区资源和运输潜力的开发，人为影响脆弱的极地生态系统的风险增加。

北极地区重大基础设施和能源项目的实施，以及应对当地环境问题和应对全球气候变化，都需要参与该地区发展各方的共同努力。这一点正被越来越多的人理解。在北极地区，共同和共享的"游戏规则"和管理原则，以及北极与非北极国家之间的有效互动是其可持续发展的关键。

第二节 北极的国际制度和区域大国的领土争端

在过去十五年里,对北极开发意向的增长使北极大国希望扩大其专属经济区,从而增加在北极开展业务的机会。

最初,北极领土划分的基础是分区原则,根据该原则,该地区的领土和海域被划分给五个可以进入北冰洋的国家:美国、俄罗斯、挪威、加拿大和丹麦。1909年,加拿大宣布对北极及其北部海岸之间的所有领土拥有主权,并于1925年5月正式获得拥有其北极地区的权利。1926年根据苏维埃社会主义共和国联盟中央执行委员会的法令,以连接北极和苏联北极海岸极点的经线为界的整个海域被宣布为苏联领土。

然而,1982年通过并于1997年由俄罗斯批准的《联合国海洋法公约》并未体现该原则。该公约确立了北极国家宽达12海里的领海权,其中包括它们上方的领空、海底区域、沿海国的完全主权延伸。此外,根据该公约,北极国家有权在北冰洋拥有专属经济区,其范围从领海宽度的基线延伸至200海里。在其专属经济区内,国家拥有专属的勘探和开发自然资源的权利,对人工岛屿、设施和建筑物的建造和使用、海洋科学研究、海洋环境保护和养护拥有管辖权。同时,专属经济区内的航行自由得到保障。

如果提供证据表明专属经济区以外的海床是自然延伸,《联合国海洋法公约》赋予北极缔约国将专属经济区额外延伸150海里(也就是总计最多350海里)的权利。俄罗斯加入《公约》后,自动放弃了1926年中央委员会决议中提出的要求(然而,其他北极国家也不承认),但声称要扩大其专属经济区。

加拿大和丹麦(以格陵兰岛为代表)也声称要把大陆架扩大到350

海里。这个问题的决议是由联合国授权的大陆架界限委员会做出的，北极国家必须提交相关申请并提供有科学依据的证据。

2001年，俄罗斯率先向委员会提交申请，要求扩大其在北极北部和鄂霍次克海的北极大陆架边界。2002年，委员会得出结论，所提供的数据不足以将申请中指定的北冰洋海底区域确定为俄罗斯大陆架的一部分，因此有必要在这方面提供额外的科学证据。此后，俄罗斯政府决定分别寻求更多的科学证据分别对两个地区的大陆架边界进行修订。2014年3月15日，联合国大陆架界限委员会承认鄂霍次克海5.2万平方公里的飞地为俄罗斯大陆架的一部分。2015年8月，俄罗斯申请修改第二个更大区域的大陆架，包括罗蒙诺索夫海岭和门捷列夫海岭。总体而言，俄罗斯声称将其两个部分的专属经济区扩大120万平方公里。

该委员会于2009年4月就挪威做出了第一个修改大陆架边界的赞同决定，这使其有权将其专属经济区增加23.5万公里，并加强其对北极、挪威海和巴伦支海部分地区资源的控制。

国家之间的主要矛盾在于大陆架边界问题，涉及罗蒙诺索夫海岭。加拿大强调它是美国大陆的延伸，并于2013年底提交了在北冰洋扩大120万平方公里大陆架的初步申请。但是，加拿大要完全声明扩大专属经济区的主权，还必须提交剩余的证明材料。

丹麦假设它是格陵兰岛的沉没部分。该国已经提交了五份申请，以扩大法罗群岛和格陵兰岛周围的专属经济区，最后一份申请已于2014年底提交给联合国大陆架界限委员会。丹麦声称包括北极在内的区域，总面积895.5平方公里为丹麦所有。

从表面上看，俄罗斯、加拿大和丹麦的交叉利益即使不是地区冲突的根源，也可能成为国家关系中的一个困扰因素。丹麦的最新申请区域涵盖整个罗蒙诺索夫海岭，与俄罗斯主张的区域重合，并紧邻俄罗斯200英里的专属经济区。

专家和政治界并不认为这种情况对两国关系有什么真正的威胁。显然，丹麦已经决定使用"狮子大开口"的策略，希望挫败俄罗斯和加拿大的野心，然而，这两个国家现在也有可能提交扩张申请。外交部长利德加德已经表示，他已准备好接受俄罗斯和加拿大的对等大陆架扩张投标，并认为丹麦的申请没有任何挑衅性。此外，他还指出，丹麦方面就北极大陆架问题提出的主张并非最终主张，换言之，丹麦主张的领土可能会在与合作伙伴的谈判中减少。

与北极国家不同，内陆国家对北极海域没有主权。然而，近年来，它们中的许多国家都试图加强其在北极的地位。尽管它们几乎从未直接挑战过北极沿岸国家的权利，但经常有人提出缔结一项类似于南极条约的特殊北极条约的想法。此类协议涉及赋予该地区特殊的国际地位，除此之外，还授予所有国家在北极开展经济活动的权利（与之相反的另一种说法是禁止）。同时，建议通过将北极理事会从国际论坛转变为国际组织之一来建立管理北极的多边机制，其所有决定都具有约束力和法律效力。然而，考虑到该地区目前的态势和权力制衡，这种方法目前不太可能实现。

第三节　国际北极治理和北极理事会

北极地区的治理主要在三个层面上进行。第一个层面，八个北极国家的国家法律和管理条例将其主权延伸到北极领土。第二层面是具有约束力和不具有约束力的多边或双边国际条约，以及国际法规范。第三个层面也是最广泛的层面，治理工作由北极理事会执行，北极理事会是一个高级别政府间论坛，是协调北极活动的主要平台。

北极理事会成立于1996年，主要是为了确保在环北极地区环境保护和可持续发展领域间合作和问题的讨论。从那时起，它大大扩大了讨论的范围，成为一个强大的区域俱乐部，其在该地区的影响力逐渐增加。理事会成员国包括 8 个北极国家，常任理事国由 6 个北极原住民组织担任。理事会的常任观察员包括十多个国家和各种非政府组织。

理事会的决策是建立在成员国和所有常任理事国的充分共识之上的。理事会有两级结构：其活动以每年至少一次的北极理事会高级官员会议（参与国代表）和每两年一次的部长级会议的形式进行。执行机构由六个工作组组成，主要处理该地区的环境和经济问题。

长期以来，理事会一直被视为谈判和交流的论坛。然而，在努克（2011 年）和基律纳（2013 年）的部长级会议上，通过了两项具有约束力的国际协议——航空和海上搜救合作以及海上溢油事件防备领域的合作——使得北极理事会作为一个国际组织的作用越来越受到重视。于 2013 年启动，设在挪威特罗姆瑟的常设秘书处强化了这一点。

2013—2015 年加拿大担任理事会主席期间，尚未签署具有法律约束力的文件。但成立了北极经济委员会，旨在提醒北极委员会注意参与该地区发展的公司的作用。

理事会的活动受到乌克兰危机的影响。但在部长级以下，积极的联合工作仍在继续。特别是工作队和工作组的工作取得了进展，成立了常设秘书处，经过几年的筹备，启动了以减少污染为主要目标的北极项目支持计划。在伊魁特举行的会议上，通过了一个加强烟尘和甲烷减排的行动框架，从寻求妥协的角度来看，这绝非易事。

北极理事会在该地区的作用正在逐渐增强。每个成员国的北极战略都强调了其对环境保护、安全和可持续经济发展的特殊重要性。目前，没有北极理事会的有效工作，是不可能在该地区开展全面的多边合作的。出于这个原因，大多数成员国都准备逐步扩大北极理事会的工作范围。

同时，将北极理事会变成一个正式的国际组织，涵盖国家间所有的合作领域，包括军事战略问题的建议，有时并没有得到多数国家的支持。他们重视目前形式的灵活性和它所提供的政策空间。特别是热衷于保持灵活性的美国坚持要建立一个合作机制。然而，其他北极国家也意识到，使北极理事会的决定具有法律约束力将大大降低就所提出的大多数问题达成共识的可能性。

与北极理事会有关的另一个有待解决的关键问题是非北极国家的权力问题。他们中的许多国家准备投资开发北极项目并积极参与极地研究。北极理事会目前的工作模式实际上没有给他们这样的机会。然而，非北极国家全面参与该地区的管理过程可能有悖于当地居民的利益，在政治上很难为成员国所接受。未来几年的一项重要任务是划定哪些是属于北极国家责任的问题，以及哪些是需要更广泛的各方来解决的问题。

第四节　北极——国际合作的平台

过去6—7年来，北极已经形成了稳定的、可预见的国际环境，这有利于以各种方式开展国际合作，在某种意义上使其成为世界上其他不稳定地区的典范。2014—2015年俄罗斯和西方国家之间不断恶化的对抗，改变了北极地区国家之间的建设性互动。尽管如此，从战略角度来看，北极国家的长期经济利益仍然超过了短期政治利益，因此可以说，"北极五国"的建设性合作势在必行。

近年来，北极有许多国际合作领域发展迅速，首先是科学领域的合作，收集科学数据，对其进行分析，并就适应气候变化、应对生物多样性的丧失、保护海洋环境、清理环境污染源等方面提出共同的实际建议。这种合作的潜力远未到尽头——北极应该成为世界上最大的自然实验室，来自不同国家的科学家能够在其中联合展开研究。

近年来，可持续发展领域的合作不断增加，针对该地区社会经济发展趋势的国际研究已经出现。北极国家越来越重视企业的社会责任。人们积极讨论保护居住在北极地区的原住民的文化和生活问题。原住民本身的跨境交流活动也在发展，例如俄罗斯和北美的爱斯基摩人。减少北极地区的排放方面的合作也越来越多。

由于该地区关注度的提高和北极经济活动的加强，人为突发事件的风险正在急剧上升。北极地区在这一领域的国际合作是在一些国际组织中进行的，主要是北极理事会和巴伦支海/欧洲—北极理事会。在北极理事会的框架内，俄罗斯紧急情况部开展突发事件的预防、准备和清理工作。为交流经验，挪威、芬兰、瑞典和俄罗斯应急部门的联合演习——"巴伦支海救援"演习——已经成为惯例。2011年和2013年的北极理事会部长级会议通过了关于这些领域合作的协议。

追踪北极地区的作业环境，以减少人为灾害的风险，并确保海上交通更有效率，且正逐步为研发领域的密切合作搭建平台。当考虑到决定航线的因素（如冰盖的厚度和面积）、海上基础设施的位置等方面时，对先进卫星和地面技术的需求是显而易见的。

目前，北极研发合作主要集中在海上航行和大陆架油气开发领域。该领域的创新主要旨在提高业务流程的效率和安全性。例如，创新的技术解决方案和破冰船船体的新改进可以显著降低油耗。

北极和非北极（主要是亚洲）国家的研发项目合作和联合融资通常受到与知识产权转让相关的限制。为了消除这些限制，有必要协调国家法律框架，甚至可以为北极项目建立单独的知识产权保护制度。讨论这些可能性应该是北极理事会未来工作的一个重要焦点。

在俄罗斯与西方国家对抗的十年间，该地区的商业合作蓬勃发展。通过油气田的开发、矿物的开采以及为它们服务的陆海运输路线的发展，北极已显示出成为快速发展区域的潜力。

北极经济首先是跨国公司开展的大型项目的经济。在现有条件下，如果没有其他国家的承包商、供应商和债权人的参与，此类项目是不可能实施的。亚马尔液化天然气项目和目前暂停开发的什托克曼油田等项目是数十个国家公司合作的项目。壳牌、埃克森美孚、道达尔、挪威国家石油公司、康菲石油公司、凯恩石油公司、嘉能可能源、埃尼、中石油等巨头公司在北极大陆架开展工作。俄罗斯国内的公司如俄罗斯石油公司、俄天然气总公司、俄天然气集团诺瓦泰克与其中一些公司在俄罗斯北极大陆架上进行合作。由于近年来西方国家的制裁,俄罗斯北极地区的合作进程和油气项目的实施将会放缓。但从长远来看,它们很难对区域资源矿产基地的发展产生重大影响。

国际社会对北方海航道的关注度正在逐渐增加。俄罗斯已宣布雄心勃勃的计划,以实现其基础设施现代化、建造新破冰船以及将北方海航道开发为过境线路。

大陆架开发和北方海航道开发大型项目实施中的关键问题是难以吸引资金,其他地区的经验表明,解决这一问题最成功的方法之一是创建一个区域开发银行。在北极经济理事会之外建立一个北极开发银行的想法在最近几年被反复提出。然而,尽管它符合所有北极(以及亚洲)国家的国家利益,但如果不缓和俄罗斯与西方国家之间的关系,它就很难实施。

所有以某种方式参与开发北极资源和过境运输潜力的北极大国和其他国家都清楚,只有在经济、社会和政治合作的条件下,该地区的成功发展才能取得进展。2014—2015年,北极局势在乌克兰危机的背景下升级,现在的问题是这种恶化会持续多久,以及是否有真正的理由在北极地区直接进行长期对抗。

第五节 北极——国际竞争的地区

一、北极军事冲突的理由

大约十年前,潜在的北极战争是媒体的热门话题。各国对北极日益增长的兴趣有可能导致该地区的大规模军事化——加强在该地区的军事力量。2007年8月，一组俄罗斯研究人员在北极海底安装了一面钛制俄罗斯国旗，这可以被认为是一个里程碑事件，使局势恶化到了最大程度。此举最初引起了其他北极地区国家官员的一些负面评价。例如，美国国务院副发言人汤姆·凯西说："我不知道他们在海底留下了什么——一面金属旗帜，一面橡胶旗帜或是一张床单。无论如何，这对他们的诉求没有任何法律意义或影响"。加拿大国防部长迈克说："现在不是十五世纪了。你不能绕过世界，竖起你的旗帜，就说'我们宣称拥有这片领土'"。针对指责，俄罗斯外交部长拉夫罗夫表示，这次考察的目的"不是为了维护俄罗斯的任何利益，而是为了证明我们的大陆架延伸到了北极"。

随后几年，局势依然紧张，北极国际关系领域的主要专家之一博尔杰森在2008年写道："北极地区强国加强了海军巡逻，并开始对北极各领土提出主权要求。北极地区大国正在迅速接近外交僵局，最终这可能引发他们之间的战争"。

俄罗斯专家也表达了类似的观点，他们指出战争的先决条件是海洋保护区法律地位的不确定性，北冰洋的非资源，以及海洋划界和大陆架未解决的争端。

许多专家指出，"北极逐鹿"是未来十年的现实，这将导致不仅在北极之间，也包括非区域大国之间进行军事竞争。北极不仅被看做是新信息的来源，也是可能升级为全球冲突的"热"战争的来源。但尽管存在诸多担忧，北极并没有成为"争论的焦点"，对俄罗斯"接管"北极的指责也随之消退，北极国家在过去几年中大大加强了相互了解，意识到共同实现他们在北极的国家利益远比单独行动有效得多。

这本身并不意味着冲突将一劳永逸地解决。要解决有关可能的长期军事化问题，对北极部署各类军事对抗的客观先决条件进行分析非常重要。

转向东方

最明显的分歧是北极海域并未完全解决的划分问题。然而，与普遍的看法相反，除了个别情况外，目前的竞争并不是很激烈。北极五国的主权领土和管辖权是根据1982年联合国海洋法公约界定的。在200英里专属经济区内，只有在得到沿海国家的授权并符合其法律规定的情况下才能进行经济活动。航运是一个例外。但是，1982年《公约》第234条将沿海国家在冰区的环境保护置于航行自由原则之上。这一点反过来又被俄罗斯和加拿大使用，它们实际上在其200英里的专属经济区内建立了自己的航行规则。

在专属经济区之外——北冰洋的中部——沿海国家不能限制公海适用自由原则。这意味着航行、航空、电缆、管道、捕鱼、科学研究等的完全自由。海底具有同等的地位。

在20世纪末，北极国家建立200英里专属经济区的同时，在这些区域重合的地方出现了争端。今天，绝大多数有关专属经济区边界的问题已经在双边协议的基础上得到了解决。此类协议的例子有俄罗斯—挪威巴伦支海和北冰洋海洋空间划界和合作条约，加拿大和丹麦就林肯海地区划界达成的协议。从1990年起，苏联与美国之间也达成了一项协议。关于白令海和楚科奇海的海洋空间划界问题。由于俄罗斯渔民损失的赔偿问题悬而未决，该协议尚未得到俄罗斯议会的批准，但海上边界没有任何人有争议。

今天尚未解决的问题仍有汉斯岛属于加拿大还是丹麦，以及加拿大和美国在波弗特海的海域划界问题。然而，很少有人将这些差异视为潜在的冲突根源。2008年，五个北极国家签署了《伊卢利萨特宣言》，承诺在现有国际法律机制框架内和平解决问题，主要是《联合国海洋法公约》和北极理事会。此后不久，俄罗斯和挪威在巴伦支海的争端得到和平解决。加拿大和丹麦之间关于汉斯岛的争端已经开始着手解决。

专属经济区以外的大陆架边界发生冲突的可能性也很小。因此，就罗蒙诺索夫海岭而言，所有国家都愿意对该地区的地质学制定共同的方法，并构建一个统一的证据基础，即海脊的各自部分不是独立的地层，而是大陆平台的延伸，即加拿大一侧是加拿大大陆架的延续，格陵兰一侧是格陵兰大陆架，俄罗斯一侧是俄罗斯大陆架等。在不同国家提出"交叉"陆架主张的情况下，根据1982年《公约》做出的任何扩大专属经济区的决定，都必须以沿海国家的相互协议为基础和前提。2009年就是这种情况，当时挪威获得了联合国大陆架界限委员会的批准，在与俄罗斯并行谈判的同时扩大其专属经济区。

美国尚未批准《联合国海洋法公约》，保留了不限制其在北冰洋专属经济区宽度的选择，这在一定程度上破坏了局势的稳定。然而，美国在2013年通过的北极战略包括加入该公约的目标。奥巴马政府也坚持这一点。奥巴马政府认为，除了将美国纳入与其他北极国家进行政策协调的国际机制之外，美国将能够扩大200英里区域之外的矿产资源开采。但是，美国国会的强烈反对阻止了该公约的批准。它解释说，如果批准，已经在扩展的美国大陆架（200英里区域以外）运营的公司将产生额外的损失，因为它们必须向国际海底管理局缴纳财政款项。此外，目前美国船只的航行自由原则与公约施加的限制不相符。与此同时，美国签署了《伊卢利萨特宣言》，同意在现有国际法的基础上在北极行动。

因此，领土争端成为国际冲突的起因并不存在真正的先决条件，油气原料不太可能成为"矛盾焦点"。首先巨大的资源预测主要是猜测性的。这里可靠探明的储量很少，预测数据也非常简略。其次，据丹麦研究人员称，北极95%—97%的已勘探油气和其他矿产位于北极国家的专属经济区内，几乎所有的储量都已经被瓜分，不能成为争端的对象。第三，2014年油气价格的大幅下跌再次证明了全球能源市场的不稳定性。即使考虑到油气价格的长期上升趋势，开展资本极其密集的海上项目的盈利能力也值得怀疑，更不用说为这些项目发生冲突了。

二、西方与俄罗斯的关系危机及其对北极发展的影响

尽管北极国家之间在该地区没有棘手的矛盾，但北极地区日益加剧

的对抗可能是其他领域冲突的反映。这正是目前局势的发展方向——北极是俄罗斯与西方关系出现危机的地区之一。

2013年,俄罗斯组建了北极部队。该部队配备56架飞机、122架直升机、6艘船只和1艘潜艇。弗朗兹约瑟夫地和新西伯利亚群岛的机场和停泊设施的修复工作已经开始。普京在国防部扩大会议上说:"俄罗斯正在大力开发这个未来可期的地区,并重返该地区,并且应该在这里拥有所有的杠杆来保护其安全和国家利益"。2014年12月1日,"北方"联合战略司令部开始运作,北方舰队以及西部、中部和东部地区的部分部队被转移到该司令部。2015年,新地岛、科泰尔尼岛、弗兰格尔岛和施密特角的军事基础设施建设完成。

自冷战以来,无论是苏联还是一些北约国家,在北极的军事活动都是纯粹的战略活动,而且今天仍是如此。例如,加拿大正在采购数十架F-35飞机以满足其北极地区的需求,计划在未来几年建造7—8艘新巡逻舰,并定期在北极海域进行军事演习。

就俄罗斯而言,除了军事战略方面的考虑外,还需要加快该地区的发展,而这是单靠民事力量无法实现的。例如,北方海航道的许多基础设施是双重用途的。军事单位参与了北极岛屿的清理工作,除此之外没有其他选择。尽管如此,俄罗斯的行动还是让其西方伙伴感到苦恼。2014年2月,美国海军发布了2014—2030年期间美国海军在北极地区的发展路线图。该文件称,美国海军主要从事搜索和救援行动,但如果俄罗斯扩大在北极的军事力量,他们可能会变得以军事为导向。这样的表述在几年前是很难想象的。

增加俄罗斯与其合作伙伴之间相互刺激的一个重要因素是2013年9月斯普雷瑟斯活动家对普里拉兹洛姆纳亚石油平台的袭击。俄罗斯对袭击者前所未有的严厉惩罚引发了西方的抗议。在关于惩罚形式的公开辩论中,国家应如何应对此类事件的问题被淹没了,而俄罗斯则给出了明确的结论:其在北极大陆架上的基础设施安全没有得到充分保障。

2014年4月底，在俄罗斯安全委员会关于在北极执行国家政策的会议上，普京表示："必须可靠地保护石油和天然气生产设施、装卸站、管道免受恐怖分子和其他潜在威胁。这里不能有任何细节问题。也有必要提高保护我们北极边界的可靠性……同时，军事基础设施必须得到加强。特别是，我们正在谈论在我们的北极地区建立一个统一的系统，用于部署新一代的水面舰艇和潜艇"。

在俄罗斯与西方关系危机的背景下，俄罗斯加强在北极的军事力量并非没有答案。因此，加拿大在2014年8月于哥本哈根的一次会议上表示，加方对此深感关切，并打算"保护加拿大在北极的主权"。"对我们来说，这是一个战略重点。由于我们看到的军事化，我们更愿意缓和冲突，但很明显，我们将以武力捍卫我们的主权"。此外，2014年4月，作为北极理事会主席的加拿大宣布拒绝参加接下来的一次会议，理由是"俄罗斯非法占领乌克兰领土，以及在乌克兰东南部持续进行挑衅行动"。俄罗斯的回应是外交部长拉夫罗夫缺席2015年在加拿大伊魁特举行的部长级会议（由自然资源和生态部长谢尔盖·顿斯科伊出席）。

乌克兰危机对北极合作的主要恶性影响是来自西方国家的制裁。美国已将俄罗斯石油公司、俄罗斯天然气工业股份公司和诺瓦泰克公司列入制裁名单，这些公司现在无法在美国获得长期银行贷款。此外，美国和欧盟限制了北极深海陆架开发的高科技设备供应。俄罗斯现在所面临的情况是，海上油田的开发需要来自西方的复杂技术，而这些技术大多由西方提供。

西方的制裁主要影响了那些被认为能在未来几十年内推动俄罗斯潜在石油生产增长的项目：

- 深海石油勘探与生产（超过150米）；
- 北极圈内海上石油的勘探和生产；
- 利用水力压裂技术从页岩层中开采石油。

因此，北极大陆架上的一些联合项目已被终止。例如，美国埃克森美孚公司已经退出了在喀拉海的一个勘探项目，该项目是根据与俄罗斯石油公司的战略伙伴关系协议进行的，在2015年，作为该项目的一部分，将不会进行任何勘探工作。据俄罗斯石油公司称，埃克森美孚公司的钻井平台将用于勘探作业，但目前的条件不允许在2016年之前继续勘探，这将使商业石油生产推迟到2020年代初。除埃克森美孚外，意大利的埃尼公司和挪威国家石油公司也不得不停止在俄罗斯北极地区的活动。一些与合作伙伴合作的油田服务公司（斯伦贝谢测井公司、美国哈利伯顿公司、美国贝克休斯公司等）也遇到了困难。

能源部门的制裁以及北极国家之间日益紧张的局势无助于实现极地纬度地区的共同利益。北极国家政府对俄罗斯采取强硬路线，不符合这些国家自身的长远利益。然而，尚不清楚他们为了政治目标而牺牲北极全面经济合作的意愿有多强烈。

第六节　俄罗斯在北极地区的利益和机遇

俄罗斯在北极的地缘政治地位是独一无二的。它占了北极地区陆地的一半左右。俄罗斯海域至少覆盖了环绕北极盆地的大陆架面积的80%。俄罗斯北极地区也是最发达的。现在，俄罗斯国民生产总值的五分之一和出口的四分之一是在北极地区创造的。据俄总理梅德韦杰夫称，"毫不夸张地说，该地区对国家具有重要战略意义，国家长期任务的完成与其发展直接相关"。

国际合作是有效开发俄罗斯北极地区的一个关键前提条件。它与资本密集型基础设施以及石油和天然气行业尤其相关。

长期以来，俄罗斯能源公司一直在北极与外国公司密切合作。尽管俄罗斯石油公司与美国埃克森莫伊公司、意大利埃尼公司和挪威国家石油公司的合作因制裁而暂停，随后俄罗斯天然气工业股份公司尽管冻结了什托克曼油田的液化天然气项目，但仍继续与法国道达尔合作，而诺瓦泰克公司正在与道达尔公司和中石油一起实施亚马尔液化天然气项目。外国技术对俄罗斯公司来说至关重要，俄罗斯往往愿意为获得这些技术付出高昂的代价。一个很好的例子是俄罗斯石油公司和挪威国家石油公司之间的合作，加强合作是为了解决两国之间的领土争端。自1975年以来，俄罗斯和挪威未能就巴伦支海的边界划分达成一致，这给油气勘探和捕捞带来了困难。这些矛盾在2010年得以解决，当时签署了《巴伦支海海域划界与合作条约》。根据条约，俄罗斯方面同意将有争议海域中较为丰富的鱼类和油气资源权利交给挪威。与此同时，协议的结果是在巴伦支海大陆架建立油气田联合开发区，随后俄罗斯石油公司与挪威国家石油公司展开战略合作。

虽然西方公司是北极项目新技术的优先来源，但亚洲国家吸引融资的潜力更大。中国、日本、韩国、新加坡的公司可能对开发北极项目感兴趣，但任何为他们提供融资的银行都有可能受到美国的制裁。

实现俄罗斯北极地区发展的另一个优先领域——北方海航道的发展也需要国际合作。挪威的北极导航技术、韩国的造船能力、新加坡基建方面的经验以及来自中国、印度和新加坡的资金都可以在国际合作框架内使用。但即使在这个合作领域，制裁的问题也很严重。

俄罗斯在北极地区的发展和利用国际合作潜力的关键是该地区的和平局势。与其他国家一样，俄罗斯不愿意将北极军事化。在这方面，值得铭记的是，俄罗斯加强在北极的军事力量，如果以对抗的形式出现，将对俄罗斯的能源和基础设施项目造成间接伤害。然而，如果没有军事存在和开发军民两用技术，就很难发展北极的基础设施并确保其安全，这也是事实。

俄罗斯应继续积极参与北极理事会的活动。目前，正是这种结构作为该地区国家间和平合作的保障，总体上相当有效。由于美国在2015

| 转向东方

年担任北极理事会主席,人们担心俄罗斯与西方的关系危机可能会破坏该协会内的所有合作机会。然而,到目前为止,这些情况还没有发生。俄罗斯和美国都宣布致力于在极地纬度开展合作。特别是,尽管两国之间的对抗不断升级,但 2015 年 7 月签署了一项针对阿拉斯加和楚科奇原住民免签证制度的协议。

在参加北极理事会的国家中,俄罗斯的主要盟友是挪威。对挪威和俄罗斯来说,北极的开发是所有北极国家的重中之重,国家积极参与这一开发过程。此外,两国在能源合作和北方海航道开发方面的长期利益紧密相连。

俄罗斯在北极理事会的盟友还有亚洲国家。俄罗斯应该支持扩大他们在理事会中的作用,只要它涉及"中立"问题——科学合作和研发合作、气候变化的应对、建立经济合作框架。同时,在国际法律体系和边界问题上,俄罗斯必须继续坚持北极国家的优先权。

第十七章 俄罗斯北极地区环境状况

伊戈尔·阿列克谢耶维奇·马卡洛夫，伊利亚·亚历山大罗维奇·斯捷潘诺夫

环境问题对极地地区的发展起着重要作用。北极是世界上最容易受到人为影响的地区之一，因此在这里开展任何经济活动都应考虑到其可能对环境造成的后果。本章介绍了它们的总体概况。

随着该地区资源和过境运输潜力的开发，管道和钻井平台泄漏、船用燃料泄漏、废气排放和其他对极地生态系统的负面人为影响的风险增加。环保组织特别关注海上石油泄漏，由于当地生态系统的独特性以及北极地区缺乏消除漏油的技术，其后果可能是灾难性的。

气候变化对经济活动有重大影响。随着时间的推移，冰盖逐渐缩减和变薄，每年冻土层融化的深度有所增加，积雪的特征发生变化。冰层融化导致地球表面反射率下降，永久冻土的退化与甲烷（一种强大的温室气体）的排放有关。两者都在进一步加速整个地球的气候变化。

未来十年俄罗斯北极大陆架油气开发的客观必要性问题值得特别关注。油价下跌以及西方国家的制裁加强了环保组织和一些专家的立场，

俄罗斯公司由于技术、监管、法律和制度框架不发达而没有做好大规模开发北极大陆架的矿产资源潜力的准备。

第一节 北极地区的环境问题

与地球上其他海洋相比，北冰洋由于其地理位置而接收的太阳能要少得多。其结果是地表水温极低，以至于除了挪威沿海地区和摩尔曼斯克地区有暖流补给外，整个海洋都被冰覆盖。由于北部河流流量大，海洋表层水的严重脱盐也加剧了这一情况。夏季，加拿大、阿拉斯加和俄罗斯的沿海地区成为无冰区，而北冰洋的中心部分则全年都被冰覆盖。

北极地区的气候变化过程、全球经济扩张和技术发展导致该地区进入了一个新的发展阶段，人们对北极矿产资源基础以及开发其过境运输潜力的兴趣越来越大。随着北极经济活动的加强，其发展的环境方面变得愈加重要。

政府间气候变化专门委员会的数据显示，北极是世界上最易受全球气候变化影响的四个地区之一，另外四个地区是非洲、小岛国以及非洲和亚洲的大三角洲地区。北极地区是地球上最脆弱的生态系统之一。在那里发生的过程的后果很可能超出当地范围，影响全球气候系统。

北极生态系统极易受到经济发展的影响。高纬度地区动植物群的特点是物种相对贫乏，遗传多样性相对较高，这决定了该地区具有特殊的生物价值。只有大约1%的生物物种生活在北极，然而，许多动物类群在这里得到了最充分的体现。特别是，所有潜鸟目鸟类、25%的鲑鱼类鱼类、10%的地衣物种和6%的苔藓物种都可以在北极找到。

北极的生态系统完美地适应了极端的温度、低光照度、短暂的夏天、永久冻土和多雪的冬天，但这种适应性使它们对自然条件的任何变化都特别敏感，特别是那些由人类活动影响造成的变化。在低温下，任何废物和污染的同化过程都进行得很缓慢，因此生态系统即使数百年也无法完全应对污染的后果。

北极的俄罗斯部分是最发达的，因此也是污染最严重的。这种污染的第一阶段与核试验、该地区的积极工业化以及20世纪50年代至70年代北方海航道的发展有关。污染的主要来源是新地岛的核试验场、西伯利亚化工厂、北方海军的行动和破冰船队。

与加拿大轮流开发矿产资源基地不同的是，俄罗斯北极地区的开发过程是通过在极地地区永久定居来进行的。这导致了在城市形成的工厂和厂房周围形成了"焦土"。北部地区也受到了地质、科学和军事工程垃圾的污染。

苏联解体导致北极地区部分工业化和人口外流，但环境问题并未消失。在俄罗斯北极地区，有27个受人类影响最严重的区域（11个在陆地上，16个在海洋和沿海地区），称为"影响区"。环境灾害的主要来源是诺里尔斯克地区（占污染物排放总量的30%以上）、西西伯利亚油气田开发区（30%以上）、摩尔曼斯克地区（10%）和阿尔汉格尔斯克地区（特定物质污染）。这些地区容易发生化学成分的变化，土壤、植被的污染和退化，食物链中出现有害化学物质，以及当地人口发病率增加。

企业周边大量堆积的工业废弃物，亟待开展大规模处置工作。北极大陆架的开发带来了巨大的风险，该大陆架具有很高的油气生产潜力。北方海航道的开发会改变海洋动物的栖息地，带来额外的石油和石油产品泄漏风险，并将伴随燃料燃烧产生的硫和氮氧化物的排放。

北极地区经济发展进程、气候变化因素以及北极生态系统对外界影响的特殊敏感性，引起国际社会对北极环境问题的日益关注。联合国环境规划署的专家确定了三个主要方面：

（1）气候变化和北极冰层融化；

（2）石油和化学化合物以及海上运输对北部海域造成污染；

（3）北极动物数量的减少及其栖息地的变化。

一方面，人们对北极的关注度越来越高；另一方面，对环境的关注也越来越多，该地区的所有商业活动都必须考虑到这些问题。在北极地区经营的公司必须遵守相对更严格的环境标准，采取额外的措施以确保其经营活动对环境的安全，面对来自保护组织的额外压力，考虑到不断变化的环境条件，并与其活动密切相关的原住民交流。

第二节 北极气候变化及其影响

北极的气候变化目前正在经历前所未有的速度。在过去的几十年里，北极平均地表温度的上升速度是全球平均水平的两倍，尽管各地区之间的差异很大。西半球部分极地地区较20世纪中叶上升3—4℃。升温仍在加速。21世纪的温度记录几乎每年都会被打破，这导致北冰洋的冰层开始融化。1979年至2012年的卫星数据表明，北极冰层面积以每十年3.9%至4.5%的速度减少。在过去的30年中，9月冰层面积（即在最小冰覆盖期间）一直以每十年13%的速度下降。2007年9月和2012年记录的海冰覆盖面积急剧减少，分别占1979—2000年平均冰面积的37%和49%。绝对的冰层最低纪录是在2012年9月。虽然冰层范围实际上在2013年恢复了正常，并在2014年有所增加，但长期下降的趋势是毋庸置疑的。20世纪80年代以来北极海域的海冰厚度平均下降超过40%，主要原因是多年冰的融化。

在俄罗斯，与太阳活动的定期变化有关的周期性气候变化理论仍然很流行。该理论与政府间气候变化专门委员会的结论相悖，根据政府间气候变化专门委员会的结论，如果周期确实存在，它们与温度上升的长期趋势重合，但并没有抵消。然而，俄罗斯和外国主要气候学家对本世纪北极地区进一步变暖毫不怀疑。根据罗西德梅特所依靠的政府间气候变化专门委员会估计，在任何变暖情景下，北极的温度升高将约为全球平均水平的两倍，其结果是冰盖的减少和变薄的过程继续。根据罗西德梅特的说法，这将导致2030年9月的海冰可能完全消失。

北极地区的气候变化因强烈的正反馈循环而加剧。首先，冰的逐渐融化导致地球表面的反射率下降，自然而然地升高了地球的温度。冰雪反射了大约80%的太阳辐射，而开阔的海洋表面仅反射了20%。其次，融化的永久冻土释放出大量甲烷，这是一种强大的温室气体。在2014年12月在利马举行的《联合国气候变化框架公约》缔约方气候大会上，与会者看到了亚马尔半岛上直径20—30米、深约10米的不寻常的坑的图像。对这些坑的形成最可靠的解释是气温升高导致地下冰融化。来自永久冻土层的天然气或甲烷可能已经渗透到由此产生的罐体中，由此产生的压力使覆盖罐体的土壤层爆炸。科学家预测，将会形成越来越多的这样的空洞，二氧化碳和甲烷将从这些空洞进入大气层。据联合国环境规划署称，北极地区的永久冻土含有1.7万亿吨这些气体，是目前大气中含量的两倍。因此，随着北极地区变暖，正反馈机制将加速区域和全球层面的气候变化进程。

反之，这将产生远不止影响北极地区的后果。北极冰层融化（主要发生在格陵兰岛，但也包括俄罗斯北极地区的岛屿）有可能使世界海洋的水位升高。据政府间气候变化专门委员会称，到21世纪末。它可能比当前水平高出80厘米，对小岛国、大河流三角洲和地势低洼的沿海城市造成灾难性后果。

北极变暖可能带来的另一组灾难性后果与海洋环流的变化有关。特别是极地海域变暖，以及冰川融化导致北大西洋海水淡化，可能导致墨西哥湾暖流减弱，这对欧洲气候极为危险。

气候变化对北极生态系统本身的影响非常严重。北极动植物数量动态数据显示，过去34年来，脊椎动物种群减少了10%，对人类极为宝贵的驯鹿种群数量减少了21世纪前十年数量的三分之一。物种数量下降的主要原因之一是气候变化。

也许该地区气候变化的最消极的影响是永久冻土层的退化。它对位于其上的建筑结构和工程结构的可靠性和稳定性产生消极影响。面临风险的主要对象是经济基础设施和主要管道。在伊加尔卡、迪克逊、哈坦克，大约60%的基础设施已经变形，杜丁卡—55%，佩韦克—50%，泰米尔村庄—100%。俄罗斯每年用于基础设施维护和维修的费用高达550亿卢布。

在西西伯利亚境内，石油和天然气管道每年发生数千起事故，其中五分之一是由机械应力和变形引起的。反过来，这是永久冻土融化期间地面沉降不均匀导致地基结构减弱的结果。

除了气候变化的众多风险之外，还有许多令人欣慰的后果。北极恶劣的天气条件正在变得温和，这使得其更广泛的经济发展成为可能。因此，气候变化成为北方海航道发展进入新阶段的关键因素之一。

第三节　石油和化合物对北极海洋的污染

对北极海域而言，最危险的污染物是重金属、石油油气、有机氯化合物、清洁剂、放射性核元素和多环芳烃。大多数这些污染物本质上是人为造成的。它们的主要来源是：河流和海洋上的船只；来自大陆的河流径流；近海采矿；通过海流远距离输送污染物；通过大气流动输送污染物；放射性废物和核反应堆的处置。

重金属进入的人为原因包括矿石和油气矿床的开发、工业（尤其是冶金）工厂以及海上运输。对北冰洋污染的一个重要原因还来自于燃料溢出。

北极大陆架上的石油和天然气项目面临着恶劣天气条件、日照时间短、冰盖、基础设施结冰以及需要通过海上长距离移动设备等诸多困难。在大多数北极地区，现有的基础设施和资金不足以对溢油紧急情况做出有效和高效的反应。

随着北极大陆架油气资源的进一步开发，潜在的污染源可能是：

1. 钻井、油田开发、原材料装卸、使用管道或车队运输原材料和辅助作业的过程。

2. 勘探井钻探、海上抗冰平台作业、原料运输等过程中发生的突发事件的油气原料泄漏。

3. 矿区或勘探区地质环境的干扰。

在北极大陆架上开采碳氢化合物资源相关的环境风险

活动种类/环境风险	可能造成的后果
钻井	向大气和海洋环境排放污染物，排放地层水
漏油	钻井过程中液态和气态碳氢化合物的排放
伴生气燃烧	在海面平台周围形成不稳定薄膜
温室气体排放量	氧气和甲烷等大量温室气体以及二氧化氮导致气候变化
臭氧排放量（非甲烷系列的挥发性有机碳）由于原油在储存或重新装载到码头期间蒸发的结果	增加地表层臭氧浓度，危害人类、植被、建筑物的健康
存款长期运作	由于广大地区的岩石下沉，该地区的地震危险程度显著增加
油轮运输碳氢化合物	紧急情况下装卸作业和加油作业中的泄漏
通过管道系统输送	因紧急情况泄漏
海上平台事故	与人员伤亡、海洋区域污染、海洋和沿海动植物的破坏相关的环境灾难

漏油是最危险的。一个典型的例子是埃克森公司油轮的沉没。瓦尔迪兹号1989年在阿拉斯加外海沉没。由于这次灾难，约有26万桶石油泄漏到海中，形成了2.8万平方公里的浮油层。由于这场灾难，鱼类数量急剧下降，尤其是粉红鲑鱼，当地生态系统迄今尚未完全恢复。此外，这场灾难引起了公众的极大关注，埃克森美孚公司在集体诉讼中被

判向数千名渔民、土地所有者和商人赔偿25亿美元，创下了历史纪录。

然而，如果认为油轮运输的替代方案——通过管道从北极运输石油和石油产品更加环保，那就错了。据绿色和平组织称，自2003年以来，俄罗斯输油管道破裂导致漏油的数量持续增加。相关信息极其有限，公司不愿意公开。根据专业公司刊物和专家意见汇总数据的预估，俄罗斯每年的溢油量可达2000万吨。未来，随着管道基础设施变得陈旧和永久冻土融化，这个数量将只增不减。

泄漏不仅可能发生在运输过程中，也可能发生在钻探过程中。在大陆架开发的历史上，有很多这样的事故，造成了灾难性的后果。2010年墨西哥湾最大的事故是英国石油公司运营的深水平台的爆炸和火灾。这次事故对海洋和沿海生态系统造成了灾难性的后果，据估计，总损失约为400亿美元。

在所有海上事故中，没有一起重大事故发生在北极地区。然而，许多科学家认为，如果像墨西哥湾那样的事故发生在北极，那么这场灾难将是真正的全球性灾难。

鉴于北极地区石油泄漏的极端危险性，预防和清理工作正在成为国际关注的问题。在2013年基律纳举行的北极理事会部长级会议上，签署了一项关于在北极地区近海石油泄漏准备和应对方面进行合作的协议。2015年在伊魁特举行的部长级会议继续了北极国家在这一问题上的积极合作，通过一项关于防止油气开采活动的石油污染和加强北极近海航运的框架合作计划。

俄罗斯也存在北极地区石油泄漏的风险。俄罗斯的钻井平台在技术上是落后的，未来由于相关制裁的出台以及欧美海上钻井设备供应的中断，这一问题可能会更加严重。特别是伯朝拉海大陆架上的普里拉兹洛姆纳亚平台（俄罗斯北极大陆架上目前唯一领先的石油生产）实际上是分块组装的——它的下半部分由一个在瑟夫马什公司建造的平台组成，而主要设施和生活区所在的上部则被拆除了。

在回应环境保护人士的相关诉求时，俄罗斯天然气工业股份公司表示，该平台符合最严格的安全要求。此外，该公司还制定了一项计划，以防止和消除可能的漏油事件，该计划已与交通运输部联邦海洋和河流运输署、能源部达成一致，并获得俄罗斯紧急情况部的批准。该计划分析了各种风险情景，并为组建应急单位提供了成本估算。该公司还购买了能够在结冰条件下收集油类并在短时间内消除泄漏的专用设备。2014年，在俄罗斯安全委员会的主持下，在交通运输部、国防部、应急管理部、涅涅茨自治区行政当局、苏联航运公司等组织的参与下，举行了大规模的培训演习，包括在可能发生石油泄漏时的培训。

尽管采取了所有这些措施，但许多环保组织坚持认为，在北极地区收集溢油的技术开发出来之前，不允许在北极大陆架上进行石油生产。2015年，世界自然基金会俄罗斯分会提出北极大陆架石油储量开发暂停十年。

该倡议得到了一些知名政治家、官员、科学家和经济学家的支持。他们的立场不仅基于环境论据，还基于经济论据，这在低油价和西方国家制裁的背景下尤为重要。特别是俄罗斯科学院通讯员克留科夫认为，"北极的石油生产不仅环境风险高，而且是粗放的开发路径和高成本的活动，在当前的经济形势下必须明确放弃。国家需要一个现代化的方案，支持真正创新的解决方案，而不是试图继续按照粗放模式解决经济发展问题"。

在俄罗斯联邦2035年能源战略中，积极开发北极油气综合体的矿产资源基地，包括其大陆架，被列为多项优先任务。人们经常争辩说，如果不开发大陆架，就不可能在西西伯利亚油田枯竭的背景下保持适当的石油生产水平。然而，洛斯内德拉称，绝大部分已探明石油储量绝不位于北极大陆架，而是位于本国大陆。该行业的问题不在于缺乏新矿床，而在于开发已发现矿床的效率低下。国家能源部门成功发展的主要潜力在于提高油气原料的油田开发和运输效率。因此，将石油采收率从目前的38%提高4个百分点,就可以每年额外生产3000万吨（2.19亿桶）石油。2014年,普里拉兹洛姆诺伊油田总产量为30万吨（219万桶）。

鉴于大陆架开发符合一些大公司的利益,并且已经被确定为俄罗斯能源政策的优先事项之一,暂停开采的建议不可能得到无条件的支持,但它至少可以鼓励国家、公司和环保机构寻求妥协办法。挪威和美国在寻求这样的妥协方面有经验,它们分别在罗弗敦群岛和阿拉斯加的布里斯托尔湾鱼类丰富的海域暂停油气原料的开采。

关于北极的天然气开采,在环境和舆论方面的风险要低得多。首先,修复气体泄漏的过程比石油容易得多,而且泄漏的环境后果没有那么严重,因为气体比空气轻,很快就会消散。其次,天然气作为化石燃料中最清洁的能源（毒性最小,在燃烧过程中除了二氧化碳不排放任何副产物,但仍低于石油和煤炭）在环保界眼中有着良好的声誉。企业很清楚这一点。因此,于2014年去世的道达尔总裁马哲睿在他的一次采访中指出,如果北极发生事故,对公司形象的损害将极大。因此,道达尔准备参与天然气项目,与石油相比,消除天然气泄漏的过程要容易得多。

无论公司采取何种实际安全措施,在北极（陆上,尤其是海上）开发石油和天然气都会带来巨大的舆论风险。绿色和平活动分子从阿基里斯—拉齐奥号船登陆普里拉兹洛姆纳亚平台的情况就证明了这一点,随后俄罗斯天然气工业股份公司在世界范围内受到广泛批评。由于目前的舆论因素对投资者的决定有很大影响,而政治局势促使围绕与俄罗斯有关的任何问题的紧张局势加剧,因此不应低估这些风险。

第四节　北极地区的国际环保合作

北极生态系统的独特性、对人为影响的特殊敏感性以及对该地区任何污染都可能产生交叉影响，为北极的国际科学和环境合作创造了先决条件。

迄今为止，已经缔结了多项旨在保护北极生态系统的国际协定。特别是 1992 年，大西洋东北沿岸 15 个国家签署了《保护东北大西洋海洋环境公约》。该《公约》的目标之一是防止和消除近海活动造成的污染，以保护公众健康和保护海洋生态系统。此外，《公约》宣布从冰岛到亚速尔群岛的海域为保护区。

俄罗斯不是《公约》的缔约国。它作为北极理事会的成员，参与了北极地区环境保护的国际合作。环境问题是理事会活动的核心。例如，理事会内所有六个工作组都与环境问题有关：

- 消除北极污染工作组；
- 北极监测和评估方案实施工作组；
- 北极动植物保护工作组；
- 紧急情况的预防、准备和清理工作组；
- 北极海洋环境保护工作组；
- 北极可持续发展工作组。

在最近的北极理事会部长级会议上，溢油预防和应对以及减少北极地区的烟尘和甲烷排放等议题受到了特别关注。已经成立了一个特别工作组来处理后一个问题。

工作组为实施北极监测和评估计划编写的一份重要文件是《2007 年北极石油和天然气报告》。本报告全面评估了北极地区石油和天然气项目相关活动对该地区环境、经济和人口健康的影响，并预测了近期的影响。报告的一条结论指出，目前没有有效的手段来处理北极的石油泄漏。事故的预防和管理需要技术的发展，以及政府监管的完善。

在双边层面上，俄罗斯和挪威于 1994 年已经签订了《巴伦支海溢油救助协议》。该协议包括一项联合应急计划，还规定了国家服务部门的定期联合演习。

| 转向东方

目前，越来越多的人在谈论需要结合不同国家、公司和非政府组织的努力，以消除自然和人为灾害的影响。例如，可以创建全球紧急救援公司，在世界任何地方发生灾难时协调有关各方的行动。对于北极地区可能发生的灾害，这种方法尤为重要，因为反应速度对于防止破坏至关重要。

除了上述区域或双边层面的协议外，气候与空气净化联盟还可以在保护北极环境方面发挥特殊作用。在环境署的倡议下，该联盟目前有包括俄罗斯在内的46个成员。该联盟的目标是减少短期污染物的排放："黑碳"、甲烷和氯氟烃。据估计，"黑碳"是仅次于二氧化碳的全球气候变化的第二大催化剂。

俄罗斯外交部早在2012年8月就申请加入该联盟，但由于形式上的原因，俄罗斯直到2014年才成为正式成员。该联盟很灵活，没有僵硬的框架（各国自愿选择工作领域和优先事项，并自愿向共同基金捐款）。该计划已经允许利用外国资金在俄罗斯实施减排项目。然而，到目前为止，这种项目在联盟中还没有被优先考虑，联盟的重点是减少稻田的碳排放和在西非和南部非洲的海上运输中改用清洁燃料。

我们有充分的理由将减少北极地区的排放作为联盟的优先事项之一。北极理事会也可以为此做出贡献，与短期气候污染物作斗争一直是近年来议程上的核心项目之一。"黑碳"在北极的影响尤为强烈。由于工业生产、森林火灾和燃料燃烧，落在雪或冰表面上的烟灰会降低其反射率，进而导致温度升高。

除了环境价值以及俄罗斯可以获得的潜在经济利益外，积极加入联盟也有好处，因为打击"黑碳"排放符合能源和运输部门在北极现代化的战略规划。然而，要从这些问题上的国际合作当中获益，俄罗斯需要在国家层面采取行动。

俄罗斯也将从发展北极地区的科学合作中受益。北极地区是世界上气候研究的最佳场所。它的俄罗斯部分可以说是全球范围内的一个自然实验室，不同国家的科学家可以在这里进行联合研究。这将有可能为气象站和其他科学基础设施的现代化吸引资金，包括发展北方海航道所必需的资金。

第五节　俄罗斯在北极的环境政策

北极对俄罗斯的重要性怎么说都不为过。根据《俄罗斯联邦北极地区国家政策基本原则》，至2020年及以后，该地区将被视为战略资源基地，其发展为主要的国家优先事项之一。

该地区的社会经济发展不应伴随着环境的恶化，此外，它应该与消除累积的环境破坏和恢复被破坏的生态系统同时进行。确保环境安全，维护和保护北极环境，在经济活动不断增长和全球气候变化的情况下消除经济活动的环境影响，被正式列为北极地区发展的国家政策重点领域。作为主要原则之一——"最大限度地保护环境"，被理解为"应用最严格的环境和环境标准，使用最高效的环保技术"。

目前，国家环境监管框架包括约 40 部联邦法律、约 1200 项政府决议和命令，以及各部委和部门的命令。然而，这些文件通常适用于俄罗斯全境，这使得它不可能充分考虑到北极地区的特殊气候条件。因此，北极地区的环境要求实际上等同于对人为影响不太敏感地区的要求。

北极地区法律和监管框架中规定的指令和要求的实际执行情况还有待提高，例如，俄罗斯尚未制定出确定对北极生态系统可允许的人为影响的方法，这使得该地区的经济活动无法建立客观的要求。此外，相关企业代表表示，技术文件的审批程序过于官僚主义，可能需要一年多的时间。因此，出现了选择性适用法律情况，这可能成为国家对企业施加压力的一种手段。

俄罗斯环境监管的弱点是过度集中化。环境问题应该在它们产生的地方——市政当局和地区进行监管。这将使我们能够实事求是，具体问题具体分析。大多数发达国家都遵循这一原则，包括北极国家：美国、加拿大、冰岛。

加入经合组织可能是俄罗斯环境立法发展的重要推动力。正是该组织提出的要求成为俄罗斯制定改善环境保护监管框架的"路线图"的基础。它们涵盖了废物管理、防止环境破坏和增加环境责任、确保环境和工业安全、环境监测和获取环境信息等领域的措施实施情况。尽管目前俄罗斯加入经合组织的谈判处于停滞状态，但一些环境法改革已经启动。

俄罗斯北极环境政策的一个重要特点是它与该地区的军事力量密切相关。驻扎在北极的军事单位被赋予了许多环境保护的职能。这在今天仍然适用：例如，2014年10月东部军区的部队从弗兰格尔岛和奥托施密特角地区清除了10吨垃圾（生活垃圾）。国防部长绍伊古还提议在法兰士约瑟夫地群岛、奥托施密特角、弗兰格尔岛、科捷尔尼岛、新西伯利亚群岛、新地岛开展工作的军事单位参与与自然资源部和俄罗斯地理学会联合实施的北极清洁计划。目前正在计划建立一个北方舰队区域环境中心，该中心将根据俄罗斯和国际环境法在北极地区进行环境监测和控制。

渐渐地，俄罗斯能源公司正在采取越来越多的措施来减少对环境的负面影响。例如，2013年，诺瓦泰克公司用于环境保护措施的支出达3.63亿卢布，其中大部分资金来自公司活动产生的废物处理（约1.09亿卢布）。在俄罗斯天然气工业石油公司采取的措施中，包括计划在2014—2016年实施有针对性的石油污染土地复垦、污泥坑和含油废物回收方案。根据俄罗斯石油公司最新的可持续发展报告，即使考虑到新资产的投产，该公司的污染物排放总量也在减少，主要是由于旨在减少伴生石油气燃烧的目标气体计划。

俄罗斯能源公司在环境领域的积极性一方面是立法约束的结果。另一方面是企业的社会责任，还有一部分源自于公众（以及由此产生的投资者）对环境问题日渐浓厚的兴趣。

在北极，环保公司的活动越来越多地开始遵守"共同价值观"的理念。公司密切关注环境问题，并不是出于利他主义或对政府强制的回应，而是基于这样一种认识，即从长远来看，这些问题对公司自身至关重要。特别是在俄罗斯北极地区运营的阿尔汉格尔斯克纸浆造纸厂、诺瓦泰克公司和俄罗斯天然气工业股份公司成为 2014 年碳项目的获奖者。该过程评估了完整的披露公司的温室气体排放情况。诺瓦泰克在亚马尔液化天然气项目的建设过程中特别关注环境安全。俄罗斯天然气工业股份公司在与永久冻土退化相关的气候研究上投入了创纪录的资金，因为它对该公司在北极的运营产生重大影响。诺瓦泰克公司、俄罗斯天然气工业股份公司和俄罗斯石油公司都在积极与原住民代表互动，了解与他们达成协议的必要性，因为他们是该地区这些公司的主要利益相关者之一。

要解决北极地区的环境安全问题，目前的举措还不够。在俄罗斯，需建立一个预防和消除人为事故后果的综合体系，这将联合联邦、地方当局和企业的努力。管道基础设施需要换新。北极地区的工业污染问题依然严峻。

一方面要在该地区的经济发展和资源基础的发展之间找到平衡，另一方面要尽量减少环境破坏，重要的是在国家、企业、北极环保组织、原住民之间建立对话。只有当俄罗斯在经济和技术上都成熟时，才可以开始开发大陆架。军队以及外国合作伙伴应该参与解决环境问题，特别是现在有越来越多的机会为旨在预防和消除环境破坏的项目提供资金。将北极作为国家经济发展的一个要素，如果不保护独特的极地生态系统，并将北极地区变成世界上最大的自然科学实验室，让自然和人类活动处于可持续平衡状态，那么就不可能确保俄罗斯对北极领土拥有完全主权。

第十八章　俄罗斯北极和北方海航道的新发展

伊戈尔·阿列克谢耶维奇·马卡洛夫，尤利娅·奥列戈夫娜·利特维诺娃

俄罗斯在北极的地位是独一无二的。它约占整个北极土地面积的一半。俄罗斯海域至少覆盖了环绕北极盆地大陆架面积的 80%。俄罗斯的北极地区也是最发达的北极地区。

全球各国对北极日益增长的兴趣为俄罗斯提供了重要机遇，也带来了一定挑战。为了实现前者并应对后者，国家需要一个全面的北极地区发展战略，以充分利用其竞争优势为导向，这既与石油和天然气储备有关，也与运输和地理位置有关。梅德韦杰夫表示，"毫不夸张地说，这个地区对国家具有战略意义，国家长期任务的解决与其发展直接相关"。俄罗斯北极不需要从头开始"征服"——其发展的初期阶段早已结束，在苏联时期形成了一个发达的（尽管并不总是有效的）由定居点、交通工具、社会、国防和研究基础设施组成的网络。当时的许多成就如今已成往事。现在有越来越多的人谈论需要在北极地区发展的新阶段，将其变成一个真正的大型项目，以和谐地补充俄罗斯向东方的转向。

俄罗斯在北极的新型开发从三个方向进行。一是区域发展的法律法规体系正在形成和完善。二是实现利用大公司开采自然资源。三是推进北方海航道开发。本章将分别讨论这些领域。

第一节　北极地区开发法律和监管框架的发展

阐述北极新发展主旨的第一个框架文件是 2008 年 9 月通过的俄罗斯联邦 2020 年及更长时期北极国家政策的基本原则。然而，近年来的规范性文件中规定了更具体的北极地区发展计划：

·2020 年前俄罗斯联邦北极地区发展和国家安全保障战略（2013 年 2 月批准）；

·2020 年前俄罗斯联邦北极地区社会经济发展国家计划（2014 年 4 月批准）；

·"关于俄罗斯联邦北极地区陆地领土"的第 296 号总统令（2014 年 5 月签署）。

这些文件的主要结果是将北极地区转变为国家政策的一个独立对象。

如果说北极海域的边界是由《联合国海洋法公约》规定的，那么其陆地领土的边界则是由总统令决定的。根据该法令，俄罗斯的北极地区包括摩尔曼斯克州、涅涅茨、楚科奇和亚马尔—涅涅茨自治区的全部领土，科米共和国的部分领土（沃尔库塔市区内），萨哈共和国（雅库特）的部分领土（由"阿拉霍夫斯基""阿纳巴尔斯基""布伦斯基""尼兹科洛姆斯基""乌斯季扬斯基"等区组成）、克拉斯诺亚尔斯基边疆区（由"诺里尔斯克城区""泰米尔斯基—多尔加诺—涅涅茨基市政区"和"图鲁汉斯基区"组成）、阿尔汉格尔斯克州（作为"阿尔汉格尔斯克市""梅岑斯基市辖区""新地岛""新德文斯克市""奥涅茨基市辖区""滨海边疆区""北德文斯克"的一部分）以及在 1926 年 4 月 15 日苏联中央执行委员会主席团《关于宣布领土的决议》中提到的"位于北冰洋的苏维埃社会主义共和国的土地和岛屿"等地区。

到 2020 年俄罗斯联邦北极地区发展和确保国家安全的战略规定了以下优先发展领域：

A）俄罗斯联邦北极地区的社会经济综合发展（包括完善北极地区社会经济发展的国家管理体系，改善土著居民的生活质量和经济发展的社会条件，开发北极地区的资源基地）；

B）科学技术的发展；

C）建立现代信息和电信基础设施；

D）确保环境安全；

E）北极的国际合作；

F）确保军事安全，保护俄罗斯在北极的国家边境。

该战略的实施拟分两个阶段进行：在第一阶段（至 2015 年），采取诸如为加强国家安全创造必要条件、制定国家社会经济发展计划等措施、完成水文测量工作、提供大陆架边界的国际合法登记、建立综合信息和电信基础设施、确保环境安全的措施等。

第二阶段（至 2020 年）设想实现俄罗斯在大陆架上矿产资源和原材料开发方面的竞争优势，发展全面的安全系统，以防止自然和人为紧急情况的威胁，并实施措施，发展北方海航道基础设施和船队，以满足北极地区的需要和服务于过境的需要。

实施该战略的主要机制是国家计划"2020 年前俄罗斯联邦北极区社会和经济发展国家规划"。其主要任务是：

· 扩大该区的资源基础，以满足国家对各类战略原材料的需求；

· 在该区域建立有利的运作体系；

· 面对日益增长的经济活动和全球气候变化，保护北极的自然环境并消除经济活动对环境造成的影响；

· 在此区域形成共享信息空间；

· 确保高水平基础和应用科学研究的进行，以积累知识并建立管理北极领土的现代科学和地理信息基础（包括开发解决国防和安全问题的工具，以及可靠运行的工具，北极自然和气候条件下的生命支持系统和生产活动）；

· 确保俄罗斯联邦和北极国家在俄罗斯加入的国际条约和协定的基础上建立互利的双边和多边合作机制。

该战略和计划对于启动北极发展的新阶段是必要的。它们是精心制定的文件，明确优先考虑并反映了该地区发展的综合方法（尽管可能略显过时）。同时，它们也有一些不足之处。

首先，这些文件中提出的许多任务无法在2020年之前实现，例如大陆架的开发或"北极"多用途空间系统的创建。对北方海航道的期望值似乎也过高（到2020年，货运周转量预计将增加到6370万吨）。在俄罗斯经济衰退、北极政治局势恶化、制裁和能源价格下跌的背景下，对这些和其他基准的修订尤为必要。

其次，该计划目前没有划拨资金。它仅包括其他国家计划内的活动，并涉及（在相关子计划的框架内）协调国家当局在北极地区社会经济发展领域的活动。2014年4月，在一次安理会会议上，普京指示从2017年开始为国家计划提供全额资金，但是，在经济困难的背景下，这一期限可能会延迟。

最后，目前还不完全清楚哪个机构将协调北极地区的开发。在批准该计划时，这些职能被分配给地区发展部，并在其清算后分配给经济发展部。后者是一个临时解决方案——经济发展部由于组织和人员的限制，将无法确保北极地区发展的优先权。

在2014年4月的一次安理会会议上，普京制定了建立一个专门处理北极开发的国家机构的目标。领土的综合开发对此不可或缺，涉及协调实施一系列相关项目：

·运输：亚马尔萨贝塔港的建设、北方海航道基础设施的发展、内陆水运系统的发展、几条铁路线的建设、小型飞机的发展等；

·资源：实施亚马尔天然气项目、大陆架开发、非燃料矿藏开发等；

·社会经济：发展北极地区的社会基础设施，为资源财富的循环发展创造条件，优化"北方输送"等；

·环境：净化北极，包括清除核废料、保护生态系统、监测工业活动的环境安全、进行气候研究等。

北极的交通、资源、社会经济发展应同步进行，为此需要各部门协调行动：联邦当局、地区行政当局、个别政府部门（例如，北方海航道管理局）、大公司、原住民社区等。俄罗斯已有一个进行此类协调的机构，即北方事务国家委员会，该委员会在1991年至2000年期间曾短暂取消过。在加拿大，就北极对其国民经济的重要性而言，它是唯一可以与俄罗斯相提并论的国家。北方领土经济发展机构发挥了相关作用。现如今在俄罗斯并没有这样的机构。

最显著的方法是建立一个专门的部门，类似于俄罗斯的其他三个"领土"部门——负责远东、北高加索和克里米亚的发展（直到其解散）。部门将赋予协调机构足够的行政权力，以平衡目前通常占主导地位的公司利益。鉴于北极的特殊战略重要性，该部门有时会像国防部和紧急情况部一样直接听命于总统。

新部门的设立也伴随一定的风险。会加剧权力重叠的问题，部委"部门"结构辅之以"属地"结构，必然导致权力重叠。就北极事务部而言，与其他"领土"部委不同，拟议责任区（北极地区）的边界与联邦各组成主体的边界是不一致的。

另一个问题是官僚主义猖獗的风险。回想一下远东发展部，即使在其成立近三年后，仍未完全完成组织其自身工作的阶段。在设立北极部门的情况下，环境和自然资源部将经历又一个责任再分配的阶段。如果在不久的将来北极真的成为联邦资金支出的优先事项，那么这将是合理的。然而到目前为止，还不是很明显。

在北极领土管理改革的背景下提出的另一个想法是将北极地区统一为北极联邦区。现有领土部门的类比在这里也是恰当的，每个部门下的领土都在一个单一的联邦区框架内被联合起来。这简化了指挥系统，每个联邦区都有一个直接向总统报告的全权代表。

在北极地区设立一个特区在逻辑上是合理的——可能包含在其中的地区具有统一的自然和气候条件、同质的经济专业化和类似的社会经济发展问题，由一个单一的交通轴线（北方海航道）和北极生态系统的复杂特征结合起来。天平的另一端是北极联邦区的边界与联邦主体的边界不一致，这将使新联邦区的建立变得复杂，目前协调联邦中心和各地区活动的系统将不可避免地崩溃。由于经济和外交政策的限制，现在几乎不可能进行如此大规模的改革，即设立一个新的部门，组建一个新的联邦区。

或许一个折中的选择是建立一个特别机构，作为联邦机构或经济发展部的一个分支，协调与北极问题有关的众多行政机构，并通过区域间经济合作协会或区域网络发展联邦主体之间的合作。这些合作形式将允许协调投资项目，包括基础设施项目，以及建立统一的信息领域，这在俄罗斯北极地区目前是不存在的。

第二节　俄罗斯北极地区油气资源的开发

俄罗斯北极地区的资源储备巨大。根据俄罗斯联邦北极地区发展战略和 2020 年前国家安全保障战略，俄罗斯 80% 以上的天然气、很大一部分俄罗斯钻石、100% 的锑、磷灰石、金云母、蛭石、重晶石、稀有金属、95%以上的铂族金属、90%以上的镍和钴、60%以上的铜，以及三分之一以上的鱼类和海产品都产自这里。

最受关注的是该地区的石油和天然气储备。据俄罗斯科学院科拉中心经济问题研究所称，北极大陆架油气资源总量超过1000亿吨（吨标准燃料），其中三分之二在俄罗斯北极地区。根据战略中给出的估算，830亿吨是仅在俄罗斯北极大陆架上的总储量。根据美国地质调查局2008年对北极油气资源进行的最大规模研究的结果，俄罗斯的石油储量约占北极地区的16%，天然气储量约占70%。

表18-1 根据美国地质调查局（2008年）估算的俄罗斯北极可采资源估算

省份	石油 百万吨	天然气， 百万立方米	凝析气， 百万吨	碳氢化合物， 百万吨	碳氢化合物， 百万吨
西西伯利亚盆地	499.30	18448.48	2773.35	18094.10	18470.18
东巴伦支海盆地	1010.44	8093.06	194.04	7706.40	7940.74
叶尼塞-哈丹加盆地	761.77	2547.62	364.96	3173.47	3022.97
拉普捷夫海大陆架	425.04	829.87	118.30	1210.06	1108.14
巴伦支海平台	280.42	668.19	38.02	855.27	808.92
欧亚盆地	183.10	496.34	70.98	652.84	613.14
喀拉海北部盆地和台地	246.56	381.61	53.24	606.37	544.52
蒂马诺-伯朝拉盆地	227.45	230.96	27.67	440.67	381.14
罗蒙诺索夫岭	150.99	182.38	26.13	323.65	283.93
斯沃卓普盆地	116.11	219.08	26.08	318.21	291.67
勒拿-阿纳巴尔盆地	260.97	53.69	7.70	311.80	235.15
北楚科奇盆地和北弗兰格尔盆地	11.73	154.59	14.54	150.47	153.96
维尔基茨基盆地	13.37	146.33	13.86	144.80	147.40
拉普捷夫海西北部大陆架	23.50	114.15	16.32	131.71	128.19
伦斯科-维柳伊斯基水池	51.31	34.03	4.86	83.62	69.24
兹良卡盆地	6.52	38.38	5.48	42.83	42.06
东西伯利亚海水池	2.69	15.77	1.49	16.85	16.76

(续表)

省份	石油,百万吨	天然气,百万立方米	凝析气,百万吨	碳氢化合物,百万吨	碳氢化合物,百万吨
霍纳盆地	0.34	16.52	1.55	15.16	15.81
梅曾盆地	无数据	无数据	无数据	无数据	无数据
新地盆地和金钟井盆地	无数据	无数据	无数据	无数据	无数据
通古斯盆地	无数据	无数据	无数据	无数据	无数据
楚科奇海边缘地带	无数据	无数据	无数据	无数据	无数据
长海峡	无数据	无数据	无数据	无数据	无数据
全部的	4271.61	32671.28	3758.57	34278.28	73.92

吨（吨标准燃料）——一种能量单位，用于确定1吨煤（29.3 GJ）燃烧过程中释放的能量。

位于北极大陆的西西伯利亚油气区是俄罗斯燃料和能源综合体资源基地的重要组成部分。其中最大的是乌连科耶、扬布格斯科耶、博万年科夫科耶、扎波利亚诺耶、哈拉萨韦斯科耶、南坦贝科耶气田和罗斯科耶、新波尔托夫科耶、苏托明科耶、北共青城科耶、塔拉索夫科耶和哈兰普尔科耶油田。目前，开发最集中的天然气田位于亚马尔半岛，总储量超过15万亿立方米。位于涅涅茨自治区的蒂曼—伯朝拉油气省也拥有丰富的储量。

表18-2 美国地质调查局估计的俄罗斯北极水域的油气资源前景

海	石油,百万吨（平均值）	伴生/溶解气体,十亿立方米（平均值）	游离气体,十亿立方米（平均值）	凝析气,百万吨（平均值）	碳氢化合物,吨	
巴伦支与伯朝拉	1254.31	508.66	8418.02	177.41	10358.40	0.30
卡拉斯科耶湾	635.80	561.67	15991.78	2447.84	19637.09	0.57
拉普捷夫	724.45	273.12	1555.22	199.50	2752.29	0.08
东西伯利亚	16.07	6.71	173.41	14.75	210.94	0.01
楚科奇语	390.79	111.22	509.85	58.20	1070.06	0.03

(续表)

海	石油，百万吨（平均值）	伴生/溶解气体，十亿立方米（平均值）	游离气体，十亿立方米（平均值）	凝析气，百万吨（平均值）	碳氢化合物，吨	
北冰洋	187.32	60.80	226.47	29.11	503.70	0.01
俄罗斯水域	3208.74	1522.18	26874.75	2926.81	34532.48	1.00
%	9.29%	4.41%	77.82%	8.48%	100.00%	

巴伦支海和喀拉海占俄罗斯大陆架储量的70%。其中每个大陆架上都有11个最大的矿床，可采资源总量超过700亿吨燃料当量。油气资源储存条件相对有利：据估计，巴伦支海83%的资源和伯朝拉海39%的未开发资源都位于3公里以下的深度。

早在20世纪60年代末至70年代初，俄罗斯就已经比世界上任何其他国家都早开始开发北极油气资源（1969年梅索亚赫斯科伊油田开始生产，1972年梅德韦耶姆油田开始生产，这比普利博油田的投产早了8年和5年）。俄罗斯在陆上（阿拉斯加的3.5倍）和大陆架（由于梅索亚赫斯科伊油田的开发）累计油气产量方面处于领先地位。

北极油气的密集开发阶段是最近几年才开始的。很长一段时间，什托克马诺夫斯科耶油田被认为是试点油田。它拥有3.9万亿立方米的天然气储量，最初是针对北美市场。然而，美国页岩革命的爆发使得来自俄罗斯的供应变得多余。因此，早在2008年成立的由俄罗斯天然气工业股份公司（51%）、法国道达尔公司（25%）和挪威国家石油公司（24%）参与的国际财团实际上已经解体，俄罗斯天然气工业股份公司将该项目推迟到2019年启动。

2012年10月，俄罗斯天然气工业股份公司在亚马尔推出了巨大的博瓦嫩科沃油气凝析油田。该油田是世界上已确定的最大的油田之一：目前的可采储量为4.9万亿立方米的天然气、570万吨石油、1.117亿吨凝析油。博瓦嫩科沃—乌赫塔和乌赫塔—托尔佐克的管道已经建成，用于运输天然气。欧洲是最终的交付点。

2013年12月，俄罗斯第一个海上油田普拉兹洛姆诺耶油田（位于伯朝拉海大陆架）开始生产。该油田的可采储量估计为4660万吨，俄罗斯天然气工业石油公司参与了开发。

最后，独特的亚马尔液化天然气项目正由诺瓦泰克公司在亚马尔实施。它的资源基地是南坦贝斯科耶油田，该油田的潜力估计为每年250亿立方米，可持续开采20年。该项目涉及建设一座年产能为1500万吨的液化天然气工厂。一期工程计划2017年投产，亚太地区被认为是重点供气方向，部分天然气将发往欧洲。

尽管存在很大的不确定性（技术、经济和环境），俄罗斯的目标是更大规模地开发北极地区包括近海资源在内的石油和天然气资源。根据俄罗斯到2035年的能源战略，石油和天然气凝析油产量的目标是5.25亿吨（2014年的产量为5.26亿吨）。然而，从2025年左右开始，现有的和已经分布的新陆上油田的能力将不足以达到这个水平。这往往导致人们得出这样的结论（可能不完全正确）：如果不进行海上开发，就无法实现生产目标。

然而，北极保护区的开发仍然存在一些严重阻碍。其中一些是在2014年出现的。

首先，油价下跌，一夜之间让包括所有海上油田在内的许多北极油田的开发无利可图。其次，对俄罗斯实施的制裁直接影响到北极油气项目，剥夺了他们获得西方技术和外国资本的机会。即使来自西方国家的投资被来自亚洲国家的投资所取代，俄罗斯公司将很难有足够的技术、人力和组织能力来利用自己的资源开发近海，至少在未来十年内是如此。

但即使没有2014年的事件，北极大陆架的开发也是一项艰巨的任务。目前，人们对其地质构造的了解程度极低。例如，在巴伦支海和喀拉海的北部地区，在拉普捷夫海、东西伯利亚海和楚科奇海，没有钻过

| 转向东方

一口参数井。除了巴伦支海和伯朝拉之外,在北极海域最有希望的地区,地震工作覆盖的密度(这是勘探最佳指标)在西部地区低于每平方公里0.15公里,在东部地区(东西伯利亚海和楚科奇海的俄罗斯部分)低于每平方公里0.1公里。这比楚科奇海的美国大陆架低10倍,比挪威大陆架低20倍。

近十年来,俄罗斯开展了拉普捷夫海储备研究,并在喀拉海进行了大规模地质勘探。到2030年,在自然资源部编制的《大陆架勘探及矿产资源开发规划草案》框架内,计划再钻勘探井280口左右,可增加石油和凝析油储量共计13.6亿吨。然而,2015年2月,俄罗斯宣布放弃了单独的国家大陆架勘探计划。

在该地区,海陆石油和天然气资源的开发都受到社会经济水平低下的制约。自20世纪90年代初以来,俄罗斯北极地区的人口数量为250万人,减少了30%。该地区发展重点是工业经济,部分人口的生计主要依赖北方运输,运输成本占最终产品成本的60%。北极地区的经济结构具有以采掘业为主的单一产业性质。这里的采掘业占经济增加值的60%,而在芬兰、瑞典、挪威、格陵兰和冰岛,这一比例不超过15%,在阿拉斯加和加拿大的比例为30%。

俄罗斯北极地区人口稀疏,基础设施水平无法与该国中部地区相提并论。以目前的交通基础设施发展水平,该地区无法实现全面发展,该地区还存在统一的能源系统,能源结构具有成本高、效率低的特点。这些因素严重恶化了投资环境,挫伤了人力资源的积极性,最终阻碍了境内和离岸项目的实施。

一个同样重要的负面因素是石油和天然气行业的低效体制环境。国有性质的大公司没有能力在降低成本的基础上建立北极开发模型。该行业的竞争水平极低且受到人为限制,这无助于提高正在进行的投资项目效率。

2008年,政府对《地下资源法》进行了修正,根据该修正案,只有国企才能开发大陆架。因此，目前只有俄罗斯石油公司、俄罗斯天然气工业股份公司和俄罗斯对外石油公司拥有离岸生产权。参与北极项目的另一个障碍是俄罗斯天然气工业股份公司现有的天然气出口垄断，长期以来一直延伸到管道天然气和液化天然气。至 2013 年底，所有在 2013 年 1 月 1 日前拥有液化天然气许可证的公司，以及至少拥有 50% 国家所有权的组织，才获得了出口液化天然气的权利。这使得俄罗斯石油公司和诺瓦泰克公司能够出口液化天然气，最重要的是，允许在国外供应亚马尔液化天然气项目下生产资源。

目前，尽管得到了全面的支持（特别是为了弥补制裁的负面影响，在北极经营的公司在 2014 年底从国家福利基金中获得了大量资金），但国家能源公司对北极地区的开发并没有取得预期的效果。尽管目前取得了一些成绩（特别是亚马尔油田的开发），但到目前为止它看起来很混乱，而在近海油田的开发方面（正如什托克曼和普里拉兹洛姆纳亚的经验所体现的），坦率地说是草率的。这在一定程度上得到了一些精英的认可，例如放弃国家大陆架勘探计划，以及一些知名官员支持暂停北极大陆架石油生产的提议就是证据。低油价和制裁减缓了北极地区石油和天然气资源的开发，这将使我们有时间重新考虑其目前的模式。

第三节　北方海航道的开发

北方海航道是热拉尼亚角（位于新地群岛）子午线与白令海峡之间的海域区域，毗邻俄罗斯联邦北部海岸，北冰洋的冰盖直接影响航运路线。根据冰情、船队容量和被护送船只的具体情况，路线长度从 2200 到 3000 英里不等。通过吃水更深（超过 1 米）的船只的需要使得路线向北移动到更高的纬度，增加了对布线技术支持的要求，改变了船只通过的预期时间以及可能与平均航行时间的偏差。

俄罗斯当局的计划似乎非常雄心勃勃：2014 年，普京指示在 2015 年将北方海航道沿线的货物周转量提高到 400 万吨，而北极地区社会经济发展计划计划到 2020 年交通量增加到 6370 万吨。

事实上，北方海航道货运量的增长速度是很难预测的。它们将由内部因素（液化天然气工厂建设项目实施的有效性、沿线基础设施开发和邻近地区的发展、关税政策）和外部因素（气候变化、全球监管和环境安全、国际合作伙伴的期望及其以建造适当船只和将流量改道至北方海航道的项目形式实施、北极的国际形势）决定。

北方海航道在苏联时期得到积极使用，并在 1987 年达到最高货运周转量。在市场改革期间，运输量急剧下降，直到几年前才开始恢复。也正是在这个时候，沿途的运输开始了。2010 年，有 4 艘过境船只从北方海航道通过；2012 年为 46 艘，2013 年为 71 艘。2010 年的货运量为 11.1 万吨，2013 年——约 140 万吨。2014 年，货物运输量和航次大幅减少（53 艘和 22 万吨），主要是由于恶劣的天气条件、油价下跌和制裁导致北极油气开发项目停滞。

即使有一系列有利的环境，北方海航道也不会成为全球范围内的关键过境运输动脉。值得一提，2014 年苏伊士运河沿线的货物运输量就达到了 9.62 亿吨。目前，每年通过北方海航道运输的货物比每天通过苏伊士运河运输的货物还要少，后者甚至比十年后的预期还要多 12 到 15 倍。但北方海航道发展的主要目标不是将其变成苏伊士运河的替代品，而是为俄罗斯北部的孤立领土提供进入全球经济活动的路线。

如今在北方海航道运输的货物以液体货物为主。如下表所示，2014 年通过该航线的 44 艘货船中有 27.26 艘载有这些货物。未来，北方海航道的货运基础首先是：

·由西向东方向：液化天然气（萨贝塔，哈默菲斯特）；铁精矿（摩尔曼斯克、纳尔维克）；原油（滨海边疆区）；液化天然气（维蒂诺

村,乌斯特鲁加);

·由东向西方向:煤炭(鲁珀特王子港、温哥华);鱼(堪察加彼得罗巴甫洛夫斯克,北海道);轻石油产品(釜山、仁川);液化天然气(萨贝塔)。

表18-3 2014年北海航道沿线货物运输情况

货物种类	容器数量,个	重量,千吨	船旗
液体货物	26	399.7	俄罗斯
大批货物	2	68.0	库拉索,巴拿马
普通货物	15	93.2	俄罗斯
冻鱼	1	1.9	俄罗斯
在镇流器	0		
共计	44	562.8	

资料来源:北海航道信息办公室

集装箱运输前景仍然非常渺茫——与散装货物不同,此类货物需要准确的时间表和更复杂的物流。目前,这些都不是北方海航道所能提供的。

2009年,外国船舶第一次沿着北方海航道进行商业过境航行。两艘机动船从马山港(韩国)出发,在诺维港(扬堡)的停泊处卸货,由两艘核动力破冰船护航。离开西部边界的北方海航道的航行时间为21天。一般而言,从北欧到亚洲沿北方海航道的运输天数可节省6—19天,具体取决于路线。节省的运输时间由冰情决定:光照条件下,理论上全年均可;温和条件下,8—9个月内。夏季航行期(5月/7月—9月/11月)通过使用破冰船得到延长;在破冰船协助下,某些类型的船舶可以全年使用。

在许多情况下,使用北方海航道节省时间的同时也节省了财务资源。这条路线的其他优势是免受海盗袭击,以及几乎完全没有狭窄海域——与马六甲海峡或苏伊士运河不同,北方海航道不太可能超载。

表18-4 从摩尔曼斯克到亚洲港口的石油运输距离和条件

国家	通过苏伊士运河		通过北海航道		节省的时间
	英里	天	英里	天	
日本（神户）	12291	37.1	6010	18.1	19.0
韩国（釜山）	12266	37	6097	18.4	18.6
中国（宁波）	11848	35.8	6577	19.9	15.9

表18-5 从鹿特丹到亚洲港口的货物运输距离和条件

国家	通过苏伊士运河		通过北海航道		节省的时间
	英里	天	英里	天	
日本（神户）	10969	33.1	7610	23	10.1
韩国（釜山）	10754	32.5	7697	23.2	9.3
中国（宁波）	10336	31.2	8177	24.7	6.5

为实现北方海航道的竞争优势，需要进行更多的底层勘探工作，开发潜在的路线和更新地图信息。为确保航行的安全和效率，主要需要在海港附近以及鄂毕河、叶尼塞河、哈坦加河、科雷马河河口、通航海峡和北方海航道的高纬度航线上进行水文研究，旨在用于大吨位油轮。

在2012年的国情咨文中，普京直接表示：“最重要的发展重点是区域航空，以及海港、北方海航道、贝加尔—阿穆尔铁路干线、西伯利亚铁路和其他过境走廊，我们需要确保完整意义上的交通连接，确保整个俄罗斯领土的统一。"自那时起通过的战略文件（《2030年前海港基础设施发展战略》《2020年前俄罗斯联邦北极区发展和国家安全保障战略》《2030年前俄罗斯交通战略》）使北方海航道受到越来越多的关注。

由于基础设施不发达，北方海航道的竞争力降低：有必要对现有港口网络和救援点进行现代化改造，建设新的港口网络和救援点，装备救援船队，并建立培训中心。如果不加深河道和河港的航道，就很难增加货物周转量。一个重大障碍是北方海航道沿线的多式联运综合体发展薄弱，即海河、海铁联运交汇处的基础设施。

北方海航道的物理基础设施得到信息和智能基础设施的补充，包括协调船只移动、控制、天气状况监测（分析收入数据和实时预测）、监测、信息支持和通知。信息基础设施的覆盖使北方海航道沿线的交通运输运输不仅可以实现，而且是有吸引力的、安全的和具有成本效益的。由于苏联解体后，相关部门和机构缺乏协调，有关公司建立了私人系统以满足其需求，因此安全使用北方海航道路线是一个特别尖锐的问题。这些都需要汇集成一个统一的网络。

大陆架矿产资源开发项目取决于对航行的搜救支持，以及防止和消除石油和石油产品泄漏的有效系统的可用性。我们需要对救生设备的现代化进行投资，提高海上救援和协调中心的效率。

应特别注意与飞行员、船长的资格有关的问题，他们可以被允许进入冰覆盖的航道，并与相关方（包括计划使用北方海航道航线进行货物过境的外国公司）达成协议。

对北方海航道发展至关重要的是破冰服务的现代化和破冰船队的发展。目前，有 6 艘核动力 9 艘柴电破冰船在北方海航道上航行。

破冰船队对航线发展的重要性的一个例证是，由于强大的线性核破冰船"北极"的投入使用（1978 年），北方海航道西段向全年航行的过渡得以实现。

表 18-6 运营核动力破冰船队（核动力破冰船运营商为原子能公司）

	破冰船	推出日期
	北极型核动力破冰船	
1	"俄罗斯"	1985 年 12 月 21 日
2	"苏联"	1989 年 12 月 29 日
3	"亚马尔"	1992 年 10 月 28 日
4	"胜利 50 年"	2007 年 3 月 23 日
5	"北极"	1975 年 4 月 25 日
6	"西伯利亚"	1978 年 12 月 28 日

(续表)

	破冰船	推出日期
	泰米尔型核动力破冰船	
1	"泰米尔"	1989年5月30日
2	"瓦格奇"	1990年7月25日

资料来源:《国际商业航运的大众媒体发展:在"北海航线:状态、问题、前景"国际会议上的报告》,圣彼得堡,2013年4月11日至12日

表18-7 柴电破冰船运营船队

	柴电破冰船	推出日期	操作员
1	"埃尔马克"	1974年	罗斯莫波特
2	"马卡洛夫海军上将"	1975年	FESCO公司
3	"克拉辛"	1976年	FESCO公司
4	"索罗金船长"	1977年	罗斯莫波特
5	"尼古拉耶夫船长"	1978年	罗斯莫波特
6	"德拉尼琴船长"	1980年	罗斯莫波特
7	"赫列布尼科夫船长"	1981年	FESCO公司
8	"莫斯科"	2008年	罗斯莫波特
9	"圣彼得堡"	2009年	罗斯莫波特

目前的破冰船并不足以大幅提高北方海航道的货物周转率。根据适度的预测,仅为确保杜金卡—摩尔曼斯克段的运营,就需要10艘破冰船。随着货物周转量的增加,对破冰船的需求也会增长:根据冰援条件的复杂程度,需要额外增加10到12艘破冰船(考虑到现有船舶的退役)。

目前,三艘双壳宽体核动力破冰船 ЛК-60Я 正在建造中:"北极号"(计划于2017年首次测试)、"西伯利亚"号(2020—2021)和"乌拉尔"号(2021—2022)。他们能够在北方海航道航线和西伯利亚河口工作;它们与苏联建造的破冰船的不同之处在于它们有更大排水量和核装置容量。新破冰船将为阿芙洛尔型油轮提供引航(排水量可达12

万吨)。根据专家的观点,在某些天气条件下,可以用一艘破冰船为两艘船护航,但在这种情况下,北方海航道运输将获得速度优势,但在被护送船只的最大尺寸方面有所损失,这对于集装箱过境等来说是至关重要的。

俄罗斯仍然拥有世界上最大的破冰船船队,这是获得增加过境的直接利益的一个重要前提条件。然而,人们认为随着俄罗斯北极地区无冰化,几十年内将不需要破冰船护航的想法是对这一进程的严重阻碍。首先,预测这种情况就像否认气候变化一样极端。其次,假设这种情况发生,那么作为其实施的结果,船只与冰山相撞的威胁,也需要破冰船的参与。

与北方海航道的发展息息相关的主要区域项目是亚马尔半岛燃料和能源资源的开发。亚马尔液化天然气项目对该航道至关重要,特别是2012年建成的萨贝塔港是亚马尔通往开放世界的窗口。该港口可能不会像最初计划的那样高度专业化,仅旨在为亚马尔液化天然气项目提供服务,但具有多种用途。在这种情况下,它将成为北方海航道的主要据点。

海上运输基础设施的发展应与其他运输方式的发展结合起来考虑,在发展其他交通方式的同时,最好能创造出一个全区域的运输和物流集群,其中海上部分北方海航道是主要的,但不是唯一的组成部分。

货物周转量的增加和对北方海航道沿线运输需求的进一步增加有助于更频繁地利用西伯利亚河流。为了将它们纳入北方海航道系统,有必要确保河口的通航条件并开展疏浚工程,包括那些在技术上可以进入江海船只的工程。如果在北西伯利亚干线与勒拿河、叶尼塞河、安加拉河和奥布河等主要水道的交汇处出现多式联运枢纽,那么北西伯利亚干线(从乌斯季—伊利姆斯克向西延伸至苏尔古特)将是俄罗斯北极运输系统的一个重要组成部分。

反过来,基础设施的发展必须与工业增长密切相关,这表明要建立运输—工业综合体。因此，萨哈共和国政府计划利用北方海航道将兹良斯克煤田的煤炭运往欧洲和亚洲市场。为此，正在建造"海上之河"驳船和拖船，并且正在重建泽列诺米斯克海港；科雷马河河口航道正在进行疏浚工程。由于深度不足，如果不转运，则无法使用沿着科雷马河到佩韦克港的路线。

勒拿河的河口航道也发生了变形，它阻碍了在连接勒拿河与亚纳河、印迪吉尔卡河、科雷马河的北极航线上的江海船只安全进出——船只被迫以两倍或三倍的速度转运。

将叶尼塞河纳入北方海航道系统尤为重要。将北方海航道与中西伯利亚大陆连接起来，将使西伯利亚地区，主要是安加拉—叶尼塞地区在世界市场上有一个新的定位方法，在北方海航道西段和东段的交界处形成主线的服务基地。最主要的是要克服中西伯利亚的制约：其大陆性使该地区只面向俄罗斯市场，而无法融入全球经济进程。

国家应创造条件，使投资项目对企业具有吸引力。在企业不愿意或不能投资的情况下，国家财政参与是必要的，例如，在确保北方海航道安全方面。

俄罗斯扩大在北极的军事力量有利于北方海航道的发展。在苏联时期，这条路线主要是出于军事目的而开发的。迄今为止，它所必需的基础设施既有民用目的，也有军用目的。重要的是，对该地区军事关注的增长不会导致其不稳定，这将破坏北方海航道的竞争地位。合作氛围是充分利用北极过境运输机会的必要条件。

公司和地区当局之间的主要协调中心作用应该由国家来发挥。将此类权力下放给北方海航道管理局和远东发展部的行政部门是有利的。在有限的关键点实施项目，将显著提高民营企业参与北方海航道基础设施建设的吸引力。

关于北方海航道的公开讨论仍由两个极端主导，一方面是过度乐观，希望将北方海航道视为金矿；另一方面则是坚定的怀疑态度。两极都会适得其反。它将给国家带来可观的利益,但前提是要有一个平衡的使用政策,不要欣喜若狂,不要假设不惜一切代价发展这条路线,而是基于对利益和成本的全面分析。国家的作用不应该是从联邦预算中提供过高的数额,而是消除障碍并为利益相关者建立这样一个激励系统,从而在最少的国家直接参与下开发这条路线。通过这种方式,北方海航道将实现连接欧洲和亚洲的桥梁这一历史使命,俄罗斯一直将其与此联系在一起,但在长期实践中一直没有实现。

第十九章 北方海航道贸易路线的替代方案

伊戈尔·阿列克谢耶维奇·马卡洛夫,伊利亚·亚历山大罗维奇·斯捷潘诺夫

要全面评估北方海航道的前景,需要与其他服务于或能够服务于从亚洲到欧洲往返交通的贸易和运输路线进行比较。

目前,主要运输路线是通过马六甲海峡和苏伊士运河。亚洲和欧洲之间95%以上的货物运输是通过这条路线进行的。北方海航道即使在最有利的条件下,也无法与其竞争。不过可以成为分散风险的重要工具。现在有这样的需求:马六甲海峡和苏伊士运河的容量有限,以及它们容易受到政治不稳定和海盗的影响,迫使亚洲国家寻找路线多样化的方法,并支持开发替代运输路线。本章考虑了两种替代路线。

首先,这些是陆路跨欧亚航线,未来几年将在丝绸之路经济带中国项目的框架内得到积极开发。这些航线主要服务于来自中国西部和中部的货物,而不是来自东海岸的货物,那里还没有海运替代品。

其次是横贯西半球的海上贸易和运输路线:西北航道、巴拿马运河航线,以及未来的尼加拉瓜运河航线。这些路线中的第一条在各方面仍

然不如北方海航道，另外两条对于北方海航道以外的贸易路线来说，北方海航道是一条非常重要的航线，但在某些条件下，它可以从马六甲海峡航线吸引一些运输量，从而实现分散为北方海航道自身带来的可能风险作用。

目前，现有的贸易路线面临着严重的限制，克服这些限制的途径尚未明确。与此同时，亚洲合作伙伴对北方海航道发展的兴趣正接近顶峰。如果未来几年在替代交通干线发展的背景下这条路线的发展没有取得重大进展，也没有其他交通干线的发展，人们对此的兴趣可能会减弱。

第一节 穿越马六甲海峡的海洋航线

目前，服务于亚洲和西欧两个主要经济中心之间贸易流动的主要航线穿过新加坡海峡和马六甲海峡，绕过苏门答腊岛北端，进入印度洋，然后穿过印度洋进入红海，通过苏伊士运河进入地中海和直布罗陀海峡。

一、苏伊士运河和环非洲航线

苏伊士运河全长193.3公里，是一条连接红海和地中海的人工运河。运河是世界上最繁忙的交通干线之一。该运河允许通过现有最短的发达贸易路线将货物从亚洲运到欧洲并返回，是世界上最繁忙的运输干线之一。运河的主要港口是塞得港和苏伊士港，分别位于运河的北端和南端。

苏伊士运河的容量受到两个因素的限制。首先，运河上只有一条"通道"供海上交通使用。在2014—2015年，埃及政府组织了大量工作来扩大运河，但即使完成后，船舶必须使用总长度为113.3公里的旁路通道进行双向交通。其次，他们设置了一些限制——船舶及其货物的水容量不得超过 24 万吨，吃水 20 米，水面以上高度不超过 68 米，船舶宽度为 77.5 米。因此，大型船只必须将部分货物转运到苏伊士运河管理局的船只上，以满足规定的特性。运河容量的物理限制，即使在其扩大后，也不允许它每天处理超过 97 艘船。

每年通过运河的船舶数量在 2008 年达到历史最高值（21415 艘），随后有所下降，2013 年通过运河的船舶数量为 16596 艘，2014 年为 17148 艘。尽管如此，货运量继续增长，2014 年达到 8.223 亿吨的历史新高，是 2002 年的两倍多。2014 年集装箱总吞吐量达到 5.36 亿吨，而 2002 年为 2.07 亿吨。约 93% 的集装箱运输流经亚洲和欧洲之间的贸易航线。北美东海岸与亚洲的贸易仅占 5.3%。

苏伊士运河由埃及政府控制，通过它过境的外国货物是埃及国家预算外汇的主要来源之一。在 2008 财政年度，该国从该渠道赚取了约 50 亿美元（上年为 46 亿美元）。苏伊士运河管理局在 2005 年至 2008 年间逐步将过境费每年提高 3%—7%。在 2008 年将利率再提高 7.1% 后，由于全球金融危机以及索马里海盗的活跃，它宣布冻结关税。政府收入曾一度下降，但在局势稳定后的 2013 年达到 55 亿美元，2014 年达到 60 亿美元。埃及当局希望扩建后将使该渠道的收入翻一番。在不久的将来，预计到 2020 年，过境税将以每年 3%—5% 的速度增加。

2002—2014 年通过苏伊士运河的船只动态

	2002 年	2006 年	2007 年	2008 年	2012 年	2013 年	2014 年	2002 年至 2014 年的增长
通过的船舶数量	13447	18664	20384	21415	17224	16596	17148	28%
集装箱船数量	4549	6774	7718	8156	6332	6014	6129	35%
总交通量（百万吨）	368.8	628.6	710.1	723	739.9	754.4	822.3	123%

资料来源：苏伊士运河管理局

尽管苏伊士运河管理局采取了扩建、改善基础设施和降低船舶吃水和尺寸要求等措施，运河运力的增长仍落后于需求的增长。航道的单线性质仍然是一个无法解决的障碍。在高峰期，会出现排队通过运河的情况。据预测，预计未来运河上的平均通行时间会增加，等待时间和延误时间也会增加。通过增加费率差异，运河还有进一步发展的空间：在高峰期增加费率，在低需求期减少费率。这将使渠道的利用率更加统一。

与使用苏伊士运河相关的另一个限制是其邻近海域存在海盗活动的高风险。在红海、亚丁湾和索马里沿岸海域缉获的海盗数量从 2006 年的 10 起增加到 2008 年的 111 起，2009 年增加到 161 起，然后情况有所改善：2012 年、2013 年和 2014 年登记的袭击事件分别为 75 起、15 起和 11 起，但该地区的安全问题仍然十分严重。海盗问题自然会导致船舶通过危险区域的保险费用（战争险、货物险等）增加。由于需要向船员支付更高的工资、安全和特殊设备的高成本，运输公司的运营成本也在上升。根据各种估计，海盗造成的额外成本每次从 10 万美元到 11.5 万美元不等。

苏伊士运河本身仍然容易受到海盗和潜在的恐怖主义的影响，对中远号集装箱船的攻击被挫败就证明了这一点。2013 年秋，从岸上向该舰发射了两枚导弹，但未击中目标，该舰未受损。大量货物通过的航道靠近陆地，这使得海盗问题特别危险。一艘沉船自动将通道的容量降低为零。

2011 年埃及的政治危机给通过运河的船舶运输带来了额外的风险。"阿拉伯之春"之后，局势仍未稳定，鉴于埃及的不稳定，许多国家政府致力于减轻对通过苏伊士运河进行海上运输的依赖，努力使贸易和运输路线多样化。

最简单的方法是将贸易路线重新规划到绕过好望角的航线。即使不考虑埃及政局不稳的因素，它的作用也必然会随着船只整体规模的增加，以及通过苏伊士运河时延误次数和等待时间的增加而增加。此外，非洲大陆许多国家的快速发展（尽管是在一个非常低的基础水平上）将使其中一些国家逐渐成为国际贸易的正式参与者。坦桑尼亚和莫桑比克大陆架天然气储量的开发需要港口基础设施的发展，也可以为这条航线的发展做出贡献。

环绕好望角的路线的主要缺点是它的长度。例如，从伦敦到横滨的航线比通过苏伊士运河的航线长四分之一。另一个问题是港口基础设施。为了系统地使用这条路线，它的密集现代化是必要的，至少在伊丽莎白港、开普敦、德班和恩古拉等港口是这样。最后，绕过好望角的航线并没有解决海盗问题。索马里海盗在非洲海岸外航行达500海里。2008年，据报道，在非洲海岸发生了40起袭击事件。尼日利亚、坦桑尼亚、毛里塔尼亚和肯尼亚的海岸也是潜在的危险之地。

二、马六甲海峡

马六甲海峡是从亚洲到欧洲横跨印度洋航线上的一个关键点，无论船只是通过苏伊士运河还是绕过非洲继续前进。马六甲海峡是当今世界的一条主要运输动脉。世界上三分之一的贸易货物通过它，包括中国、日本和韩国出口的很大一部分，以及运往东北亚的所有石油产品的大约80%。

马六甲海峡的主要问题是拥堵。每年有超过7万艘船只通过。在新加坡海岸外的飞利浦海峡区域，海峡变窄至2.8公里，航道宽度仅为2.1公里，这大大限制了其容量。因此，新加坡海峡的入口处经常排起长队。

在不久的将来，贸易和运输路线可能会通过替代马六甲海峡的另一个海峡——分别位于爪哇岛北部和南部的巽他海峡和龙目海峡而优化。目前，它们在从东北亚过境时没有得到充分利用，因为与马六甲海峡相比，它们的运输时间分别增加了1.5天和3.5天。这两条备选航线的服务维护也是马六甲海峡无法比拟的，那里的船只通行完全由新加坡政府组织。

马六甲海峡的海盗袭击事件正在逐渐减少。从 2004 年开始，马来西亚和印度尼西亚当局就一直在该海域巡逻。尽管如此，威胁尚未完全消除，该地区仍然是世界上最危险的航行地点之一。

在中国，"马六甲困境"一词被用来描述该地区的情况：尽管通过马六甲海峡的航线具有商业吸引力，但由于地缘政治威胁，中国被迫采取措施使自己的贸易和运输路线多样化。自 17 世纪以来，人们就萌生了在克拉地峡修建一条连接马六甲半岛和亚洲的运河的想法。这条运河将大大缩短从亚洲到欧洲的路线，最重要的是，它将使我们有可能解决马六甲困境。2015 年 5 月，据报道，中国和泰国官员签署了修建运河的意向备忘录。该项目耗资 280 亿美元，实施期限为 10 年。现在，中国更有可能朝着发展巽他海峡和龙目海峡航运、发展陆路跨欧亚航线和北方海航道的方向寻求解决"马六甲困境"的办法。

第二节　从亚洲到欧洲的陆路通道

与海路相比，陆路的主要缺点是成本较高。航运每船可运输 1 万多个集装箱，而火车运载的集装箱不超过 500 个。因此，在海上运输货物时，这导致了海运货物时的巨大规模经济。但是海船比火车慢，这决定了陆路相对于海路的主要优势——节省时间。与通过苏伊士运河的海运至少 30 天相比，从上海到汉堡的货物运输时间缩短至 18—20 天（随着基础设施的发展，这一数字有望缩短）。铁路运输也更安全。这里没有海盗的威胁，安全保障由铁路运输部门或私营公司提供，有更多机会使用卫星导航和控制工具跟踪货物位置。所有这些因素促使中国启动了丝绸之路经济带项目，该项目涉及建设或改造通往欧洲的多条陆路贸易和运输路线。

这些路线可分为三组。第一种方案是沿西伯利亚大铁路全线过境，即在滨海边疆区从中国出口到俄罗斯。考虑到运费，这条航线从上海到布雷斯特的货运成本约为 2.2 万美元/每 20 尺集装箱。

然而，由于西伯利亚大铁路的巨额工作量，这条路线已经达到最大容量。根据贝加尔—阿穆尔铁路干线和西伯利亚大铁路开发计划的实施结果，计划扩大铁路的过境运输能力，投资总额为 5620 亿卢布。但重建后的西伯利亚大铁路打算作为出口通道广泛使用，因此沿线的货物流量将与运力增长同步增加。将西伯利亚大铁路用于出口目的将不可避免地与过境运输的发展竞争。

第二个方案是将中国货物经哈萨克斯坦运往俄罗斯。可以在西西伯利亚进入俄罗斯（路线乌鲁木齐—鄂木斯克—莫斯科—欧盟国家）。采用这条路线方案从中国西部发货的成本约为 1300 美元/天。目前，这条路线的使用量不超过 20%，但需要大量投资，通过卸载鄂木斯克—新西伯利亚段来增加货物周转量。

奥伦堡地区也可以从哈萨克斯坦出口到俄罗斯。这是目前唯一定期运营的航线：目前约有 30 条定期集装箱列车路线。自 2011 年以来，该项目一直在定期实施。例如，自 2011 年以来，在重庆（中国）—杜伊斯堡（德国）的路线上，一直有集装箱列车定期运送显示器和笔记本。自 2012 年以来，成都（中国）—罗兹（波兰）的列车在西伯利亚大铁路上大约每周运行一次。然而，扩大这条线路的使用将需要对基础设施现代化进行大量投资。

2014 年 10 月，中国投资者宣布愿意投资建设莫斯科—喀山高速铁路，但前提是该铁路要延伸到北京。双方签署了一份意向性备忘录。原计划，莫斯科—北京高速将途经叶卡捷琳堡、阿斯塔纳、伊尔库茨克、乌兰巴托和哈巴罗夫斯克。随后有消息称，中方的莫斯科—北京铁路项目可能不是从阿斯塔纳到东西伯利亚，而是到新疆维吾尔自治区，然后穿过中国境内。从莫斯科到北京的旅行时间将缩短三倍——从六天缩短为两天。该项目的成本约为 2450 亿美元。显然，这条铁路将构成连接丝绸之路经济带和欧亚经济联盟项目的计划基础，俄罗斯和中国领导人在 2015 年 5 月习近平访问莫斯科期间达成一致。

第三种方案是绕过俄罗斯从中国过境到欧洲。该组中最便宜的路线是通过哈萨克斯坦和伊朗。交付成本约为每标准箱 1700 美元，但要实现这一数字，需要约 20 亿美元的投资。对承运人来说是最昂贵的：每个标准箱高达 5000 美元。由于对巴库、波季港的集装箱产能进行大规模投资（80 亿美元）、重建道路、建设隧道和集装箱物流中心，运输成本将降至每标准箱 1500 美元。从巴库出发，这条路线可以直达卡尔斯（经纳希切万或第比利斯），然后乘火车穿过伊斯坦布尔到达欧洲。在这一修改中，该路线在许多方面反映了早在 1993 年由欧盟发起的 TKA8ECA 项目，但由于缺乏资金，该项目没有持续下去。然而，开发一条穿越土耳其的路线需要更多的投资。

欧亚大陆的基础设施建设在很多方面都与北京的规划同步，不排除所有列出的路线选项都将在丝绸之路经济带项目的框架内开发。在某种程度上，它们将与北方海航道形成竞争，但其规模不应被高估。只有第一条路线（通过整个西伯利亚大铁路）专注于从亚洲东海岸运送货物。而最不适合中转的也正是这条路线。其余路线更多地旨在为来自西部或在极端情况下为来自中国中部的货物提供服务。同时，对于沿海省份的货物来说，通过马六甲海峡的海上航线仍然没有争议，北方海航道仍然有很好的机会作为分散海上运输风险的工具。

第三节 穿越西半球的过境运输路线

一、巴拿马运河

巴拿马运河是一条长约 80 公里的人工船闸运河，通过巴拿马地峡和加通湖连接大西洋和太平洋。通过巴拿马运河的主要路线包括从美国东海岸到亚洲市场以及从欧洲到美国西海岸的海运路线。巴拿马运河还承载着从美国东海岸到南美洲西海岸、从美国一个海岸到另一个海岸的交通等。与通过苏伊士运河的航线相比，该航线的拥堵和相对较长的航线使得利用巴拿马运河将货物从欧洲运输到亚洲在经济上不划算。

在 2014 财政年度，巴拿马运河总吞吐量为 3.258 亿吨。随着运河扩建的大规模基础设施项目完成，预计货运量将增加，该项目预计将于 2015 年底前完工。船舶通过运河的时间（考虑到延误和等待）保持在 8—10 小时的水平。

就其规模和运力而言，巴拿马运河不如苏伊士运河，特别是由于在加通湖上行驶的船只需要有船闸基础设施。目前，在全球商船运输中，巴拿马运河的吞吐量特征与巴拿马型船舶相关，巴拿马型船舶是可以通过运河的最大船只尺寸。

船舶的最大宽度不得超过 32.3 米。对船舶尺寸的其他要求也比较严格：吃水不得超过 12 米，排水量不得超过 8 万吨（而苏伊士运河为 20 米和 24 万吨）。当运河深化项目在 2014—2015 年完成时，这些数字将增加到 18 米和 12 万吨，这意味着船舶将能够容纳多达 13000 个 20 英尺的集装箱（目前为 5000 个）。

运河的运力接近高峰期，平均每天处理约 35 艘船只。在一年中的大部分时间里，有 10—12 艘船排队等待通过。随着耗资 50 亿美元建造两套水闸以及拓宽和加深巴拿马运河的项目完成，其运力将每天增加 15 艘船。预计运河过境货物周转量将增长 2—3 倍。随着新型船舶新巴拿马型进入运河，比现有的长 25%，宽 50%，这种增长将有可能实现。

巴拿马运河的扩建将对该地区的国际贸易动态产生重大影响，特别是美国，因为美国是通过运河运输的所有货物中 2/3 的入口或出口点。如此大规模的基础设施项目的结果可能是加强巴拿马运河航线与其他海上贸易和运输航线相比的竞争优势。与通过苏伊士运河的路线相比，运河的延伸和运力的增加可能会增加这条路线的吸引力，尽管后者更短。在这种背景下，通过巴拿马运河的航线可能会间接与北方海航道竞争。尽管目前它涵盖了北方海航道以外的贸易和运输方向，但很可能在扩展后，一些运输商会更喜欢它而不是北方海航道。这意味着，未来通过巴拿马运河的航线可能会从苏伊士运河中抽取部分货运量，北方海航道有可能做到这一点。

二、西北航道

世界上唯一一条在主要特征和海上航行条件方面与北方海航道相似的航线是西北航道，这是一条沿北美北岸穿过加拿大北极群岛的北冰洋海上航线。与通过苏伊士运河或巴拿马运河的航线相比，这条航线与北方海航道一样，能够将从欧洲到亚洲的航线减少近三分之一，同时避免了排队、船舶尺寸限制和海盗问题。然而，这条路线的缺点，例如航行的难度、特殊船舶索具和设备的额外费用以及对破冰船服务的需要，都盖过了它的优点。

西北航道（和北方海航道一样）通常在 7 月至 10 月运行，即使如此，船只也经常以仅 7—9 节的速度跟随破冰船护航。租用船只的费用约为每天 5 万美元。此外，加拿大的环境要求显著提高了本已相当可观的保险金额，以补偿船舶事故对海洋生态系统造成的潜在损害。

加拿大在航道基础设施建设方面明显不如俄罗斯。目前，加拿大只有 6 艘用于破冰援助的柴电船，没有船只强行进入的港口。救援飞机要么距离太远，要么需要升级。

与北方海航道相比，西北航道的主要缺点是由于自然原因导致海上航行更加复杂。西北航道穿过一个 2400 公里的群岛（西起班克斯岛，东至巴芬地），这个群岛由 36000 个岛屿和浮出水面的岩体组成。这些岩体被狭窄的、未经探索的、不断结冰的海峡所分隔。通过这个冰山和岩石的迷宫，大约有 7 条路线被穿越，但主要路线从未被确定。

转向东方

自1969年以来，只有一艘船进行过一次商业性通航——2013年9月，该船将焦煤从温哥华（加拿大）运往波里（芬兰）。与通过巴拿马运河的船舶相比，这条航线使距离缩短了约1000海里，船上装载的货物增加了25%。

然而，这只是规则的例外，而不是西北航线大规模发展的开始。尽管西北航线涵盖的贸易和运输流量非常接近北方海航道（服务于相同的出境港和船舶目的地），但整条航线沿线的恶劣天气和地质条件将使其无法与通过俄罗斯的北极航线竞争。在这条航线开始在世界贸易中发挥任何重要作用之前，加拿大政府将不得不大力投资开发破冰和救援服务的基础设施和服务。

第二十章 北方海航道经济效益评估

伊戈尔·阿列克谢耶维奇·马卡洛夫,安娜·康斯坦丁诺芙娜·索科洛娃,伊利亚·亚历山大罗维奇·斯捷潘诺夫

从长远来看,北方航道的发展将取决于许多结构性因素。俄罗斯认为这条路线与其说是一个目前应该有利可图的商业项目,不如说是一个能够成为邻近地区经济增长长期因素的战略项目。亚洲国家(中国、日本、韩国和新加坡)对北方海航道的战略兴趣也很高。这意味着在初始阶段,即使运输商的净收益为负,该项目也可以发展。

在商业上,当从欧洲到亚洲往返运输货物的运输公司有兴趣从南部航线转向北方海航道时,北方海航道将变得具有吸引力。在这方面,有必要对运输工具的当前成本进行分析,以评估短期内北方海航道发展的客观前景,以及了解政府措施旨在消除的具体障碍。本章对这些内容进行了分析。

在北方海航道上运营的运输公司的成本因许多因素而有很大差异。同时,宜只对特定时期内特定类型的船舶沿特定航线运输特定货物进行收益和成本分析,而不是对整个航线进行收益和成本分析。

北方海航道的主要竞争优势是与通过苏伊士运河和马六甲海峡的海上航线相比，北方海航道可以通过缩短航线长度来降低燃料成本。然而，在大多数情况下，这种优势会被高昂的过境费以及额外的运营成本所抵消。

除了极少数例外，在不久的将来，北方海航道对于集装箱货物（主要的海上运输类型）的运输几乎没有用处。降低北方海航道竞争力的主要障碍包括极端天气条件、货物短缺和高成本破冰援助的船只、高昂的保险费用、破冰援助的关税以及官僚壁垒。

在不久的将来，散装货物将成为北方海航道上货物运输的核心。根据大多数估计，低附加值货物的运输目前具有相对较高的潜力。北方海航道对散装货物特别有吸引力，因为散装货物对交货时间的准确性不太敏感，破冰运输的关税也较低。

第一节　北方海航道对不同类型航运的吸引力

评估运输盈利能力的一个重要因素是货物的类型。传统上区分两种类型的货物运输：散货船和线路运输。前者主要与原材料的运输有关——石油、煤炭、铁矿石、粮食。大宗货物的运输是以合同为基础，使用大型非专业船只——油轮和散装货轮，只需要最低限度的基础设施。由于缺乏基础设施和运输的货物量相对较小，这种运输方式被认为最适合北方海航道。散货运输不受严格的时间表约束，在不稳定的冰况和天气条件下很难遵循。与备用路线相比，北方海航道上的散货船可以从更短的距离、更短的运输时间和更低的船用燃料交易成本中获益。

线路航运涉及定期航行，有固定的货物交付时间和价格。事实上，它类似于一个公共汽车网络，遵循固定的路线和时间表，定期停车接送乘客。只是在这种情况下，我们不是在讨论乘客，而是在工业生产中心附近的港口定期装载并在有需求的地方卸载的货物。运输的这一特点决定了班轮运输的主要竞争优势——规模经济的可能性。换句话说，每个卖家都可以使用海运将他的一批货物运输给消费者，而无需为他的产品租用单独的船，而是将其发送到一艘同时运输其他卖家货物的大船上，最终降低运输的最终成本。

线路运输涉及工业生产的成品或中间产品的运输。这主要由集装箱船完成，但也有运输车辆、农业和建筑设备的船只。

对沿北方海航道运输集装箱的成本估算有惊人的差异。例如，一些专家估计鹿特丹—上海和鹿特丹—横滨航线的货物运输成本分别为每标准箱1278美元和1160美元。其他投入和方法的结果是汉堡—上海航线每标准箱2500—2800美元。

考虑到季节性因素对北方海航道的影响，当一年中使用不同的路线时，运输商使用混合策略可能更有吸引力。因此，其中一项研究比较了全年通过苏伊士运河运输货物的成本，以及在可能的时期沿北方海航线的运输成本，以及其他时间通过苏伊士运河的运输成本。对于每个方案，作者根据燃料类型、北方海航道的航行期和破冰援助的关税分析了利润额。结果表明，只有燃料成本低（350美元）、破冰援助关税降低50%以及至少三个月的航行期，北方海航道的使用才会盈利。然而，即使在这样的条件下，与全年通过苏伊士运河的运输相比，这条航线也没有竞争力。只有在关税降低85%的情况下，通过北方海航道的路线才变得更有竞争力。

重要的不仅仅是船只的类型，还有它的尺寸。随着尺寸的增加——也就是货量的增加，航运成本就会下降。苏伊士运河航线严格限制船只尺寸（高度、吃水和船尾宽度）。同时，在北极海域航行的特殊性使其具有自己的特点，有时也会使其受到限制。

北方海航道的规模经济至少有两个潜在的限制。首先，北方海航道最繁忙的航线穿过桑尼科夫海峡,通过时船尾宽度不应超过 13 米。其次,即使在夏季航行期间,船舶也需要破冰协助。俄罗斯破冰船的尺寸将船尾的宽度限制在 33 到 49 米之间。后一个限制只能通过使用两艘破冰船和使用昂贵的护航服务来克服。

因此,从理论上讲,北方海航道具有通过护航大型船舶并产生相应规模经济来降低单位运输成本的巨大潜力。但在实践中,这种潜力的实现受到自然(冰盖状态)和行政(破冰援助的关税水平)因素的限制。

第二节 运输成本分析

在选择路线时,运输者受理性动机和总运输成本价值的引导。它由许多部分组成,包括资本成本、关税、船员工资、保险、燃料成本、港口关税等。

旨在评估北方海航道商业使用的研究集中在一组特定的变量上,而这些变量的值又取决于一些输入参数(货物类型、初始和最终路线点、供应季节、频率、船只类型)。最终,研究的结果是关于在给定先决条件和特定条件下使用北方海航道进行海上航行是否有利的结论。同时,对于北方海航道的商业效益问题,也没有人给出统一的答案。

让我们来看看使用北方海航道的承运人所产生的主要成本类别,并将它们与使用通过马六甲海峡和苏伊士运河的传统路线时的成本进行比较。

资本支出和折旧

运输商成本的一个重要组成部分是建造或购买船只的成本。折旧费作为船舶运营资本成本的年度组成部分,通常按直线法计算。应计期限取决于船舶制造国。例如,法国为 8 年,德国为 10 年,日本为 15 年。

在采用直线法折旧 10 年的情况下，年折旧率设定为船舶建造初始成本的 10%。

购买新船的价格波动很大。以下是基于 2012 年船舶买卖交易的运输商资本成本数据。

表 20–1　2012 年建造一艘船的初始成本预估

船型	可使用船只的航线	尺寸船	用于建造的支出，百万美元
集装箱船	北方海航道/苏伊士运河	4000 标准箱*	47.0
	苏伊士运河	6000 标准箱*	67.4
	苏伊士运河	8000 标准箱*	87.9
	苏伊士运河	15000 标准箱	159.4
液化天然气运输船	北方海航道/苏伊士运河	15 万立方米	200.0
滚装	北方海航道/苏伊士运河	6500	68.3
散货船	北方海航道/苏伊士运河	75000	33.5
	苏伊士运河/好望角/巴拿马运河	17 万	58.2

计算沿北方海航道航行船舶成本的特殊性包括需要考虑冰级船舶固有的额外成本。在北极海域航行需要加固和加厚的船尾、特殊形状的船头、特殊的加热系统等。根据各种估计，额外成本的金额是建造船舶初始成本的 10%—30%。

因此，同一艘船在南方和北方航线上的折旧期会有所不同。据日本研究人员估计，一艘初始成本为 4700 万美元的 4000 标准箱级船舶，使用寿命为 10 年，每年沿北方海航道（每 105 天）和通过苏伊士运河（每年 260 天）联合航行，每年的资本成本为 4900 美元，相当于每年总运输成本的 10%。如果仅通过苏伊士运河航行，每年的资本成本会略低一些——4700 美元。

船舶通行费

根据俄罗斯立法，为了沿北方海航道航行，运输商需要向俄罗斯联邦海洋业务总部申请过境通行证，并按规定金额支付费用。关税的数额取决于许多条件，包括时间、运输的货物类型、沿途的特定区域、冰级和船只的大小。首先，该费用涵盖了破冰船护航的费用，无论什么时候，无论船只过境的冰层等级如何，这都是强制性的。

目前的关税税率对北方海航道而言是一种抑制因素。对于集装箱运输，关税为每吨1048卢布。散装货物的最高关税率为每吨707卢布，液化天然气为每吨530卢布。

通过苏伊士运河也需要支付一定的费用。关税是基于船舶的净吨位来计算的，总吨位可替代该参数。苏伊士运河每吨运输的关税比北方海航道的关税低很多倍。递减的支付比例，以及针对不同类型船舶的发达的折扣制度，使其通过苏伊士运河（尤其是大型船舶）更加划算。苏伊士运河的关税也是根据吨位来区分的，但该系统没有任何折扣。

在一项研究中，假设破冰船护送率为0，因为其中一个假设是使用冰级船舶，可以在没有破冰船护送的情况下通过北方海航道。结果发现，即使在这种情况下，北方海航道的每个集装箱的成本也比苏伊士运河航线高。因此，高关税并不是北方海航道的唯一缺点。其他因素也发挥着重要作用（劳动力成本、保险成本、燃料成本和规模经济效益）。

船员人工成本

经过北方海航道的船员的劳动力成本与传统航线上的不同，原因有两方面，一方面，由于较短的航程，所需的船员数量减少。另一方面，更严酷的条件和对熟练船员的需求导致北方海航道船员的工资通常高于其他航线，即使更短距离的航线也是如此。

因此，根据其中一项研究，与传统航线相比，通过北方海航道的船舶的船员附加费为10%。据笔者估计，在选择北方海航道的情况下，需要85.8万美元来支付23名船员6个月的工资。

保险费用

从事海上运输的船舶需要购买两种保险——H&M（船舶的船体、机械和机械装置的保险）和P&I（与货物交付相关的第三方责任保险）。由于保险业务的性质，交易条款往往不公开披露，因此很难衡量保险成本。

对平均保险费用的预估差异很大：一艘通过北方海航道的集装箱船一天需要1150美元、1746美元或3344美元。

沿北方海航道航行会带来额外的风险，运输商支付的保险费中必须考虑到这些风险。影响沿北方海航道航行的保险费大小的因素包括在北极海域航行的船员的资格、发生事故时救援单位和港口的距离、船舶的冰级、自然因素（沿途的雾、冰覆盖），这又取决于季节和船舶经过的北方海航道的特定区域。

重要的是要记住，传统航线的保险赔付水平取决于新出现的风险。例如，增加通过苏伊士运河的航线的保险费用的风险之一是亚丁湾和非洲东海岸的海盗活动。

燃油成本

燃油成本是运输商的主要成本项目之一。根据各种估计，它在北方海航道沿线运输货物的总成本中所占的份额从37%到57%不等。

船用燃料的低价格让承运商可以减少对路线长度的考虑，因为运输时间的增加可以通过高行驶速度的增加来抵消。反过来，高燃料价格可能会导致贸易路线上船只分布的变化。尤其是与通过苏伊士运河的航线相比，北方海航道（从横滨到伦敦的航线）缩短了40%，可以显著降低海运公司的燃料成本。

通过苏伊士运河和北方海航道从伦敦到横滨之间相差4200海里，以15节的平均速度将运输时间缩短了14天。因此，通过北方海航道的相对较短的路线可以减少天数（对于相同的速度）或降低运输速度（对于相同的天数）。以15节的速度通过苏伊士运河的平均运输时间为32天，不包括可能的延误和在港口的等待时间。一艘船可以仅以9节的速度沿北方海航道航行32天。

表20-2 通过苏伊士运河和北海航道伦敦—横滨航线天数和速度对比

路线	航线长度，海里	以相同速度（15节）的天数	速度（32天）
通过苏伊士运河	11400	32天	15节
通过北方海航道	7200	18天	9节

成本受到所消耗的燃料类型的影响。为了计算在南部海域航行的经济成本，使用了一种等级燃料IFO-380的成本。然而，它并不完全适用于北极地区的低温冬季航行。例如，加拿大海岸警卫队在北极地区的行动使用海军馏分油P75燃料，在冬季则使用P50，因为其冰点要低得多。而尤里卡北方气象基地使用的燃料的冰点甚至更低。因此，为了计算在北极海域的航行成本，有必要使用一种稍有不同的燃料，由于其特性，对承运人来说更加昂贵。2014年1月，一加仑IFO-380的价格为2.72美元，一加仑海军馏分油P75多出三分之一，为3.61美元，P50为3.62美元。

除了燃料类型，其消耗量也很重要。人们普遍认为它与船速的平方成正比。9节的日耗油量约为15节耗油量的22%。在两条航线（通过苏伊士运河和通过北方海航道）的海上天数相同的情况下，由于通过北方海航道的航线较短，可以大大节省燃料成本。在北极地区航行时，由于航行的复杂性和航线上存在的冰层造成的速度限制，燃料消耗率较低。然而，消耗率可能更高，因为在北极冰层中航行需要更多的推进力，因此也需要更多的燃料。例如，据估计，由于冰级船舶的重量更大，每公里的燃料消耗可能增加10%。

通过缩短从欧洲到亚洲的货物运输距离来节省燃料的能力通常被强调为北方海航道相对于替代路线的主要竞争优势之一。毫无疑问是这样，但节省的规模取决于船只的航线，而且差异很大。

考虑从鹿特丹运往两个亚洲港口，即横滨和上海的情况。从鹿特丹经北方海航道到横滨的路线比到上海的短。相反，使用东南航道和马六甲海峡的航线会使到上海的行程更快。此外，与横滨航线相比，从鹿特丹到上海使用北方海航道将导致北极海域（船舶以较慢的速度航行）在航线总长度中所占的比例较小。

假设燃料价格为 602 美元/吨（2014 年 1 月的实际价格）。从鹿特丹经苏伊士运河运往上海的单位成本（每吨）比北方海航道航线的成本低 73 美元/吨。另一方面，从鹿特丹经苏伊士运河到横滨的航运成本则高出 179 美元。苏伊士运河航线和北方海航道航线的货物运输总单位成本之间的差异（换句话说，北方海航道相对于苏伊士运河航线的优势）将根据船用燃料的价格、船舶的具体出发港和到达港而发生不同变化。在表 20-3 中显示了单位运输成本的差异（反映了北方海航道相对于通过苏伊士运河和马六甲海峡的航线的优势），以及如何对燃油价格的变化做出反应。负值表示沿途通过苏伊士运河和马六甲海峡的航行效率相对较高。相反，正值表明通过北方海航道航线优于通过苏伊士运河和马六甲海峡的航线。

因此，随着船用燃料价格的上涨，北方海航道变得比通过苏伊士运河的路线更有效率（运输货物的总单位成本之间的差异增加）。对于从鹿特丹到上海的航线，燃油价格上涨 50% 将使单位成本差异增加 16%。对于从鹿特丹到横滨的航线，对燃油价格变化的敏感度要高得多：价格上涨 50%，总单位成本的差异增加 39%。

表 20-3　鹿特丹至上海和鹿特丹至横滨之间的
单位航运成本差异对船用燃料价格变化的敏感性

燃料价格的变化	-50%	-30%	-20%	基本场景（在每吨 602 美元的情况下）	+20%	+30%	+50%
单位总成本的差异（鹿特丹—上海路线）	-94,54	87,83	-84,47	-73	71.04	67,69	-60,97
相对于基线方案的变化，%	-30	-20	-16	—	3	7	16
总单位成本的差异（鹿特丹—横滨航线）	96,73	127,07	142,24	179	202.91	8,08	248,42
相对于基线方案的变化，%	-46	-29	-21	—	13	22	39

注：表格中的单元格表示通过苏伊士运河和沿北方航道运输货物的总单位成本之间的差异，这两条路线的燃油价格不同。例如，对于从鹿特丹到上海的航线：806—879—73（美元，每标准箱）。

资料来源：LASSERRE F. 北极航线航运案例研究。集装箱行业的分析和盈利前景//交通研究 A 部分：政策与实践，2014 卷 6。

船用燃料的价格因素很重要，但并不总是决定性的。其贡献因通过北方海航道的路径长度而异。船只的出港和到达港口离北方海航道的海域越近，与备用路线相比，由于节省燃料，沿北方海航道的运输收益越高。对于最短路线，单位成本差异的敏感性更高，因为穿过北极海域的船只以较低的速度通过，航线的总长度变得更长。

港口费

港口费包括港口入口费、码头费、货物装卸费。根据相关预估，每个港口的平均港口费为每总吨位单位 0.428 美元。运载散装货物的船舶的港口费通常只在登船港和卸船港。运载散装货物的船舶通常只包括在登船港和卸货港。港口费包括港口入口费、码头费、货物装卸费。根据相关预估，每个港口的平均港口费为每总吨位单位 0.428 美元。运载散装货物的船舶的港口费通常只在登船港和卸船港。因此，对于北方海航道和苏伊士运河的这类货物来说，总的港口税是每毛吨 0.856 美元。

北方海航道沿线的集装箱运输几乎没有进行。通过苏伊士运河的集装箱运输的特点是在东亚和欧洲西北部之间平均使用大约 10 个港口。此外，在上岸和下岸的港口，每个标准集装箱需要支付 100 美元的费用，用于处理集装箱。

对运输业者成本的分析表明，对于北方海航道是否比马六甲海峡和苏伊士运河航线更具吸引力的问题，不可能给出明确的答案。对于不同的装卸港、船舶和货物的类型、一年中的季节和航行区域，结论会有所不同。但北方海航道不太可能成为传统路线的替代品。同时，这条航线可以在亚洲至欧洲往返的散货运输中占据一定的优势。此外，随着基础设施的发展，北方海航道的比较优势将越来越大。

第二十一章 与亚太国家合作开发俄罗斯北极地区的前景

伊戈尔·阿列克谢耶维奇·马卡洛夫

亚洲国家对参与北极地区开发的兴趣日益浓厚。他们参与了该地区越来越多的科学、采矿和物流项目。2013年，五个亚洲国家获得北极理事会观察员国地位。亚太地区国家进入北极地区的动机可以用四个主要利益因素来解释。

首先，它们是最依赖油气供应的国家。韩国、新加坡和蒙古国几乎没有自己的化石燃料储备。中国和印度的储量非常有限，而且发展速度远远低于需求增长速度。对中东油气和澳大利亚液化天然气的过度依赖迫使各国实现自身供应来源的多样化。根据美国地质调查局的数据，北极蕴藏着世界上13%的未探明石油资源、30%的天然气和20%的凝析气，是此类多元化的优先选择之一。尽管这些估计显然是推测性的，但该地区对于作为现代世界油气主要进口国的国家来说仍然极具吸引力。

其次，北方海航道可以成为连接东北亚和中欧的重要交通大动脉。作为两个地区之间最短的路线，它有可能成为亚洲出口和进口多样化的重要载体，并在确保欧亚散货运输方面发挥重要作用。

然后，北极是全球气候研究最重要的领域，是气候模型和预测地球未来气候变化的关键地区之一。所有亚洲国家都非常关注气候变化的进程——它们可能是主要的受影响的国家。尽可能准确地评估气候问题规模的愿望促使他们加强自己对北极地区的研究。

最后，全世界对北极日益增长的兴趣自然而然地也吸引了亚洲国家。后者不得不将他们在该地区的存在视为加强其在国际舞台上地位的一种手段。参与北极理事会工作的愿望（尽管是作为观察员）也具有主要的战略性质。

亚洲国家参与北极地区活动，为与他们开展合作以促进俄罗斯北极地区的发展提供了机会。本章讨论了可能产生此类合作的领域。

第一节 亚洲国家在北极开发方面的利益

一、中国的利益

中国主要将北极视为一个具有商业利益的区域，尤其是在采矿领域。2011年1月，俄罗斯石油公司和中国石油天然气集团公司签署了关于在北极联合勘探和开发矿产的备忘录。2013年，中石油公司收购了诺瓦泰克亚马尔液化天然气项目的20%股份。2013年10月，合作伙伴签署了亚马尔液化天然气与中石油之间的液化天然气购销协议基本条款。与此同时，中国公司正在加紧开发格陵兰岛的自然资源，主要开发的是铁矿石。

但近年来，冰岛已成为中国在北极地区真正重要的合作伙伴。正是中国的投资让冰岛从2008年的全面经济危机中相对较快地复苏。2012年，中国国务院总理温家宝访问了冰岛。访问的成果是签署了一系列文件，包括北极合作框架协议。2013年，冰岛成为第一个与中国缔结自由贸易协定的欧洲国家。2014年，中国海洋石油集团有限公司、冰岛能源集团与挪威石油公司一起，开始在冰岛的含油大陆上进行地质工作。然而，中国对冰岛的主要兴趣是将该岛变成北极地区的一个关键物流中心，一个终点站，同时也是北方海航道的服务中心。

这条航线的好处在于可能节省和缓解马六甲海峡困境，中国过于依赖马六甲海峡（燃料进口和工业出口），特别是考虑到拥堵和海盗问题的风险。

中国舰船永盛号成为第一艘通过北方海航道的外国集装箱船。它于2013年8—9月期间用35天走完了大连—鹿特丹航线。与此同时，另一艘中国散货船鸿星号通过北方海航道。2012年，中国破冰船"雪龙号"首次通过北方海航道，船上有一个研究小组。这艘破冰船是1994年从乌克兰购买的，是迄今为止唯一一艘来自中国的破冰船。2013—2014年之交，他参与了从被北极冰区挡住的俄罗斯研究船舒卡尔斯基院士人员撤离行动。结果，撤离时使用了船上的"雪龙"号直升机，但几天后破冰船自身被困在冰里。在此背景下，中国已宣布计划在2016年之前建造一艘新的破冰船。计划让它作为一个真正的移动实验室执行研究功能。

几年前，中国曾有人预测，到2020年，北方海航道将服务于中国对外贸易额的5%至15%。目前，这样的货运量显然是不现实的，但中国大力发展该地区过境运输能力的意愿是毋庸置疑的。

中国在北极理事会中角色转变的重要性不应被夸大。观察员身份并未赋予中国任何特殊权力。而且，它迫使国家尊重北极国家的主权权利，从而在一定意义上放弃自身利益：长期以来，中国一贯主张该地区最大限度地国际化和平等化，以及北极国家和非北极国家之间权利的平等化。现在，中国在北极理事会的官方任务是努力向北极国家传达其在重大问题上的立场，并帮助该机构"变得更加开放、更有声望和更值得信任"。

我们必须明白，中国在北极的能源、运输和外交领域仅对中国具有长期意义。目前，北极不在其外交政策的优先考虑范围之内。中国在北极系统开展的唯一活动是研究。中国的科学研究计划也许是世界上最先进的。它包括位于斯瓦尔巴特群岛的研究站、计划在冰岛建设的北极光观测中心，以及定期（每两年一次）举行的科学家和研究人员的半年度委员会会议。该计划不仅针对与资源开采潜力评估相关的地质研究，还针对气候研究。中国不断强调研究北极气候变化的必要性，以评估中国的相关趋势，这在农业发展、粮食安全、自然灾害监测和预报方面具有重要意义。

二、日本的利益

日本是第一个对北极感兴趣的亚洲国家，特别是在科学研究领域。1990年，日本成为国际北极研究委员会成员。同时，北极研究中心在国家极地研究所成立。在20世纪90年代，私人基金会皮埃尔和海洋研究（现在的海洋政策研究基金会）与挪威和俄罗斯积极合作，甚至发起了北方海航道的联合研究计划。后来，它转变为日本的北方海航道计划，为日本公司进行路线研究。然而，结论却是悲观的：使用北方海航道进行运输的成本大于利润。

日本在北极气候和环境领域同样开展了活跃的研究。这些问题对该国非常重要，因为北极气候的变化可能导致北太平洋海域环流的变化。自2011年以来，教育、科学和文化部一直在资助北极环境研究项目。在其框架内，成立了日本北极环境联合会，以区域气候变化为研究项目。日本目前在斯瓦尔巴群岛有两个研究站。在北极海域运行的无人深海潜水器的建造正在完成。

撇开科学举措不谈，日本当局对北极的政策相当被动。他们的批评者指出，日本花了太长的时间来参与该地区的政治进程，与其他亚洲国家同时加入北极理事会作为常驻观察员，而它本可以更早这样做，并获得比竞争邻国更多的战略优势。但即使在地位转变之后，日本也没有强化自己在北极方向的政策。

被动的原因是，日本公司在传统上参与制定外交政策，而其对参与北极项目还没有明显的兴趣。

日本作为距北方海航道最近的亚洲国家，对其发展兴趣最大。沿北方海航道从横滨到鹿特丹的路线比通过苏伊士运河的路线短近 3400 英里（或 43%）。然而，自北方海航道计划实施以来，日本企业对这条航线的航行前景一直不看好。

但在日本也有使用北方海航道的支持者。土地、交通、基础设施和旅游省就这条路线展开工作会议和财政研究。这一领域的主要游说者是造船业。由于他们的共同努力，最新版本的《海洋政策基本计划》中 18 次提到北极——主要是在环境和航运方面。

2011 年，第一艘日本船只通过北方海航道——铁矿石从科拉半岛运往中国。2012 年，俄罗斯天然气工业股份公司从挪威的哈默菲斯特港向日本的户畑港交付了第一批液化天然气。

日本在北方海航道中的利益与中国的利益大致相似。首先，它们与使用该路线获取资源（主要是能源载体）的可能性相关联。福岛第一核电站发生灾难后，日本对北极项目的兴趣显著增加。2013 年日本石油天然气金属矿产资源公司与国际石油开发公司（INPEX）、日本 JX 控股公司（JX）、日本石油勘探公司（JAPEX）、三井石油作为财团的一部分，获得了参与美国雪佛龙和壳牌在格陵兰大陆架上含油区项目的开发权。此外，与康菲石油公司一起和美国能源部在阿拉斯加近海成功勘探了天然气和甲烷水合物。

俄罗斯曾一度报道，日本三井石油公司和三菱公司组成的财团是向诺瓦泰克收购亚马尔液化天然气项目 10% 股份的竞标者之一。然而，据日本专家称，这从一开始就不太可能——日本对更近的萨哈林—2 和海参崴液化天然气项目更感兴趣。目前,由于西方国家的制裁,日本企业在俄罗斯投资北极项目几乎不可能。

在油气价格下跌以及乌克兰危机导致与俄罗斯关系降温的背景下,日本暂停了其在北极地区的经济活动。日本在北极理事会框架内的活动主要集中在气候研究问题上。

三、韩国的利益

韩国对北方海航道发展的兴趣是因为,首先,可以将其用作向该国供应能源和向欧洲出口物资的途径,其次,可以利用韩国的造船能力为北方海航道服务。

韩国现代海运公司将一艘载有石油的油轮从乌斯特—卢加港通过北方海航道。与备选路线相比,布线时间节省13天,交易成本节省10万美元。现代重工业公司在2011年开始测试一艘新的破冰船,这是世界上最大的破冰船,专门为在北极地区作业而设计。

提供运输服务以及能够在北极条件下运营的船舶的建造和维护服务是韩国在北方海航道方面的主要利益。这个国家拥有世界上最大规模的造船业和世界上最大的液化天然气油轮产量,是迄今为止适合在北极作业的船舶的主要潜在供应国。

韩国正在北冰洋积极开展研究。其中包括斯瓦尔巴特研究站、阿罗恩研究破冰船,以及韩国极地研究所、韩国海事研究所和韩国海洋科学技术研究所进行的大规模高科技研究。韩国将"绿色经济增长"作为其经济发展重点之一,对北极地区的环境可持续发展极为感兴趣。尤其对气候变化特别感兴趣。韩国驻挪威大使最恰当地表达了这种意愿,他称北极为"地球气候变化的晴雨表"。

韩国在北极治理方面的立场要温和得多。韩国并不坚持北极国家和非北极国家之间的权利平等,而是希望确保北极国家建立的政权能够在合作的氛围中追求自己的利益。正是出于这个目的,韩国作为永久观察员加入了北极理事会。

总的来说，韩国在北极的利益在该国的北极战略中有明确概述。研究目标与人道主义目标同样重要（确保该地区的和平、环境可持续性和保护原住民的权利），而经济目标则被谨慎地宣称。韩国准备参与北方海航道的开发，但不太可能成为这一进程的发起者。未来货运的不确定性和俄罗斯存在的外国投资壁垒都阻碍了这一点。

四、印度利益

印度或许是亚洲国家向北极迁移的最出人意料的参与者。许多专家认为，这是唯一认为地缘政治利益高于经济利益的国家。印度已与中国争夺对世界不同地区能源资源的控制权，印度当局将向北极的转移视为遏制竞争对手的一种方式。

这尤其说明了为什么印度在北极理事会中获得了永久观察员地位，以及印度公司组成的财团为获得亚马尔液化天然气项目10%的股份而进行的谈判，但未获成功。印度在斯瓦尔巴特群岛设立研究站，以及北极地区所有国家的研究活动最多（自2011年以来，每年至少组织两次探险活动）通常是出于政治动机。到2017年，印度第一艘破冰船计划投入使用。基本上，它应该用于南极探险，但也不排除在北极使用。

同时，不可否认的是，印度确实急需实现能源供应的多样化，而且对气候变化的研究也非常感兴趣，印度是世界上最容易受到气候变化影响的国家之一。

印度关于北极活动的政治话语非常多样化。一方面，有人认为北极需要国际化，甚至建立类似南极的国际机制。另一方面，提议印度应更积极地参与北极理事会的事务，旨在推动其在现有制度框架内的立场（主要是在环境问题）。目前，可以说印度在北极的行动大多是被动的，该国尚未最终确定其北极野心。

五、新加坡的利益

大多数专家认为,与中国、韩国和日本不同,新加坡不会从部分贸易流向北方海航道的导向中获得任何利益。此外,从理论上讲,新路线可能会削弱新加坡的地位,新加坡独自控制着我们这个时代的主要贸易路线——马六甲海峡。但这种担心在决策界被认为是毫无根据的。

在不久的将来,北方海航道将能够只专注于散货运输,而新加坡主要服务于集装箱船。北方海航道的开发不仅不会对新加坡的地位构成任何威胁,而且在某些情况下还可能对新加坡有利,因为尽管幅度很小,它仍可以缓解马六甲海峡的集装箱运输。

北极地区有可能成为新加坡的石油供应来源之一,既用于国内消费,最重要的是用于炼油,这是新加坡经济的支柱之一。最后,在北方海航道开始密集开发的情况下,新加坡有坚定的意愿参与其基础设施的开发。规划和创建港口和航运基础设施以及管理海事流程的经验使新加坡成为航线开发的主要参与者之一。它也很有能力提供适合在北极地区作业的船舶。新加坡最大的国有造船公司吉宝企业自 2006 年以来一直与俄罗斯的卢克石油公司在这一领域进行合作。

这个国家的其他竞争优势包括在基础设施项目实施中拥有世界上最高效的人力资源管理(包括移民流动)经验,以及在解决争端方面充当仲裁员的能力——新加坡几乎是亚太地区唯一与该地区所有其他国家有着平等的关系的国家。新加坡有可能在北极理事会中扮演类似的角色,充当其他亚洲国家之间的缓冲。

与其他亚洲国家一样,新加坡密切关注北极的气候研究。由于其岛屿位置,它特别容易受到海平面上升的影响。对大多数其他国家来说,气候变化是一个经济损失的问题,而对新加坡来说,这是一个保护国家本身的问题。正是出于对气候变化的担忧,新加坡才有兴趣参加北极理事会。在未来几年,我们应该期待新加坡北极研究计划的加强。

第二节 俄罗斯北极开发和
北方海航道开发的国际合作阻碍

亚洲国家在北极的利益为加强该地区的国际合作创造了足够的潜力，否则俄罗斯不可能在其北方领土的开发中取得重大进展。亚洲国家可以为北极的能源项目提供资金（尽管西方的制裁大大减少了这些机会），以及发展北方海航道和邻近地区所需的造船能力、投资、港口和航海基础设施服务、监测和数据分析、人员配置。

这种潜力目前尚未变为现实。北极能源合作易受制裁，科学发展极度薄弱，2014年亚洲船只无一通过北方海航道。只有俄罗斯迈出启动的第一步，亚洲国家的兴趣才会体现在联合倡议中。它似乎应该包括消除仍然存在的国际合作障碍。

其中，首先包括不利的制度条件，亚洲国家代表经常说这是外国在俄罗斯北极地区投资的主要阻碍之一。还有泛滥成灾的官僚主义和即使是关于研究项目的最简单的程序，也有复杂的授权程序。官僚主义的拖延伴随着北方海航道上的航行。例如，为了获得北方海航道管理局的通过许可，必须在船只进入该海域前至少15天提交申请。相比之下，为了通过苏伊士运河，只必须至少提前48小时申请。协调、获取有关航线的额外信息和其他工作时间都需要相当长的时间。

制度障碍阻碍了俄罗斯资源部门吸引外国投资。首先，这是人为的限制：事实上禁止外国人拥有石油和天然气公司的控股权。其次，什托克曼尤其是萨哈林2号的例子表明外国合作伙伴并不总是受到保护。该国产权保护水平低下，使得官员们可以利用各种官僚限制作为对外国投资者施压的手段。在俄罗斯最大的石油和天然气公司与国家关系密切并能够成功推广对他们有利的解决方案的情况下，外国合作伙伴自然会成为输家。即使是那些虽然权力较小但有强大政治背景的人。

导致难以克服体制障碍的一个重要因素是投资合作水平低，缺乏重要经验。政府间经济合作最近才开始发展。俄罗斯没有与任何争取北极的亚洲国家建立自由贸易区。在参加北极理事会的国家中没有其他类似的例子（理事会最后一个与亚洲国家建立自由贸易区的国家是加拿大，于2015年与韩国签订了自由贸易协定）。

为了吸引外国投资开发北方海航道，消除现有的体制障碍是必要条件，但不是充分条件。由于对航线基础设施的投资在任何情况下都充满了高度的不确定性，因此需要有特殊的国家担保机制，这意味着投资者与国家之间的责任严格划分。鉴于潜在的外国合作伙伴数量相对较少（最大的航运、造船、物流和工程公司在北极海域有经验），有必要吸引投资者，包括"手中的"行政部门在这一过程中可发挥关键作用。在这个过程中，北方海航道管理局应该发挥关键作用，但目前它扮演的是官僚的角色，而不是招商引资机构。而远东发展部的北方航道发展司不具备相应的能力。与此同时，即使是几家世界级的参与者参与航线安排也会立即使货运量急剧增加——大型海运企业拥有广泛的稳定关系系统，在长期合同的基础上运作，北方海航道上的一家大型航运公司的到来将自动吸引其相关行业合作伙伴的资金。

俄罗斯利用北极国际合作机会的另一个主要阻碍是忽视了对亚洲伙伴至关重要的问题。其中最重要的是气候变化。尽管亚洲国家（以及全球）一致承认气候变化的人为性质和北极在其中的关键作用，但在俄罗斯，气候怀疑论仍然很普遍，一些科学机构和政治精英也持这种观点。这种怀疑主义将北极气候研究的问题推到了次要地位。与此同时，它在俄罗斯精英中造成一种感觉，即亚洲国家只是利用气候争论作为全面参与区域进程的借口。一种不信任的气氛正在形成，且逐渐变得强烈。

在这种情况下，俄罗斯气候科学与世界接轨是最重要的。这不仅会提高其质量，而且如上所述，还会消除一些政治矛盾。对气候变化性质的不同看法不应成为科学合作的阻碍,相反,应成为科学合作的动力。对于俄罗斯科学界来说,这种合作无疑是一个好消息,因为它可以吸引外国资金。共同资助的俄罗斯气象站、卫星设备、气候信息监测系统的现代化改造将创建一个全新水平的科学基地。反过来,这将有助于消除许多科学矛盾,最重要的是,将北极变成一个国际研究实验室,鉴于其自身生态系统的重要性和复杂性,它必须发挥其作用。加强北极研究不仅有利于基础科学目标,也有利于应用科学目标,特别是为沿北方海航道航行的船只建立信息支持。

致 谢

该项目发起人和策划者谢尔盖·阿列克谢耶维奇·卡拉加诺夫制定了主要任务。在概念层面，他解决了大部分问题。作者团队只需将主要思想具体化，在本书中有所阐述。

大部分工作是在俄罗斯国立高等经济大学欧洲和国际综合研究中心的框架内进行的。这项工作包括艰苦的数据分析和定期的头脑风暴会议。这些工作由欧洲和国际研究中心主任蒂莫菲·维亚切斯拉沃维奇·博尔达切夫领导。

在"瓦尔代"国际俱乐部的主持下，该项目的每个中期阶段都以出版一份报告而告终。到目前为止，已经出版了三份报告，它们的共同标题是"走向大洋"。每份报告都成立了一个作者小组，包括相关主题的俄罗斯主要专家。我们特别感谢瓦尔代报告的所有共同作者，因为这些报告中的关键思想构成了本书的基础。他们是奥列格·尼古拉耶维奇·巴拉巴诺夫、维克多·拉夫伦蒂耶维奇·拉林、弗拉基米尔·亚历山大罗维奇·雷日科夫、阿列克谢·阿列克谢耶维奇·贝兹博罗多夫、亚历山大·塔梅尔兰诺维奇·加布耶夫、康斯坦丁·瓦伦丁诺维奇·库佐夫科夫、亚历山大·弗拉基米罗维奇·卢金、安德烈·谢尔盖耶维奇·斯克里巴、德米特里·维亚切斯拉沃维奇·苏斯洛夫、伊万·尼古拉耶维奇·季莫费耶夫。

在每份报告的编写过程里,卡拉加诺夫已经进行了大量的情况分析。来自不同知识领域的主要专家、公共当局和企业的代表都参加了这些分析。我们要对所有参与这些讨论的人表示感谢,他们不仅为我们提供了许多只有专业人士才知道的细节,而且让我们对有关问题有了一个广泛的看法。

在俄罗斯、挪威、新加坡、中国、韩国和日本的科学和教育机构联合会的框架内,我们与外国同事就远东发展的国际合作进行了积极和创造性的合作,并从中受益。这种合作已经持续了两年多,已经产生了多份联合出版物,组织了一些富有成果的会议和高级别对话。最重要的是,通过与专家的交流,他们可以了解外国对俄罗斯融入亚太地区问题的看法。我们特别感谢该联合体各方的负责人——黄靖(新加坡)、李壮洋(韩国)、乌尔夫·斯维尔德鲁普(挪威)、下藤信夫(日本)和冯绍雷(中国)。他们都比我们的许多同胞更早地意识到俄罗斯东部的机遇。我们还对以下人士表示感谢,瓦列里·阿纳托利耶维奇·克留科夫、鲍里斯·尼古拉耶维奇·波菲里耶夫、皮奥特尔·雅科夫列维奇·巴克拉诺夫和雅罗斯拉夫·尼古拉耶维奇·谢梅尼金,他们从俄罗斯方面积极参与了联盟的活动并提出了想法,其中许多都反映在本书中。

在项目的不同阶段,它得到了多家俄罗斯公司的支持,即:苏玛集团、诺瓦泰克和伏尔加—第聂伯集团。对此我们表示感谢。

作者团队衷心感谢参与本书数据收集和准备工作的俄罗斯国立高等经济大学世界经济与世界政治系的工作人员和实习生:德米特里·诺维科夫、亚历山大·科罗廖夫、玛丽亚·斯维特科维奇和德米特里·利特维诺夫。

本书主编伊·阿·马卡洛夫

图书在版编目（CIP）数据

转向东方 /（俄罗斯）伊戈尔·马卡洛夫主编；王欢译. — 北京：中央编译出版社，2023.11（2024.10 重印）
ISBN 978-7-5117-4340-4

Ⅰ. ①转… Ⅱ. ①伊… ②王… Ⅲ. ①对外经济合作 - 研究 - 俄罗斯 Ⅳ. ①F151.254

中国国家版本馆 CIP 数据核字（2023）第 195290 号

Перевод книги осуществлялся с оригинал-макета, подготовленного Издательством «Международные отношения»；
@ коллектив авторов под руководством И. А. Макарова.

北京市版权局著作权合同登记号：图字 01-2023-5801

转向东方

责任编辑	彭永强
责任印制	李 颖
出版发行	中央编译出版社
网　　址	www.cctpcm.com
地　　址	北京市海淀区北四环西路 69 号（100080）
电　　话	（010）55627391（总编室）　　（010）55627308（编辑室）
	（010）55627320（发行部）　　（010）55627377（新技术部）
经　　销	全国新华书店
印　　刷	北京中兴印刷有限公司
开　　本	710 毫米 ×1000 毫米　1/16
字　　数	285 千字
印　　张	21.25
版　　次	2023 年 11 月第 1 版
印　　次	2024 年 10 月第 2 次印刷
定　　价	88.00 元

新浪微博：@中央编译出版社　　　微　信：中央编译出版社(ID: cctphome)
淘宝店铺：中央编译出版社直销店(http://shop108367160.taobao.com)　（010）55627331

本社常年法律顾问：北京市吴栾赵阎律师事务所律师　闫军　梁勤
凡有印装质量问题，本社负责调换。电话：（010）55627320